U0508586

我们的风景

梵天净土　人在学途　自我画像　悦读乐园
青春渴望　众说纷纭　温馨港湾　美丽憧憬

代泽斌◎编

光明日报出版社

图书在版编目（CIP）数据

我们的风景 / 代泽斌编 . -- 北京：光明日报出版

社，2015.10（2021.8 重印）

ISBN 978 - 7 - 5112 - 5663 - 8

Ⅰ.①我… Ⅱ.①代… Ⅲ.①作文—中学—选集

Ⅳ.①H194.5

中国版本图书馆 CIP 数据核字（2015）第 241249 号

我们的风景
WOMEN DE FENGJING

编　　者：代泽斌

责任编辑：宋　悦　　　　　　　　责任校对：张明明

封面设计：范晓辉　　　　　　　　责任印制：曹　净

出版发行：光明日报出版社

地　　址：北京市西城区永安路 106 号，100050

电　　话：010 - 63169890（咨询），010 - 63131930（邮购）

传　　真：010 - 63131930

网　　址：http://book.gmw.cn

E - mail：gmcbs@gmw.cn

法律顾问：北京德恒律师事务所龚柳方律师

印　　刷：三河市华东印刷有限公司

装　　订：三河市华东印刷有限公司

本书如有破损、缺页、装订错误，请与本社联系调换

开　　本：170mm×240mm

字　　数：331 千字　　　　　　　印　　张：19

版　　次：2015 年 10 月第 1 版　　印　　次：2021 年 8 月第 2 次印刷

书　　号：ISBN 978 - 7 - 5112 - 5663 - 8

定　　价：59.00 元

风景这边独好

汪 潇

　　最近，有关高考改革的话题又成了社会极大关注的热点之一，教育部也先后出台了有关高考的学业水平考试、综合素质评价、加分项目瘦身与自主招生三个重磅文件。

　　高考改革后，语文的广度、难度均有所提升，那样，语文在高考总分中区分度会更大，最容易拉开学生档次。因此，有人说"得语文者得高考"，这种说法一点都不过分！因为语文的提高需要长期积累，平时不抓，高考就会后悔，到时候想抓也来不及。

　　我校作为全省首批示范性高级中学，以"和谐发展，追求卓越"为办学理念，全面实施素质教育，全面提高教育教学质量，彰显多元化教育成果，历来重视教育科研工作。在这种背景之下，教师们都积极投身到教育改革的浪潮中，取得了可喜的成绩。其中，代泽斌老师堪称教改方面的先行者，带领老师们冲在教改第一线，学习真语文，诗意地栖居在语文天地里。

　　代泽斌老师作为贵州省高中语文教学名师工作室主持人，虽然工作繁忙，加之名师工作室每期都有许多跟岗学习的新学员要带，但他仍然坚持上两个班的语文，践行"少教多学"。在教学中，他用真诚开启了学生的心灵，用智慧孕育着学生的成长，用痴心写下了对事业的忠诚。他认真履行岗位职责，教书育人，为人师表。始终以尊重学生，要求学生自立、自强为理念。要求学生具有"硬心肠创业，软心肠济世""知识是战胜贫穷的最好利器""社会的文明与进步，靠的是知识和智慧"的思想，帮助他们树立正确的人生观、世界观、名利观、评价观。以欣赏的目光，看待每一个学生的差异；以舒展的心灵，引导学生在知识的天空里翱翔。

　　他始终坚持自己独特的教学理念——"立己达人，和谐共生"，已经形成了自己独特的教学风格,结出了丰硕的果实。这本《我们的风景》便是他众多教学成果中的一个。在这本作文集子里,我们可以看到代老师和他的学生们对祖国的忠诚,对党的热爱,对家乡的真情,对家的挚爱,以及对自身前途的憧憬等等。在这 20 多万字里,我们可以听到孩子们的欢声笑语,读到他们的凌云壮志,觅到他们成长的足迹! 具体成绩可见 286 页刘雨晴所写《打马而过的青春》。

在铜中这片净土上,代老师和他的学生们一起,用自己手中的笔,表达对生活的发现,把绚丽的青春定格成迷人的风景。在如诗似画的梵净风光中,风景这边独好!

我们永远在风景中

——《我们的风景》自序

梵天净土,桃源铜仁,天生是一道靓丽的风景。

从2013到2015年,从高一到高三,一路与青春同行,注定有无数炫灿的瞬间。虽然有不少美好的回忆已经随着时间的流逝而流逝,但所幸孩子们逐渐养成用手中的笔记录生活的习惯。把他们笔下那些精彩的生活片断汇聚在一起,构成了我和我的学生们一道独特的风景线,使我们永远定格在风景中。于是,便有了这本习作集——《我们的风景》。

筛选、编辑、排版、定稿……最终选录的文章,情或有浅近,理或有纰漏,句读不合章法,辞采悖于义理,引文无所考证,甚或错字病句,皆有难免。虽如此,但再次看到孩子们茁壮成长的步伐,听到他们生命拔节的跫音,感到他们美好心灵的真诚,让我陶醉在这道靓丽的风景里。这份幸福和喜悦不是为师人能够体会得到的。

在编排方面,本书按梵天净土、人在学途、自我画像、悦读乐园、青春渴望、众说纷纭、温馨港湾、美丽憧憬八个栏目选文,各个栏目力求彰显自身的特色。

在内容上,有对家国的感叹,也有个人情感的倾诉。前者如《我们的祖国》,作者用"我们的河湖如此秀美多娇;我们的山川如此巍峨壮丽;我们的国名如此气壮山河。"这样的排比造势,并在文章末尾发出:"亲爱的祖国,今天我们以你为骄傲,明天你因我们而精彩!"的承诺,抒发了作者对祖国的赤胆忠心。后者像高一(3)班龙鸿浩同学的《樟树静静地绿》,以小说的形式,用含蓄的语言,讲述了"他"青春成长的心路历程。感悟真切,诗意满盈。"成长"是一个老生常谈的话题,也是一个敏感微妙的话题,文章先抑后扬,首尾呼应,卒章显志,言有尽而意无穷,耐人寻味。在内容上,尽量做到"人、事、景、物"全部囊括。防止将常见的东西遗漏掉。

　　俗话说：人以文高，文以人美。"作文"与"做人"相映，"做人"以"真诚"为本，学生们"吾手写吾心"，语文素养潜滋暗长，今儿开出稚嫩的花朵来。

　　此成果的出版，感谢我的学生们，是他们成全了他们自己和我。感谢贵州省名师工作室管理办谢笠教授，严格要求我们工作室主持人要践行"学生成长，学员成长，主持人更要成长"的宗旨，我践行"立己达人，和谐共生"的理念，使"少教多学"在具体的教育教学实践中得以印证。感谢贵州省教科院杨永明老师给我工作室提出的"高中语文教学和专业成长观：吟诵、积淀、感悟"的研思路径，我诗意地栖居在语文教学的天地里。感谢学校"仁实勇毅"的校训，使我紧紧依托学校发展自己。感谢我的同事们，一路上他们温暖我、鞭策我。感谢铜仁市教育局领导、铜仁市交通局领导、贵州大龙经开区的领导，他们情系教育，传承文化，启迪后学。

　　由于时间紧、资料收集不全，难免有遗漏之处，望大家谅解。

　　限于自己的水平，错误和不足之处恳请读者不吝赐教，我将感激不尽。

　　希望《我们的风景》，最终成为一道夺目的靓丽之景。

目 录
CONTENTS

温馨港湾 ……………………………………………… 235

01

｜ 梵天净土 ｜

为什么我对这方土地爱得如此深情？梵天净土，桃源铜仁，实乃人间仙境，我愿意为之歌之舞之，诗之画之。这是生我育我的热土，永远爱恋的地方。

梵净颂

高二(24)　梅冰冰

黔境圣地,古有盛名,名曰梵净,乃武陵第一高峰。四海名山,九州巨镇,十方净土,乃贵州第一名山。佛教兴盛,寺刹林立,皆立梵宇,梵天净土,超凡脱俗,故名梵净。《汉书·地理志》叙其秀丽,《元和郡县志》描其胜境。梵净以佛闻于西南。往来游者,络绎不绝。

物华天宝,人杰地灵。梵净山麓,异族群居,各族风情,汇聚于此。土家摆手,动之以农作之态;苗族歌会,唱之以相亲之情;世代此居,魂牵梦萦梵净情,生生相息,沧海桑田无尽数。

鬼斧神工,崔嵬不减五岳;钟灵毓秀,灵异足播春秋。孤峰突兀,时而千里风烟,一览无余;断崖陡绝,时而云瀑笼罩,变化万千。仙洞灵台,即天地之造化;奇峰古刹,穷历史之余韵。天心池、金沙池、九龙池,池池堪比瑶池;太子石、金子石、蘑菇石,石石胜过天柱。叠经台、炼丹台,飞阁流丹;献果山、凤凰山,层峦耸翠。俯首瞰,一山千溪武陵源,眺首望,群山巍巍雾缠绵。旧说者,弥勒释迦,分管世界;谁以金刀,直破金顶,一分为二。上之穹隆接天下,而三十三天不为译音;下之厚重往大地,而九十九溪不为蚴虬。

"夫夷以近,则游者众;险以远,则至者少。而世之奇伟、瑰怪、非常之观,常在险远,而人之所罕至焉。"登云梯于天路,访风景于梵净。红云金顶,直指苍穹。若巨笋出土,似玉龙啸天。日出时分,立于峰顶,云海波涛,佛光幻影,实为佳境,倘不得观,悔莫大焉。万米睡佛,佛即一山,仰卧于山顶;巍峨老山,山即一佛,受各方朝拜。集黄山之奇,峨眉之秀,华山之险,泰山之雄,明神宗美曰:"天下众名岳之宗也。"

云销雨霁,水何潺潺,彩彻区明,鸟语蝉鸣。金丝猴、苏门羚,戏于山间,鸽子花、紫薇花,发而幽香。花漫桃源,情浪漫;山歌飞来,醉心坎。望梵净于日下,极娱游于暇日;目辰山于云间,穷睇眄于中天。朝而往,暮而归,双目行旅,心灵漫步,四时之景不同,而乐亦无穷也。

黔中胜概,不逾于此。梵净十奇,奇山、奇木、奇树、奇花、奇风、奇云、奇石、奇光、奇庙、奇兽。遥襟甫畅,逸兴遄飞。令我向往之地,唯有梵净奇山。("我的家乡"征文一等奖,载《铜仁日报》20140402)

你是旅途上最美的风景

高二(24)　陆明婧

买一张靠窗的票,静静坐在人生旅途的列车上,沏一壶苦茶,嗅一阵清香,列车任由你决定或急或缓,窗外的景色也时而驻足于心底,时而呼啸于耳畔。你或流连于身旁的美景,又或期盼着未知的远方,但不论何处的风景都是人生最美的侣伴。

流浪去天边

你是否厌倦了现有的生活状态,疲惫了周遭的一草一木,心已飘荡至没有边际的远方?多么渴求触摸到外面的世界啊!那里的世界一定比身边的风景更加陶醉迷人。

年少的我们总是毫无理由地向往着外面,高楼大厦似乎关不住我们那颗不安分的心。

为何我们不能拥有一场说走就走的旅行?

为此,我们努力着、奋斗着,不甘于命运注定在芝麻大小的地方起起落落,外面的世界在不停地呼唤热血沸腾的我们,身边无趣的风景似乎也在催促:去吧,流浪去天边,远方未知的一切正等待着你们去探索追寻。

就这样,年少的人儿被远方的世界吸引,义无反顾,抛下身边的风景,从此不再回头。

回归到最初

漫长岁月,点点流逝,已在远方流浪了一遭的你,是否感受到了一种力不从心的疲惫?陌生的远方,陌生的风景,甚至连空气都让人觉得有些难以言表的陌生。曾经以为身边的风景只会让你审美疲劳,现在才懂得远方的世界有些无奈。

回来吧,身旁的风景会一如你当初离开时的模样,它还在痴情微笑等着你呢。当你领略了外面的世界,品尝了别样的酸辛,身边的风景依旧愿意伴你走完余下的生命旅程。

最美的伴侣

专注于身旁的风景,还是眺望于不可知的远方?守候故里或是渴望远方,所有的选择全凭你的意念与态度。若你的心想往着一个方向,那个方向便会有着无限风光,哪怕雷鸣电闪,相信你都会风雨兼程。

白驹过隙,当我们走过周而复始的自然四季,蓦然回首,你定会发现:无论风景远在何处,只要我们愉快上路,你就是这世间最美丽最灿烂的一道风景!

("我的家乡"征文一等奖)

梵净山——梵天净土,秀水灵山

高二(24) 黎 坚

梵净山,地处铜仁西北部,位于印江、松桃、江口三县交会处,中国有名的佛教名山,也是贵州著名的旅游观光风景胜地。明神宗皇帝说它是"天下众名岳之宗",而来此旅游过的人们则有"置身此山中,俨然画中游"的共同感受。

林荫丛簇,山路崎岖,初日璀璨,云雾缭绕。梵净山,三言两语怎能将它的美妙道尽!

八月的一次旅行,把我带进了梦萦魂牵的梵净山。乘车从景区大门进入山麓,一路上惊叹着从车窗投映出的绮丽光景:透彻的溪流沿着蜿蜒的河道流着,时而欢腾,时而沉静。留心观察,偶尔还能看见那些水鸟们"点水抓鱼"的高超技艺,溪面露出的小石,让人顿然想起"小石才露尖尖角,早有青鸟立上头"的美妙意境;车身轻柔拂过的枝枝树丫,仿佛在用自己的绿荫传达着它们的盛情美意。我的心,慢慢融进了美丽的自然山水风光之中。

"岱宗夫如何? 梵净青未了。"或是听惯了"蜀道难,难于上青天"之类的呻吟,人们总是或多或少地畏惧着这大自然中独树一帜的峻岭奇山。3200步的长坂坡,3600步的大顺山庄,4500步的回香坪。自登上第一节阶梯开始,忐忑的心一直跳个不停。"云梯万步天路远",毕竟面前的山还远着呢。取景第一山门,抑或简单称之为关口,我们不由得留下了"登山前"的写照,脸上充满着取道自然的城市人特有的宽舒愉悦,待到再迈千步后,身心也渐渐有些劳累疲倦了。倒是那位同道来自山城雾都的大学教授对我们颇为关心,嘘寒问暖,鼓劲加油,让我们很是汗颜! 在崇山峻岭中惊见参天树木和轻灵彩鸟激荡交流、分离融合的光景,身心的愉悦非言语所能道出。迈步登山阶,泛黄的光线穿过交叉树枝的错口岔道,向我们投下时而轻柔抚触,时而猛烈逼人的热量。这些原始树木它们如此挺立而又妩媚,如此谦卑而又骄傲。鸟儿们或变换鸣唱的咽喉,或拍动柔美的翅膀,或飞上枝头共享和煦的日光,或低掠林间向路人们道好。金色灵猴也在不远处的树林间淘气地展现着它们特有的个性:或翻滚奔跑、或攀爬眺望、或招手呼喊,所有的生灵都沉浸在这变幻无穷的奇异景色之中,似乎忘却了"一川烟草,满城风絮"的几多抱怨。

山顶到了,高度让人畏惧,又让人舒适。大自然好像特别懂得黔东人的感情,给予了"黔东门户"一个恰到好处的高度。平均海拔五百到一千米,享有佛教圣地美誉的"武灵之巅"梵净山则跃过两千米的高度,在这高度仰望天空,浩渺蓝天,云卷云舒,风景无数!站在山顶目送夕日的沉寂,着实让人品味"夕阳薰细草,红色映流溪"的无穷韵味。身旁来自玉屏游客吹响的笛声,婉转悠长,从心底舒缓到了天际。而远处,云雾在水平之处堆积,堆积成一片如梦如幻的湖,难得有机会欣赏久违了的星空。原来,城外的风景是如此的美好!

夜幕悄然降临,露宿的游人们信步至观景台,身旁是呼呼响着的寒风,头顶是沉寂着的夜的精灵。偌大的深蓝的世界,包裹在我们的周围,星星点点的亮光,仿佛能掩盖背景的一切色彩。"星垂众峰齐",我似乎发现了夜空中闪耀的织女星,"那牛郎又在何处呢?"我心里这么想着。流星闪过,引来人群合掌许愿,心愿不一,祝福相同。梵净山的夜在缥缈与梦幻之中激荡着,我知道它在静候着一个全新的黎明的到来。

八月,我来到了梵净山。我是一个迟到者,原本我该比那些远道而来的人们早些到来。这是一个犯错的孩子对母亲最起码的认错!八月的梵净山,在这美妙的仙境之中,我领略了它阳光下的壮丽美景,布满天际的美丽星辰,海市蜃楼般的灿烂云海,净化心灵的晚霞佛光。

我爱梵净山,我更爱它脚下这片多情富饶的土地!("我的家乡"征文一等奖)

梦开始的地方

高二(24)　李璐遥

添几场春雨,落几次桃花,何去何从?扶一缕炊烟,枕一席美梦,笑傲红尘。从来不知晓人的轮回,却相信生命能够永恒,从未掂量过梦想的重量,却依旧奋力涂上色彩。

我努力行走在这大地上，只期盼有一天重回我心的存放地。再次寻着沾满泥土的草鞋，走进烟雾缭绕的林海，走到佛光庇护的金顶前面，看看那梦开始的地方，尽管一场大雪之后，没有我的足迹；一场大雨之后，没有我的诗句，哪怕千百次循环，哪怕有万千阻挡，我终将回去！我必须回去！因为，那儿是梦开始的地方——梵净山。

初访梵净还是记忆依稀的时候，小小的我站在山脚。什么都是绿的，从嫩绿到深绿的苍绿，稚气的我只觉着这一定是仙人隐居的地方。山腰跑下来的一股清泉就顺着岩壁流淌着，也被染上了或深或浅的绿意，一些游客就爽快地在这绿水中嬉戏打闹。我远望路的更深处，只见无限空旷的空谷和无限沉寂的顽石。那时的梵净只给我一种极其神秘和幽深的恐惧。即便如此，我也还是要来，因为那佛前的芍药，那不知深处的山涧还等着我去探访。

你，越来越像一个谜语。时间，不断更改着谜面，我不知道，是否还能回到这里？让我轻轻掀开她神秘的面纱，然后轻叹，妙哉！妙哉！

我想我还是幸运的，与她第二次相遇，在云雾之上，阳光时而穿透又时而躲藏。山风就像车，把我那个冗长而稠粘的梦碾碎。沿途的景色又慢慢为我拼凑了一个炽热美好的梦。踏着被雨水浇铸的青石板，穿梭于不知经历过几世的绿色丛林之间，我已不知你是树抑或我是树？也许数次与你回眸，我已老去，可为何？你依旧苍劲，只是在这净土上生长着？是不是我身上夹杂了几世太多的俗气无法吐纳？而你，拒绝五光十色的世界，只愿守在这一方素净的土地。静静地与你对视，也许你早已读懂这万年梵音的奥秘，再也不需千万次地问。千万树都如你，默默在这涵养武陵之灵气。

我听见沉重的巨木与那万年的钟鼎在碰撞，不复喧闹，反感安静。寻着钟声而去，浓雾笼罩一切，那飞天的檐角似乎在向我诉说着什么。古寺深深，黄袍僧人进进出出，跨过门槛，槛里槛外，是否是两个不同的世界？我轻步跨过，会不会从混沌走出，摸着一根万世的绳索，通向一个干净的世界？这圣法的宝地收获着众人的仰慕。善恶时常混沌，人心也捉摸不定。有的莲露洗清满眼污浊，荣升为佛的宝座；有的柳枝摇散人间的离愁，成为观音的恩惠。佛音散播，穿透千山万水，你是否愿埋下一颗善意的慧果？我在佛前沉思，双手合十，不为出世，只因对这梵净山的敬畏。

走出佛门，我心突然明了，原来梵天净土不只为它壮美的风景，而更是这天地之间的灵气不分昼夜、不分高低地养育着这一方人、一方水土。而就在这圣境之中，我闭上眼，每个细胞轻松吐纳，寻找我心灵的梦。那些沉重或烦恼的事，像落日一样沉入山底，而明天，就是一轮崭新的日出，光辉就照耀在这梦开始的地方。（"我的家乡"征文一等奖）

风情万种梵净山

高二（24） 杨潇潇

你集黄山之奇，峨眉之秀，华山之险，泰山之雄，可谓"崔嵬不减五岳，灵异足播千秋"。你，武陵第一峰，众名岳之宗！

造化钟神秀，日月毓武陵。山或雄奇险峻或秀美多姿。石柱似玉龙啸天，红云环绕，直接苍穹，水或涓涓细流，或叮咚垂泪或百练悬空或奔腾咆哮，皆异常澄洁；树，遍山皆树，满眼是绿，繁花争艳，鸟兽和鸣，一幅天然画卷。置身此山中俨然画中行，恍若仙山游。

梵净名山景色姝，多姿多彩世人呼。桥，有小桥流水人家的安宁与祥和，白娘子与许仙在断桥的甜蜜爱情，当今别具一格的摩天大桥。在大佛山上也有一座桥，它是架于金刀峡之上，凌空千尺的石拱桥，极为壮观。观音在很多人心中是神圣的，她那大慈大悲的活菩萨形象令人尊敬。在那金顶半山凹处便有一观音洞，其四方砌墙，百岩浆泉水涌出，属上金顶半山的朝拜之处。大海中的浪花似一群呼啸的雄狮前赴后继冲向堤岸，那惊涛拍岸的壮景令人叹赞。金顶上的云海波涛与之相比是另一种美，从金顶远望白云天际，浓密处如堆积的新絮，稀疏时像薄软的轻纱，可谓"转眼风云相会处，凭空移步做神仙"。具有浪漫色彩的便是那佛光幻影，雨后初晴与太阳相对时那云雾中便会出现五彩光环，中嵌人影，人动影随。

梵天净土教人如何描写得透彻，就让我借诗相诵吧：

苍穹极目武陵巅，百谷千峰碧透天。

古寺清灯延圣境，碑林雅韵著鸿篇。

云掀瀑布千顷画，崖泻飞泉万丈渊。

金顶佛光迎远客，清幽竹韵品悠然。

你景秀情亦美，你的脚下散发着浓浓的土家情。

"这里的山路十八弯，这里的水路九连环……"一首《山路十八弯》唱出了土家人的心声。唱出了土家人的苦与甜,悲与欢,更唱出了土家人质朴朴地表情谊,缠绵绵地表爱恋。我很骄傲自己是一名土家人,而我的家乡印江就在梵净山脚下。

弯弯环环,环环弯绕着土家人的山和水,孕出一个个美如水的山妹子,壮如牛的放排汉,他们又是梵净山脚下一道亮丽的风情,传递着浓浓的情。

这如水的妹子,脉脉含情的春水是其明亮晶透的眸,春色是其娇羞的笑靥;浓艳超然的荷是其微翘的嘴角,夏日是其洋溢的热情,她们的身影穿梭在茶丛中,放眼远望,一片片绿油油的绿直逼人的眼,一个个采茶女唱着山歌,嘹亮的歌声遍布山野。正是她们让我们品尝到那醇香的茶,使印江梵净翠峰茶,团龙贡茶香飘四海。她们的身影在花丛中闪现,漫山遍野的映山红似火一般在燃烧,点燃着希望与美好。

一道又一道美食也在她们手中诞生了。印江绿豆粉、红皮酸玉荷、菜豆腐、仙金豆腐,如此的纯天然,听着都如一阵清风拂过,携走心中的污垢。我最爱的还是那"斑鸠豆腐",它是由一种树叶磨制而成,绿得晶莹剔透,轻轻咬一口,嘴里便有一种舒润之感,似一般清泉流过,那清新的"绿香"比茶香更沁人心脾。

除了茶香、食香印江也散发出书香。梵净脚下,印江虽是一个区区小县,异常闭塞,但自明清以来书法家辈出。其中题写"颐和园"匾牌而名噪海内外的严寅亮为杰出代表,因而被称为书法之乡,现在的戴秉国先生的书法也属上乘。这浓浓的墨香也为梵净山增添了书香之情。

那如牛的放排汉,他们的身影徘徊在山林与田野中。他们不是野人却有野人的狂野,他们是森林的兄弟,树木是他们的亲人,他们也爱护着这珍贵的亲情,骄阳晒不软他们的脊背,似牛一般勤勤恳恳。一道道水田纵横交错,星罗棋布,美极了。他们的手一样巧,什么家具都会做,那么小的背篓,板凳,锄棒……都极精致,他们真可谓刚中带柔。土家人,宛如一首唱不完的歌,飘向梵净山,寄去深情缠绵。

"满月山问空念足,落花风雨更伤春,不如怜取眼前人。"你就是我们贵州的一块璞玉,我们会用最真切的爱来呵护你。

寻着你的足迹,追寻你的风情万种。("我的家乡"征文二等奖)

寻梦·梵净

高二(24)　罗珺彦

自朦胧惺忪的梦中醒来,自己身在帐中;

自新鲜明丽的光芒洒落,万物撩开双目;

自春夏秋冬的季节推移,时光转过几轮;

作为一个在武陵山脉最高峰——梵净山脚下呆了十多年的人,早已想寻这个美梦。伴着太阳的升起,我与它的距离则越来越近……

站在山脚,驼起包袱,满心欢喜地望着眼前的"八千云梯",为这顶峰的梦而暗自鼓劲,想要沉醉那神秘的霞光。处在山间,徜徉在心中的风景里,愉悦之感不言而喻。走过之路,青葱翠绿依旧停留在我的脑海里。身旁,水雾弥散,累了,坐在石上小憩一番,闭上双眼,聆听前夜薄雾积聚的露珠落下的滴嗒声,幽静而清脆,仿佛自己已是与这水墨丹青融为一体。

此山虽无蜀道之哀猿鸣,却有净山之青鸟啼。清流急湍而下,猛浪若奔,而我,却在向上。捧一抔仰头饮下,清冽甘甜。

再奋力一蹬,路程又近了一千多步,梦近在咫尺。咦,怎会如此静?权当是两旁的大树把烦扰的噪声都已除尽。只有道旁或红或紫或绿闹得纷纷扬扬,为旅途添一抹色彩,增一份动感,"潦水尽而寒潭清,烟光凝而暮山紫"画面在我脑海中伸展开来。

一番跋涉之后,终于,我置身于云雾缭绕的仙境之中,尽情地甩着双手,在"山顶"上踱步。一方,怪石嶙峋,最出名当属蘑菇石,由两块巨石重叠着,上大下小,壮如"蘑菇"。屹立于悬崖之上,稍有风吹,便觉摇晃。另一方,金顶直插云霄,我攀铁索而上,四面悬崖峭壁。红云瑞气常绕四周,状若飞天游龙,又似佛手二指禅,更像人类的生命图腾,称其为"天下第一峰"也不为过。

圆日迫近地平线,落日余晖笼罩下的梵净山,被披上了一件金色的外衣,我仿佛探到了佛光的讯息。伴着吵闹的夜空,我依旧安然入睡,盼望着,盼望着。

醒来,立在山巅,向下瞰去,风光尽收眼底,只见层峦叠嶂;坡陡谷深、群峰高耸、溪流纵横。想来那"会当凌绝顶,一览众山小"大概也就是这般了。梵净山,你虽不及泰山的巍峨、不及华山的雄奇、不及黄山的秀丽,但却千百年来一直保持着自己的谦卑、柔情、纯洁。

呆滞间,有白雾升腾而上,缭绕山巅,忽出现一道彩虹似弯曲的光,顿时自己对这霞光肃然起敬,不自觉地想要去朝拜,心旷神怡,脑中突然闪过一个念头,马上回帐从背包中翻出相机,对准佛光,按下开机键,遗憾的却是未带电池,沿途风光都未曾记录。"不用担心,这梵净山已深刻在你的脑海中",一个声音恍从山谷传来,深沉而幽静。

当圆日再次迫近地平线之时,收拾行装,准备下山。净山的山、净山的水、净山的云、净山的光……我真的好喜欢,真想再陶醉一次,再深深沉醉一次,忘却世俗之烦恼。("我的家乡"征文一等奖)

黔之魂灵,贵之梵净

高二(24) 杨琳铮

黔渝交界,乌江之畔,那是您的根。
万峰之始,千溪之源,那是您的本。
烟笼雾罩,云海茫茫,那是您的魂。
黔之东北,芸芸众生,那是您的子子孙孙。

您是佛家圣地,弥勒道场,白云苍狗,千年过往。
承恩镇国,佛光映照,万千信徒对您虔诚信仰。
三峰交映,卧佛梦眠,造化神秀使您名声远扬。
弥勒金佛,举世无双,神来之迹让您福泽四方。

您是基因宝库,天然氧吧,生机盎然,万类霜天竞自由。
珙桐之花,亘古至今,风雨磨砺终成世间奇秀。
黔金丝猴,地球独子,仍旧只在您的怀中存留。
原始森林,绿色海洋,让人感受您的漫山碧透。

您是武陵之巅,黔之灵眸,拔地而起,傲视群雄。
云梯万步,人间天路,红云金顶,上接苍穹。

蘑菇奇石,金刀仙峡,天地造化,鬼斧神工。
争奇斗秀,犹比黄峨,盛名不负,天下众名岳之宗。

古云崔嵬胜五岳,景秀凌绝满神州。
沧海今虽成桑田,灵异仍以播千秋。
奇石未曾动秋毫,佛龛不朽万古留。
桃源遗民今犹在,梵净山下梦神游。
("我的家乡"征文一等奖)

梵净颂

高二(24) 喻 言

珙桐金灯蘑菇石
弥勒道场极乐宫
它是大地写下的神鬼作
它是佛祖播撒的轻叶莲

高高的山峰云海变化万千
长长的峡谷溪流九曲连环
梵天净土
七分佛意三分景致

它是象形会意活字印刷术
它是佛祖留下的深长足迹
高昂挺立的石蘑菇
印刻着几多沧海桑田

清风从你的头顶拂过
那是历史在和你悄悄絮语
你身边卷起的朵朵云彩
恰似黔东灿烂辉煌的美好未来("我的家乡"征文一等奖)

倘若邂逅在梵净山下

高二（24） 田仁瑞

倘若邂逅在梵净山，定与君只赴护国寺焚香，于阵阵梵唱中，在弥勒座下许下一个祝君平安的愿望。

倘若邂逅在梵净山下，定邀君共赏谓之曰"崔嵬不减五岳，灵异足播千秋"的梵天净土，攀云梯万丈，沐浴初开之霞光。

倘若邂逅在梵净山下，定与君摘野桃三五，戏山中金猴，看那地球遗子垂涎欲滴的娇憨模样。

倘若邂逅在梵净山下，定邀君闲倚蘑菇石下，观山中松鼠，结队成群，于石台上嬉戏打闹，追逐闲逛。

倘若邂逅在梵净山下，定请君举看，观万米之卧佛，涤心灵之垢壤。

倘若邂逅在梵净山下，定请君与共，游桃源铜仁。漫步锦江河畔，观玲珑水晶阁，赏舟赛之盛况；同游东山古寺，聆如来之妙法，听傩戏之欢唱，携手共舞，享人间之欢乐，受傩神之赐福，并行于中南古道，感光阴之匆匆，叹建筑之精巧，嗅历史之芬芳，观壁刻之精妙。岁月如刀，催人苍老，世间未有能长生而不老者，但却有长生不老之精魂，桃源之精魂，便如中南古街般，平和、恬淡，虽未有舞榭歌台之繁华，自却有小桥流水之人家，山与桥与人与水，浑然一体，交织成一幅不落窠臼的丹青画。

倘若邂逅在梵净山下，愿与卿共栖于珙桐树下，相依相偎，正如珙桐之花，比翼齐飞。

倘若邂逅在梵净山下，愿与卿同上金顶，体"转眼风云相会处，凭空移步做神仙"之妙；

倘若邂逅在梵净山下，愿与卿于某日午后，齐坐于"梵净神树"下，和紫薇花香，语心底情事，诉衷肠，系情丝。

倘若邂逅在梵净山下，愿与卿共坐于云涛雾诵间，焚薰香，候佛缘，待白日佛光现。

倘若邂逅于梵净山下，愿与卿相约太平河畔，看激潋水波，听大鲵偷泣。澹澹流水而生烟，而烟又复笼寒水，叮咚潺潺，顺山而下。

倘若邂逅于梵净山下，愿与卿共领造物主之伟大。看那孤峰突起的老鹰岩斜刺云天；观那神秘莫测的万卷书，神工鬼斧，叹那深邃陡绝的金刀峡，抚膺屏息；更有新老金顶，遥相呼应，远望之，飘飘兮不若仙宫乎？更欲与君对坐于定水泉边，汲水烧茶，对坐品茗，看山中花开花谢，望天外云舒云巷，何等快哉？

倘若邂逅于梵净山下，卿定立今生永驻之意。梵天净土，桃源铜仁，实不负于"天下众名岳"之盛名。若卿来此，定是流连复忘返，心炫神迷，欲走之，勿失观众岳之心，已而欲罢不能矣。（"我的家乡"征文一等奖）

我要回家

高二(24)　杨玺可

对于一个漂泊他乡的人来说，即使是取得了巨大的成就，或过上了饫甘餍肥的优厚生活，他终日也是惶恐难安的，至少对于我这个苗人是这样。

那一年，我只身背上行囊，装着大山里苗族人的质朴、爽朗，和自己的年少轻狂，信心满满，闯荡四方。

人们总是这样，对拥有的不屑一顾，对未知的趋之若鹜。正如年少的我，不懂得最美的就在身旁。只一心向往着远方，去看恢宏的钢铁大厦，领略繁华的都市生活，然而当一切如我所向往，却不似我真正所"向往"。

大城市里的横冲直撞，赢得的不过是一间空虚的房，一辆会跑的废铁，和一张只会笑的臭皮囊。我以遍体鳞伤，在混沌的都市完成了我的向往。

我把质朴丢在风里，我让自己乘云直上。可却仿佛总有一根线，紧紧地搋着心，连着一个未知的熟悉地方。

多少个日日夜夜，伤疤和着血泪，叫嚣着慌乱心伤。冰冷狭小的浴缸，让我渴望蒸汽腾腾的石阡温泉；悠扬婉转的音乐，让我想起高亢激昂的印江长号；霓虹闪烁的街市，让我忆起如烟火绚烂的思南花灯，繁杂冗长的饭局，让我怀恋热闹随意的侗族长桌宴…

我终于看清，自己不过是一支风筝，飞得再高，心也永远惦记着，线的那一头，我沉沉的，沉沉的家乡。就像游得再远的娃娃鱼也总要回到深处，玩得再野的金丝猴也要爬回树上。我这个漂泊的游子，一定要回到家乡，因为我身体里挺起的脊骨叫梵净，血管里涌动的血液叫锦江！

我要回家,我要陶醉在清新秀丽的亚木沟中,找回纯真和质朴;我要静坐在幽深奇幻的九龙洞里,沉淀浮躁与轻狂;我要徜徉于天生桥下的玉液宝瓶中,洗涤流离和虚妄;我要叩拜于恢宏的大金佛寺里,听那梵音茫茫……

我要回家,我要回到我们苗族人自己的宫殿苗王城中去,去登上悬崖峭壁间鳞次栉比吊脚楼群,去抚摸城外斑驳壮美的战壕城墙;去和顶着银饰苗帽的苗族姑娘采桑织布,去和戴着錾字银圈的苗族小伙赶牛插秧;去躲在玉女神瀑下听倾心之人隔山对唱,去跟着迎亲的队伍接来娇羞的新娘……

我要回家,我要去亚木沟探访珍稀的大鲵、胡子蛙;我要去梵净山追踪濒危的中国华南虎;我要去麻阳河寻找神秘的黑叶猴王国;我要去爱情谷结识恩爱的一对对鸳鸯……

我要回家,我要去梵净欣赏中国植物活化石——珙桐,绽放好似白鸽展翅欲飞的模样;我要去德江接受中国戏剧活化石——"傩戏",开始之后面具傩神祝福的吉祥;我要去思南游览天然地质博物馆——石林,耸立造就梦幻奇石乐园的奇迹;我要去川硐惊叹西边天生桥峡谷——飞瀑,横空仿若腾起千堆白雪的飘扬……

我要回家,我要跪伏于万米睡佛前,让金丝猴帮我轻敲木鱼;我要依偎着千年紫微王,请萤火虫为我点亮青灯;我要合十在金玉弥勒前,听百灵鸟吟唱颂词佛经;我要打坐于莲花广场上,和天地融为一体……

我要回家,我要去玉屏听天籁箫笛,我要去沿河看肉莲"盛放";我要去石阡泡夜郎古温泉,我要去松桃打苗族四面鼓;我要去大明边城观军事古迹,我要去寨英古镇叹滚龙壮景……

我要回家,我要回家!回到那花草流芳的千里画廊之中!回到那梵天净土的桃源仙境里去!我的脉搏震动奏起回家的乐章,我的心脏跳动好似达达的马蹄,我坚定着真正的向往,我是归人,不是过客!

不知回家之日,是左脚亦还是右脚先踏上家乡的土地?（"我的家乡"征文二等奖）

我的家乡叫河坝

高二（24）　曹玉珠

　　她是一个鲜为人知的小乡村，但却时时刻刻勾起我的思念之心。

　　她依青山傍绿水，是群山环绕下上天给予我们的恩赐，坝儿宽，土儿肥，水儿潺，几千人在这似零星又似集聚般分布着的乐园里安居乐业一载又一载。

　　无论身在何时，身处何地，"家乡"这个温暖的字眼，总会给我们以温暖的感觉和无限的念想。是悠长的记忆，是绵延的故事，是无尽的诉说。那份情结总在心头荡漾，仿佛儿时的村庄历历在目，闭眼间却又模糊不见，想伸手去抓住记忆的尾巴，却让它溜着无影无踪，我那可爱甜美静怡的家乡，呵，你可知我在距你几百公里外时刻挂念着你？

　　我的老家是一个几百人组成的小村，大家都零零散散分布在四周，各家的周围都是自家的果园，在更远的山上也有很多桃李树，用"漫山遍野"来形容一点不夸张。冬天有蜡梅飘香，初春有雪白的李花和梨花，和红粉的桃花，站在老家门前的院坝坎上，观四方尽是花枝招展，互相辉映。到夏末秋初，桃儿李儿都成熟了，我总会和小伙伴们去到坡上，爬上树，摘果子吃，那鲜嫩的果肉，和甜美的汁水仿佛此刻又到了我的口中。离开家乡转眼已经四年了，其间，间或回去过两次，都是在过大年时随着家人回去，但却好久没能吃到家乡的桃李了。前不久，外婆回了老家一趟，带来了一箱橘子，一个个又红又亮，皮既干净又薄皙，拿起一个，轻轻一分便成了两半，橘子肉和皮中间有很多白丝却也自动分开来了，散发出橘子的香味，吃起来凉凉的，酸酸的，心里却是美美地，甜甜地，我知道，那是家乡的味道，是独一无二的味道。

　　去年回家过大年，看到了与我们三年不见的家乡人们，是那般亲切，大家的关怀问候也是那般温暖，从街上往老屋走去，一直有人和我们打招呼，端出自家的水果给我们吃，我们也会停下来和她们说上几分钟话，一路上家乡的气味扑面而来，真是身处家乡不觉美，心总向往外面的花花绿绿的世界，当离别家乡后又回到她温暖怀抱才觉得家乡才是我们永远的港湾，家乡人才是最淳朴的人啊！

　　"舞龙灯"是河坝特有的最热闹的一种活动，也是最精彩的"表演"。编扎的龙惟妙惟肖。各村都编有各村的"龙灯"。村民从山上砍来很多竹子。大家齐心协力将竹子放在一块很大的坝子上，又各自分工合作，有人负责划竹篾，有人负责编龙头，有人负责编龙身，有人负责编龙尾，一盏长达十多米的龙在人们近一个月的时间一般能完成。可去年回去听爷爷说，河坝会编龙灯的人不多了，我们村里会编龙灯的老人已与世长辞了，所以我们村里的两盏龙灯都是花钱请人来编的。这是一项既需要耐心又需要经验，既需要技术又需要智慧才能完成的活，我怕它会失传，我们老前辈们的手虽个个长满老茧，但却双双是巧手，我多希望有年轻人能将此项技术活继承下来，给河坝每年都带来热闹与吉祥。

小时候，舞龙灯的总是爸爸这样的大人们，可去年看到的竟然都是新生代的青少年。正月十四的晚上，十几盏龙灯集聚在街上，举龙灯的很多是与我年龄相仿的，甚至于有的只是十来岁就跟着人群跟在龙灯后面走，一个个少年精神抖擞，浑身有使不完的劲，举着龙灯，不一会儿龙灯集到一块，真正的舞龙会便开始了。"龙"来到住家户，在家门前少年舞着龙灯大声叫着号子，"龙"送来吉祥，于是主人会拿出早准备好的鞭炮一个劲地放，声音响彻云霄，人潮中欢呼声亦是从未消停。"龙"在鞭炮声中，一会儿似在爬动，一会儿又开始狂舞，一会儿盘卷着身子，一会儿又伸开身子，龙灯里的蜡烛是人们自己制的，玩灭了又点上，总是保持龙身，龙头透过竹子和布都是亮着的，人们越舞越有劲，混着各种声音。任时光流去，我的小伙们转眼已长大。平时清静的河坝乡在那晚总会变得热闹非凡，一家挨着一家地舞龙，送祥瑞人们热情永不消减，直到玩到深夜一两点人们才会相继给伴回家。

写着写着，这些情节在我的脑海里一节一节浮过，我盼望着今年能再回到家乡去，看我的乡邻，看精彩的舞龙会。

我不是画家，不能用画笔画出你的美，我不是诗人，不能用诗歌吟咏你的美，我不是作家，不能用文章描写出你的美。

但，我永远是你怀抱中，长不大的孩子，永远是河坝这块土地上的人，有一颗永远爱河坝与眷念河坝的赤子之心。（"我的家乡"征文二等奖）

吾念山中城

高二（24）　姚倩

　　我坐在四楼的教室里，瞭一眼窗外，都是教室的窗户，我偶然抬头，望见了那方小小的天空，明朗得如此动人。

　　我一直都认为，只要还在中国这片土地上，家乡是无所谓有的，我最多算是一个有籍贯的人，我曾用虔诚的手拂过唐宋元明，梦见边角连营的时代，更是无数次想挣脱这大山的束缚，乘着过往山城上空的飞机，飞向外面的世界。

　　失意时的一个转身，忽地泪眼朦胧，身后的那座小城，它……竟如此熟悉。

　　这是一曲山与水的和弦：有人说，山在这里纠结，水在这里汇集，造化钟灵秀，铜仁四面青山，山外又山，也有双乳峰，也有七仙姑。由于受到山神的庇佑，地震也无法延及至此，"仁者乐山，智者乐水"，乐山的情与乐水的意魂魄相惜，一条百里绿衣带潇洒地别在腰身，微风所起，衣身略皱，荡漾着历史的波澜，山也青了，水也润了。

　　一朵仰望天空的蘑菇，武陵山脉的最高峰上那朵蘑菇呀，不知孤独了多少年，守住一生的时光，只为等待它的五光十色的颜色被人看见，等待它的芬芳被人闻着，等待着有人来带走它的孤独，但为何没能做一个幸运儿，终究还是石化了，立于云海之中千万年，吻着烟霞与佛光。

　　三个微笑的圣人，当夜晚亮起五光十色的霓虹灯时，每个角落里能看见三束光，是从铜岩跨鳌亭的水底射出，有老人相传：元时有渔人潜江心而获三圣铜像，邑县因而得名曰铜仁，每当问及，果真天赐此宝？老者讪笑，而年轻人会心不已，斑驳的铜人身上，承载着春秋的涛声与释迦极乐的佛者，而铜仁见"仁"，如此时世，民风仍如此纯朴，仁厚，只见那三圣凝于身而忽笑。

　　我惜叹于侗族那豪迈的大哥，在4.28旅游发展大会上，苗家汉子的四面鼓响起来，土家女儿的歌声响起，我伴着食指转圈，我还视梵净山那鼎钟，不时点头回应这旋律。

　　我漫步在中南古巷，虔诚地触摸那依然倾斜眼看犹倒却未倒下的木楼，仿佛看见几百年前，阁楼上女子往下探望，看着周逸群纪念馆，我如这木楼一般向这段历史鞠躬。

最令我感动的是,平常的小城,养育着平常的儿女,又塑造着他们不平常的个性,我不知道他们是谁,但我曾看见他们中的一个学生,趴在夕阳的桥上,望着候鸟飞过,我也曾这样过呀,他们中的一个书法家,在三江公园的青石地板上用水书写遒劲的方块字,他们中的一个,闲来垂钓碧溪上,小城人的故事说不尽,小城人彩色的梦在这山水间流淌,我生在桐梓巷里,长在桐梓巷里,我同岁月一起见证开发区的故事,也只有这里有我的乳名。

转回头看过山水的笑颜,心里一阵痛感,原是,这土地咬伤了我的脚趾,这血便融于这土地,艾青说:为什么我的眼里常含泪水,因为我对这土地爱得深沉!如今,也即将离开这块土地,想起"念桥边红药,年年知为谁生?"虚掩的门,为谁留?眼里也常含这泪水,想着,总有一天,还得回来,还得回来……("我的家乡"征文二等奖)

梵净山脚下的故事

——我与外公在松桃

高二(24) 黄丽环

在我7岁的时候,妈妈带我从广东回到了家乡——松桃。外公外婆已在家中等候多时,怕我们不认识路这才赶紧从汽车站把我们给接回来。

外公外婆的家里是一座古色古香的房子,两层楼的木屋,进入正厅需要叩开一扇朱漆的大门。还附有一个大院。只可惜现在已被列为危房了,急待修葺。记得我那时东张西望,觉得木屋好生新奇,于是我便发现了外公屋里搁置在桌上的一张字条,上面写着歪歪斜斜的字,我不禁念出了声:"木、公、木、兆……"外公这时刚好从外面进来,听到我的话便乐了:"嘿嘿……傻姑娘,那两个字是'松桃'啊,记住了,松桃是你的家乡"。

就这样,我和妈妈在松桃安顿下来了。每逢周末我不上学的日子,外公就带着我到处走走玩玩,爬过观音山,淌过松江河,还游过文笔塔,只是未曾"更上一层楼",到塔尖儿上去。

有一日,他带我逛到了沙坝上(现在已是七星广场),他告诉我那就是他年轻时披星戴月工作的地方。在那儿日复一日,年复一年地做着木工活,以维持生计。

沙坝果如它的名字一样。有很多沙子。我们就坐在沙上看风景。我指着对面的一座山问他说:"外公,那是什么山啊?"外公乐呵呵地对我说:"那就是鞋子山啊!"(其实是云落屯公园)那座山的轮廓是很像鞋子,我一听又乐了。外公接着告诉我一个传说:在很久很久以前的某一天,赤脚大仙从自己宫中赶往天庭赴宴。他穿着很正式,连从不穿的鞋子也套上了。他走得太急了,一不小心就把一只鞋子落下了。那只巨大的鞋子直直地坠往人间,刚好就落在此处。久而久之就形成了这座鞋子山。我那时想着,其实那座山也很像一把梳子啊,说不定是哪个仙女落下的呢。

外公还带我去游了"松桃八景"。正所谓"蓼皋春眺……文笔凌云"无一不俱特色"蓼皋春眺,松江晚渡,云落余翠,秋螺回澜,屏山烟霭,响水泉飞,石滩泻浪,文笔凌云。"那悠悠悬在松江河上的"吊桥"便是松桃一景。外地人第一次走吊桥时都觉得胆战心惊,可我是一点儿都不怕,还在上面又蹦又跳的;还有那密密麻麻地嵌在峭壁上的"悬棺"也是一景。外公说,古时候这儿的人死了很少是埋入黄土的,他们就在悬崖上凿洞,然后把棺材放进去,似乎这样那辞世之人的灵魂就能永安了。

那"八景"其实我还没有游完,外公也没有了。如今新的"松桃九景"已经出炉了,分别是"寨英古镇、潜龙洞、苗王城、响水洞千亩梯田、云落屯公园、黔东草海、飞灵山、冷家坝、长兴苗王湖、盘石盘姑妮"。

那苗王城里处处都体现着浓浓的苗家风情,苗王故居便是在那里头的。听说政府还要把苗王城打造成西部影视基地,请明星们来拍戏呢!

"乘一叶扁舟,入境随风,看江畔渔火。"的确,若是乘一叶扁舟到苗王湖上,那当真是极美妙的享受,疲惫的心也能得到安宁了。

没想到一转眼十年时间就过去了。十年啊十年,十年一品温如言。现在我在铜仁市读高中,以后还会到外地读大学,也许以后在家乡待的时间不很长了,关于这梵净山东麓——松桃的故事我能说的不多了。但没关系,我定会回到家乡,更自有其他人将这故事千秋万代地诉说下去……("我的家乡"征文二等奖)

我在梵天净土等你

高二（24） 李明慧子

我生活在 21 世纪。早上起床匆忙洗漱后，嘴里叼着两片面包就出门赶公交车。中午吃的都是快餐。为了不被这个"快时代"的社会淘汰，我用电子邮件代替了手写书信对朋友们的问候。原本定的一年回家两次竟然被现实缩减到三年一次。生活在 21 世纪，我倍感压力，那颗心也整日悬浮着。

我每天拖着疲倦的身子倒在床上，脸也不洗，牙也不刷，可这丝毫不会影响我的睡眠。我的观念里"只要有地儿就能睡觉"。只觉睡眠因子充满了每一个细胞，纵使是天大的事也不能抵挡睡觉的决心。

水可真清啊！如若不清得透彻，又怎能引来大鲵至此？想到生物课堂，老师曾说"如今污染重，很多地方的水都不敢直接喝了。但每次去梵净山我总会用空的矿泉水瓶装上那里的水，满满一瓶带回家"。老师那一脸满足的表情令我无限向往，水究竟是怎么个清法？

"哇，鸽子好多啊，不过它们怎么都围在一起呢？"走过去一探究竟，才发现那是花而不是鸽子，名为珙桐。珙桐枝叶繁茂，叶大如桑，花形似鸽子展翅。张张白色的花苞在绿叶中浮动，犹如千万只白鸽栖息在树梢枝头，振翅欲飞。故又名鸽子花。

合欢好像不服气，偏要媲美一番，活脱脱长在珙桐对面。头顶千百小伞来，粉红心事向天语。如涅槃的凤凰在欲滴的青翠间获得永生，绒一样的花，羽一样的叶，安神解郁。三国嵇康《养生论》"合欢蠲忿，萱草忘忧。"这用来赞美合欢确是再好不过的了。

一对青年男女十分相爱，但因种种原因不能在一起，他们选择了离家出走，经历了他们简直无法想象的艰难，最终来到梵净山上求佛，那时就连燃灯古佛也还没有来到梵净山开山建寺，但悠悠的万米睡佛早已来到这里，在这样的净土上，佛家的确是点化了青年男女，男的取名叫金顶，女的取名叫仙姑，他们终于修行成仙，化身为石，所以演变成了现在的红云金顶和蘑菇石，传说仙姑每晚都要梳妆打扮，金顶为了仙姑，花了百年时间打造了一个可以供仙姑梳妆的镜子，取名：月镜。金顶送给仙姑月镜之夜，满山的杜鹃花竟然神奇般的开了，仙姑并将梳妆的地方取名为月镜山了。

这虽只是个远古传说,但丝毫不影响它们的美丽为世人所称赞。

岁月的洗礼使得金顶日益沉稳,仙姑也越发动人。

站在梵净山的红云金顶上,我才真正体会到"无限风光在险峰。"美丽而多彩的梵净山有太多的东西感动于人的眼福,感动于人的内心,在金顶上,最美的是:什么都可以想,什么都可以不想。当然这是你的自由,在这样的境界里,你是完全自由的,从你身边飘过去的云是不会惊动你的,巍巍的梵净在云海之中,时而变得是那么的渺小,时而又是那么的巍峨挺拔,这样漂亮的景象在梵净山时时都在上演着,她是缥缈的,却又时时在现实中出现着。佛光是她的花环,因为是美丽而荣誉的花环,有太多的人希望看到佛光,哪怕是一瞬间都是美好的。

"叮铃铃,叮铃铃?"我猛地惊醒,原来一切只是一场梦。

携带者疲倦的皮囊,走到了卫生间。那一张憔悴的脸好像是我紧闭双眼,我不愿醒来,一切都是如此的真实。梦中老妇人告诉我"我在梵天净土等你"!

等到天都蓝了

等到云都白了

等到每缕微风

都带着醉意

等到花都开了

等到山顶红了

等到每颗星星

都为你亮起

我在梵天净土等你

放下手中的牙刷,打开电脑搜索"梵净山"。搜索的结果是:

梵净山位于贵州省铜仁地区江口、印江、松桃三县交汇处,毗邻湖南省凤凰、张家界景区,与重庆市南部接壤。贵州最美的旅游胜地,弥勒佛道场,珍奇异兽……

我高兴地尖叫,我从未想过自己可以如此刻般轻松。

请在梵净山等我,等我与你相遇。("我的家乡"征文二等奖)

梵天净土——心灵皈依的地方

高二（24） 田莎莎

抟山为钵，剪水为衣；山在你手里，水在你胸中，你抒写着自然的灵气。

人们把"梵天净土"这个词语送给了最美的你——梵净山。

作为武陵山脉的最高峰，你巍峨雄伟，屹立于贵州省东北部江口、印江、松桃三县的交界处。你以老金顶、凤凰山、新金顶为主峰，庞大雄浑，摩云接天。你孕育了无数生灵，被誉为"世界独生子"的黔金丝猴是你疼爱的宠儿。你漫山如黛，满面尽绿，"千年紫薇王"是你送给人类的珍宝。繁花争妍中，那妖艳的鸽子花是一道逼人的风景，被中外植物界称为"活化石"。

造物主赐予你无数奇异的风光，每一笔都浓墨重彩。虽然你没有海明威仰望乞力马扎罗山时的浪漫，没有杜甫拜谒泰山"会当凌绝顶，一览众山小"的气势磅礴，可你的山，或雄奇险峻，或秀美多姿，或温婉柔媚。红云金顶，如一把利剑直插云霄，红云缭绕，薄雾绵绵，瑞气蒸腾，让人如临仙境，每当日出日落，日升月降时，峰顶偶有一道变幻奇诡的光环，乡人把它视为吉祥的佛光。因此，你也曾被称为"古佛道场"。传说你是佛教净土宗为芸芸众生提供的一条通向"梵天净土"之路，这使你蒙上了一层神秘的面纱，让人心向往之……

你的水，更是见仁见智。有人认为你没有腾跃时空般的大海壮观，有人认为你没有李白诗中"飞流直下三千尺，疑是疑河落九天"的宏伟壮丽，可在我的眼里，你的水或涓涓细流，或叮咚垂响，如我胸中流淌的血液，是我的生命之源。走进你的怀中，听小溪淌水，竟能让人悟透沈从文对水的回忆：水兼并包容，从不排斥以不同方式浸入生命的任何离奇不经的事物，却也不受它们的影响。我想这流水道出的道理，说的也是你本身吧：在风霜雨雪中飘摇，俯瞰天地众生，在天地间守望，与世无争。

你是宁静的，可你不是梭罗独居瓦尔登湖畔的寂寞，你只是想在纷繁的现实中留一方净土，送给你脚下各族的乡民。

清晨，美丽的土家姑娘背着小竹篓，穿着绣花鞋轻柔地踏在石板路上，唱着动听的歌谣，歌声穿透层层雾霭，在山间弥漫开来。不知是哪位年轻的小伙子应和了姑娘的歌，伴着鸟语花香，氤氲着绵绵情谊。夜幕降临时，你吮吸天地之灵气,静谧、温柔、祥和、沉寂,在这醉人的夜晚,山脚下是与你相映相衬的一片热烈喧闹。

古朴的小巷中,老汉们吧嗒吧嗒吸着老旱烟,忽明忽亮的光影映照着他们合家欢乐的幸福面庞;老妪们则手摇芭蕉扇,怀中抱着孙子,三人一簇两人一团地闲坐在石阶上,侃聊着那些渐行渐远的故事;少男少女们则聚在河沿,生一堆篝火,笨拙地拨弄着手中的琴弦,手舞之,足蹈之,给寂寥的山野增添着几分声色。这是诗? 这是画? 还是"画中有诗,诗中有画"?

梵净山,你给了我生命,给了我欢乐,给了我……

梵净山,你有着"天地奇观"蘑菇石,雄伟的万卷书,罕见的金刀峡、万丈深谷拔地而起的太子石,被尊为"名岳之宗",被誉为"地球和人类之宝"……还记得每每有游人来这里欣赏你的山光水色时,我都会满怀豪情地向他们一一介绍关于你独特的一切,那一刻我喜不自胜,不时还忘乎所以。

母亲曾对我说:"梵净山在我们心中,它是家的地方!"

"梵净山,家的地方",母亲这句话镂刻在了我的心里,伴随着我长大。

是啊,梵净山,你是我们家的地方。前辈们世世代代在这里耕织,我们徜徉在你的胸襟,感受着你的博大、宽阔。这里的一草一木,一花一石,都有我们成长的记忆。我想即使是漂泊在外的游子,也一直把你放在心上吧。每当他们在异乡想到豆腐干、酸鱼汤这些家乡美食,也应该都会因思念你而泪水盈满面颊吧。"离愁渐远渐无穷,迢迢不断如春水",阔别家乡多年,你依然像无花的蔷薇,千载盛开在游子的心间。

不禁想起艾青的诗:为什么我的眼里常含泪水,因为我对这土地爱得深沉。如果可以,我愿意,也相信这里的每一位乡民都愿意化作艾青笔下的那只鸟,用嘶哑的喉咙为你歌唱。因为是你,在物欲横流的社会中,为我们保留了一方净土;因为是你,让我明白了罗曼．罗兰所说的"幸福,是一种灵魂的香味"的蕴藉风流;因为你是我们心灵的家园,更是心灵净土的寄托。

梵净山,你是我心中的天堂! ("我的家乡"征文二等奖)

家，永远最美

高二(24)　肖　波

"我的家乡梵净山，红云金顶入云端。云梯万步天路远，风雨飘飘几千年……"

这是一首歌，也是对我的家乡的真实写照。每当我听到这个旋律，脑海里总情不自禁地浮现出梵净山上的四大皇庵，五大佛教道场，万步云梯，红云金顶……

我的家在贵州铜仁，也许其他城市的人不知道铜仁，但一定知道梵净山，正因为如此，铜仁被称为梵天净土。

去梵净山时，给我的第一个震撼便是那直入云霄的万步云梯，抬头望去，台阶的尽头在云中若隐若现，或者说没有尽头，使我想到长城那般的磅礴气势。不过更震撼的是我完整的爬完了七千多步的通天梯。正是不到长城非好汉，今日我不上金顶誓不休。虽然很累，不过领略了这一路上的怪石奇树，天风云海，异兽珍禽，也算是补偿了。不经历艰难，又怎能得以赏悦如此美景呢？

赏悦了浩瀚的云霄画卷后，除了震撼，更多的是遗憾，遗憾我没能到那画卷中遨游，没错，我没有去过梵净山。我羡慕那些能够到处旅游的人，能够亲身领略山水画卷，而我，却只能看着手机上的图片，想象着我的画卷之游。将来我一定会与她相会，这是我们之间的约定。现在，我唯有想象。

梵净之巅，时而千里风烟，时而明光媚眼，时而云瀑笼罩；立足山顶，一览无余，佛光环绕，变幻万千，神秘莫测。虽然未能目睹金丝猴、云豹等梵净灵兽，山顶一览，云雾缭绕，胜似浩瀚星河，稍不注意就迷失在天际中。我倒想迷失在天际之中，没有人来叫我，没有人来打扰我，我就坐在泥巴地上，一览自然的风光，不，是宇宙的无际，星河的浩瀚。敕赐碑上说到"而不知此黔中间之胜地有古佛道场，名曰梵净山者，则又天下众名岳之宗也！"上课铃响了，我也该离开了。暂别了，名岳之宗！

我知道你没有黄山那么奇丽，没有峨眉那么秀丽，不如华山那么险峻，稍逊于泰山的雄伟，但那个约定，我绝不会忘的，哪怕到那时你已无如今风采。也许你终究老去，但"情人眼里出西施"，你永远是最美的，因为你是梵净山，是我的家，我的牵挂。（"我的家乡"征文二等奖）

这边风景独好

高二(24) 田 瑞

风景一说,自是仁者见仁,智者见智,仁者乐山,这连绵巍峨的群峰自是顶好的,可难道那灵动剔透的水就不惹人怜爱了吗?智者乐水,这透澈婉转的流水真是极好的,可难道那挺拔高峻的山就得招人嫌恶了吗?

风景就在身边,不必去远方寻找。

我们身边的风景许许多多,有自然美景所给的愉悦享受,有俊男美女所给的视觉冲击,有心灵陶冶的聆听盛宴,有美德善举的温暖人心……其实我们身边的风景一直都那么谦逊低调,从不张扬显露,就如同"白云谦逊地站于一隅,霞光冠之以晨辉"一样,让地上的人们抬头仰望。

其实身边并不乏风景,我们只是缺少发现风景的眼睛。我们往往对近在咫尺的景色视而不见,而去追求那些我们来说全是虚幻的泡沫,待到泡沫幻灭,便自怨自艾了。黑夜给了我一双黑色的眼睛,我就应该用它倒映出身边的美景。也许你曾流连在"日出江花红胜火"的江南美景中不可自拔,幻想着离开身处的平庸之地,可殊不知那池园中的夏莲早已含羞待君以观了;也许你曾迷醉于"红藕香残玉簟秋"的凄清氛围中难以自己,畅想着与易安把酒言欢之乐,但你却忘了现世的热水和饭菜是对你埋怨现实的当头棒喝。

这边风景独好,这边谓之哪边?远方?咫尺?当然是身边。

这边风景独好,但并不意味着远方就是荒漠。那是对于久处沙漠中的濒死之人的绿洲,对他们来说,身边是黄沙漫布,那远方有可能会出现绿洲。若是待于原地甘愿被黄沙掩埋,若干年后也仅是一堆白骨;若是不放弃生的希望勇敢向前走,说不定就能走出荒漠。所以这风景得于咫尺还是远方是具有相对性和特定范围的。

不要否认远方也有风景的可能,只是需要我们在追求远方时先不要忘了身边正盛的风景,你得用你智慧的头脑和细心的态度去发现咫尺之间的风景。

这边风景独好兮,望伊之采撷;

这边风景独好兮,赏渺茫之夜华;

这边风景独好兮,仰君子之胁息,

这边风景独好兮,拨明净之心弦。("我的家乡"征文二等奖)

腾飞吧，巨龙

高二（24）　符仙仙

　　在平静与优雅的太平洋之畔，在阳光的沐浴之下，一个庄严宏伟的国家似一只雄鸡一般昂立着，那便是我的祖国——中国。

　　中国，一个读来便使人顿生自豪感的字眼，在我的心中激起了阵阵波澜。中国！一个由13亿人民用心血共同铸造的名字。中国！一个五千年文明浸润的文明古国。它是喝着黄河、长江的甜美乳汁而成长，它有着泰山的巍峨博大，它有着江南的烟雨朦胧，它有着奇异广阔的大漠。它让孔夫子的仁义与苗家姑娘的银铃之声和充满异族风情的朝鲜族歌舞在它身上交融绽放。它是博大的，它是宽容的，它是我心中永恒的骄傲，是我血液中永恒的信仰。

　　我的祖国，几经沧海，几经桑田，它超越了岁月，它在时间中站成了永恒，在东方站成了巨龙。今天我因祖国而骄傲！

　　虽然在今天，我的祖国，大多数人民没有好房子，没有车子，医疗制度不够透明，道路不够宽阔，食品不够安全，官员不够廉洁。相较于过去，我们已拥有了太多。今天我们的幸福生活正是无数的革命志士们抛头颅洒热血换来的，我们应该珍惜，应该感恩。

　　无数的先辈们努力着，从以前的小米步枪到现在的坦克加航母，从无一架国产飞机到如今的"神十"上天，从座座茅草屋到高楼大厦屹立，从吃不饱穿不暖到现在的小康社会。我们的祖国发生了翻天覆地的变化，我们的生活质量大幅度提高。而这靠的是什么？是人，是众多千千万万的普通人，而我们是其中的一员。

　　作为新时代的我们，我们有责任去担负历史使命，去实现中华民族的伟大复兴。我们心中要时刻怀揣着一个中国梦。我们要敢于去想，敢于去梦。美国之所以如此强大，正是他们心中怀揣着美国梦，所以我们也要怀揣着中国梦去努力、奋斗。我们要为更为健全的民主，更为透明的医疗制度，更为平等教育体制去奋斗。要谨记，我们新一代要去守护，去强大这个我们世世代代所热爱的中国。因为这里有我们最亲爱的家人，最深厚的友谊，最深的羁绊与眷恋。前有周恩来"为中华之崛起而读书"的伟大志向，今有我们万千同胞为中华之复兴而努力。

　　我们的河湖如此秀美多娇;我们山川如此巍峨壮丽;我们的国名如此气壮山河。我们有一个共同的名字——中国。让我们为同一个祖国,同一个梦想,而奋斗吧! 我亲爱的祖国,今天我们以你为骄傲,明天你因我们而精彩! (载《铜仁日报》20141012 第一版)

美丽家乡,魅力铜仁

高二(17)　胡　娟

　　"我的家乡梵净山,鸟语蝉鸣水潺潺,一山千溪武陵源,群山巍巍雾缠绵……"听着这首歌,那绮丽壮阔的景象仿佛就在眼前。

　　我的家乡,梵净山,被列入国家 4A 级旅游景区,不仅拥有丰富的野生动植物资源和原生态自然环境,而且拥有着许许多多奇形怪状,惟妙惟肖的各种磐石,它集黄山之奇,峨眉之秀,华山之险,泰山之雄于一身,它还拥有着许多深刻久远的故事。

　　很久很久以前,梵净山区有一个姓曹的人。他金榜题名以后,皇帝设宴招待新科状元,宴间,皇帝问其身家情况时,曹状元想:如果按照真实情况说出自己的家境来,肯定会让人看不起,自己在官场也难已走得顺畅,但若说了假话又会犯欺君之罪。于是他便运用形象的手法介绍自己家里的情况。他说:小民家千柱落脚莲花敦,万马归槽滚转门,天点灯,风扫地,八十人挑水,七十人煮饭。在座之人无不为之震惊,纷纷上奏皇帝:当朝新科状元曹状元,才学超群,家业宏隆,且养有千军万马,如起异心,必定后患无穷,不如早早除去,以绝后患。皇帝听后也觉得有道理,便给曹状元立了个欺君犯上、图谋不轨的罪名,推出午门斩首。后来派人打探才知,曹状元家家徒四壁,他家挑水的是八十岁的父亲,煮饭的是七十岁的母亲,所以是八十人挑水,七十人煮饭。皇帝知道真相后,后悔不已,为了能弥补过错,赐了曹状元朱红棺木,并予以厚葬,同时赐曹状元双亲黄金万两,且在他们百年后仍以红馆木送葬,后来,此地区的人们为了纪念曹状元,全部用红馆木送葬,流芳百世。这就是红馆葬的故事的由来。

　　梵净山沟谷深邃,瀑流跌宕,把老金顶附近的高山雕琢成石林峰群,形成了蘑菇石,老鹰岩,将军头,万卷书等美丽雄壮的山峰,妙趣天成,而新金顶更是直插云天,险峻之极,当真是"崔嵬不减五岳,灵异足播千秋。"

梵净山亦有许多珍稀物种,如国宝级物种金丝猴,珙桐等这里的景物都是天然形成,找不到一丝人工景色,由于地势之高,山体之大,形成了"一山有四季,上下不同天"的奇特风景。春天,这里郁郁葱葱,到处透露着嫩嫩的气息,使人心旷神怡,即使到了令人烦闷的夏天,这里凉爽如昔,偶尔清风阵阵,鸟语花香,是大家休息和锻炼的佳地。

民族风情园,是一个集餐饮,购物,展览展示,演艺观赏,休闲娱乐等为一体的游乐园,体现着各少数民族的民族风情,进入民族村,可以身着民族服装,与少数民族人民一起载歌载舞,同庆"篝火晚会""苗族情歌对唱节"等民族节日,也可以品尝各民族的风味小吃,购买各民族工艺品,"民俗工艺一条街",展示了各民族手工艺的作品,游客们也能亲眼看见艺人的绝活表演,还能亲身体验,制作。铜仁"六个公园是一家",这里有许多大大小小的公园,从白天到傍晚来这些地方玩耍,赏景的人络绎不绝。三江公园仅是其中一个,这里有悠久历史的川主宫,幽雅温馨的三江茶楼,新颖独特的文化广场(其中有"三根文化住""历史文化墙""植物盆景""休闲长廊"等),和谐休闲的亲水长廊(包括有"亲水广场","亲水舶","亲水桥","水中森林"等)和绿色环保的生态停车场。人们喜闻乐见的广场舞也是随处可见,无论是中年人老年人还是小孩青年都积极参加这个有益健康的活动。

不仅如此,这里的人们更是热情洋溢,遇到问路的游客,他们会笑意盈盈的介绍这个美好的地方,神情皆离不开对自己家乡的骄傲情怀,这里的食物也是令人看着舒心,吃着放心,游客们可以边吃美味小吃边欣赏到美景,这时,少不了当地人们说起的故事,或惊悚刺激的,或趣味百生的。铜仁被誉为传统龙舟之乡,每年端午节都会在铜仁的母亲河——锦江举行一年一度的龙舟大赛,比赛当天,锦江河旁人山人海,一声枪响,整装待发的龙舟们都似箭一般冲了出去,鼓声阵阵,连岸边的人们也抑制不住的高声呼喊起来,气氛高涨。使大家流连忘返,意犹未尽。

铜仁,我的家乡,这美丽的地方,我生长的地方,令人留恋的地方,令人不舍的地方,因为它的美丽,也因为它是"儒释道"三者之和的铜仁,是拥有悠久历史的"文物"。或许人们还会常常想,铜仁梵净山顶是否有仙人居住,而梵净山也因此有了灵气,还会永远陪伴铜仁。("我的家乡"征文一等奖)

乌江神韵

高二(17)　崔佳敏

　　以慷慨激昂的将军之雄姿,以诗情画意般婉约柔美,以风情万种的阿娜之姿屹立于黔州东北部,以深邃蓝幕为背景,以独特的喀斯特地貌作神秘面纱的神奇热土——沿河。这座独具乡土气息的山城围绕在乌江身旁,将那乌江之神韵展现得淋漓尽致,令人魂牵梦萦。

　　这里的山"奇",是大自然这位伟大的艺术家用那双巧手筑就了这件艺术品,在那乌江中下游的132公里中,黎芝峡、银童峡、土坨峡的山令你不得不感叹这鬼斧神工的艺术品是经过怎样的雕琢而成的。那太白遗留下的草帽石化成的草帽石,那高耸入云的上天石,那筑就月亮皎洁的月亮岩,那葱葱郁郁的孔雀屏宛如一只五彩美丽的孔雀展示着它的雀屏,那是一道天然的屏障啊,呵护着那座小城的宁静,那窄得令人窒息的通道,令人感到佛法无边的佛指山峰直指长空,那充满壮美的西楚霸王,那身后的霸王谷及里面的八千子弟兵,四面楚歌的响起已过去几千年,然而霸王铜却依旧矗立在天地间,烽火台上没有硝烟却总是回荡着"青山依旧在,几度夕阳红"的历史余音。

　　这里的水"秀"。发自草海的乌江定是从天上滴下的仙露,聚了天地之精华,集了人间的灵光,江水便有了生命,成了活水。当清晨第一缕阳光吻着这条江时,蜿蜒盘旋在那崇山峻岭之中的乌江变得金光灿灿,江水的流动使其成了一条游动的金龙,那般灵动,那般耀眼,那般迷人。这秀丽的水一泻之间成了人字瀑,又在一跃之间溅起茫茫水雾,在江中跳动的水成了白龙过江,那与石猫相望的江面,一只只白鹤嬉戏打闹,那白鹤潮舞门的画面让人心动不已,还有那有着美丽故事的羞女泉,一汪泉水流出了一个个水灵灵的俏姑娘。清晨之中,山谷中回荡着清泉和鸟鸣的空灵,晨雾在江面飘荡着,一行行白鹭在江面上飞起,真是一行白鹭一行诗啊。

　　这里的人"美"。这片神奇的热土上流淌着的乌江所孕育出来的不仅是那奇山秀水,还有这美丽热情的土家儿女。"锣鼓擂起来,唢呐响起来,我们一起跳起来",热情好客的土家儿女载歌载舞地招待着来到这里的客人,"劝酒歌""哭嫁歌""送客歌""土家摆手舞""肉莲花""金钱杆"等,这里山歌是一首接一首,这里的好酒是一碗接一碗,舞是一支接一支,有着"土家山歌之乡"之称的沿河有的是好歌好舞好酒招待客人,还有那玲珑可爱的黑叶猴在山间欢快地叫喊,麻阳河内的那些黑精灵们更会讨得游人欢心。那见证千年风雨的千年乌杨招展着它那宽大的枝丫,像那宽大的胸怀欢迎着四方的来客,"嘿呦,嘿呦!"古纤道上的纤夫,用他们宽大的双肩,敦厚的双脚踏在这人间一绝的古纤道上,攀爬在险奇的石画上,岁月流逝,时光荏苒,艄公的额上有了那古纤道一样的条条深壑却依旧唱着那首悠长而又饱含人生百态的土家山歌,唱出沿河儿女的热情好客,唱出沿河儿女的勤劳朴实,唱出沿河儿女的精神风貌。

夕阳调皮地跳到西边的天际,溅起漫天的晚霞,那山,那水,那人在夕阳里依旧奇、秀、美,这片充满乡土气息的热土——沿河,将那乌江融入体内,以一个个动人神奇的小城故事展现着乌江神韵!("我的家乡"征文一等奖)

请在梵净山等我

高二(17) 龙 晨

这里是铜仁最朝气勃发的山林,这里一呼一吸都彰显着生机的魅力,这里有道不尽诉不完的娟秀风景。这里,是梵净山。

去梵净山得是三月芳菲的时节,三月,梵净山绿得就像少女发间碧色的发带。山脚下蜿蜒的河水因为融尽了寒霜冰雪而显得格外清澈,嫩芽滋生,褪去旧尘加冕了一套新装,杜鹃花高傲地重涂了一层粉脂,在万花丛中不甘地争艳。当然不能忽略水里的鱼,站在岸边看得清它潇洒转身又调皮地吐出几个泡泡的倩影。这些都是大自然的灵动,是它最妩媚的笑容。

这里是梵净山,千娇百媚的梵净山。

从山脚开始绵延的石梯几番曲折地在梵净山的腰上隐约可见,自在的金丝猴在林间的枝藤上翻转游荡,发出空灵的叫声,宛如一首悠长而质朴的歌。雾气弥漫,猿声清啼,浑然有种仙外林山的韵味。若茫茫的白露沾湿了衣襟千万不要见怪,鞋袜边粘了湿土也不要忧恼,因为这是梵净山赐给游人最真实的礼物

这里是梵净山,原始自然的梵净山。

登上梵净山顶,风寒乍冽,金顶寺飘出丝缕香火在四周虚渺地散开,在这种

忽隐忽现的烟雾里,时间在梵净山顶成长了一个奇迹——蘑菇石。它深浅不一的刻痕仿佛在诉说梵净山里世代的故事,站在它的脚下,俯瞰整个山林,松竹尽翠,微风拂过,卷起波涌而来的"绿浪"。

这里是梵净山,久远雄壮的梵净山。

在梵净山上是可以留宿的,不少流连忘返的客人都愿意在顶上的旅店过夜一晚,好为了能在破晓之际能有个好位置与蘑菇石一同迎候初晨的日光。那一刹,明亮而温暖的光彩刺破整个天际,从蓝得发亮的色泽转而照亮整个苍穹,山间从高至低晕染这日出的光线。原本的万籁俱寂,在那一刻,迎来光明和生机。

这里是梵净山,动人心魄的梵净山。

梵天净土,仙音袅袅,天下名山,质朴傲然。

浊世凡尘的今天,梵净山依然犹如存于画卷之中的桃源,一笔一墨恍若神作。高耸入云,潺流碧绕。翠是它的主调,自然是它天成的韵律。也许梵净山又更像激扬慷慨的一首歌,雄姿英发,威于群山的气势,供人仰视。

梵净山,我家乡的一方净土,我故土的骄傲,我用尽笔墨赞颂的锦绣风光!

("我的家乡"征文一等奖)

小城大爱

高二(17)班　田　芳

风吹黄叶落,复又秋阳红。夕阳铺洒在水面,映照出半江瑟瑟半江红的美景。

这是一座美丽的小城。

虽然几千年前夜郎国王那一声真挚的问询已成了历史画卷里的千古穷音,溪边也不见了浣衣少女。但西南腹地,武陵山脉,美妙像水一样地泼满了这片土地,仍旧钟灵毓秀,云蒸霞蔚,依然不失为人们魂牵梦萦的仙境。

是的,这是铜仁。它集山的雄伟与水的灵韵于一体。梵净山以其独特的姿态站立在这片土地,伟岸的身躯是人们莫大的骄傲。在大自然的鬼斧神工下,造型奇特的蘑菇石更成了美的象征。这里的水总有一种别致的柔情,文笔峰下,锦江水绻绻流过,碧波萦绕,山水静默,美得让人不忍移步。

或许你还没有目睹沿河乌江百里画廊的旖旎风姿,还没有泡过石阡的温泉,还没有游历过松桃的苗王城。那么,来铜仁吧。来这里,给视觉以美的享受,给心灵以宁静。

这是一座宁静的小山城。它盛满了爱,靠近它,就能感受到温暖。

是的,这是铜仁,它有着一股浓得化不开的人文气息。

城市发展日新月异,座座高楼拔地而起,条条大路层层铺开,但铜仁古城依然得以保留。它是铜仁的根,是铜仁生生不息的源泉。古城记载着它一路走来的风风雨雨,有断壁,也有残垣,江边还依稀可见当年茶馆酒肆鳞次栉比。古城里,有革命烈士周逸群故居,更有刚落成的贾平凹文学馆,给这座小城添了异常浓厚的一笔人文色彩。

铜仁不仅保留着过去的人文痕迹,还紧紧地跟着当下的文化潮流——民族风情园依山傍水,显得它更加静谧动人。各种演唱盛会不时上演,欢声笑语时时在这片小城上空飘荡。

每年端午,河岸边人头攒动,盛况可观。龙舟蓄势待发,人们兴致高昂,呐喊声高亢有力,热闹非凡。

来铜仁吧。来这个温暖清新的小仙境,寄梦青山,魂绕碧水,让疲惫的心灵暂时栖息。那时,你能听见自由在歌唱。

这是一座值得大爱的小城。或许,铜仁才是歌德曾说的能"把心遗落的地方"。("我的家乡"征文一等奖)

迎 新

高二(17) 任秋宇

大路穿云展,
波光潋滟开。
孔明天际挂,
福乐伴春来。

咏　春

高二(17)　任秋宇

日落新知两度春，
天寒旧赏水临门。
流霞老去从为客，
落日春来觉有神。

（古诗词写作比赛校级二等奖）

02

| 人在学途 |

生活,是一场学习的革命。学习,并做到孜孜不倦,让我们成为君子,成为淑女,成为最美年华里一道迷人的风景。

开学有感

高一（3）　任欣雅

人生有很多的"第一次"——第一次做饭，第一次军训，第一次交朋友等等。

当我走进铜中大门的时候，我才真正明白，初中生活已经彻底结束了，而新的高中生活即将开始了，于是我精神振奋地来到教学楼，准备侦察一下以后的"阵地"，可令我尴尬的是，我几乎转完了高一所属的所有楼层，还是没有找到我的班，原本的好心情就在这时消失殆尽了，最后还是在一位好心的保洁大叔那里得知，原来这幢楼没有多余的教室了，所以我们班被安排到另一幢楼了，于是我则又马不停蹄地奔赴那里，到了之后发现环境还不错，桌子椅子都是新的，顿时，我的心情又明朗起来了，心想在这间教室里学习和生活，一定会很不错。

当我走进教室时，一双双眼睛注视着我，我被盯得不舒服，就快速地找了个空位就座，由于班主任老师的迟来，全班的气氛冻到结冰，没有一个人的说话声，每一个人都在自顾自地忙些什么，我想，不愧是尖子生，一个个都那么严肃，仿佛是被训练过的地下工作者。后来，老师来了，他先是简单地自我介绍，再是语重心长地和我们讲道理，再后来就给我们说明了接下来的行程，说实在的，初次见面，实在不好在表面上评论什么，但是，做老师的有必要如此淡定吗？

当我站在操场上准备军训的时候，就已经看到了我们的教官正朝着我们一路小跑看过来，他喊口令的声音超大，要求也较为严格甚至苛刻，我想，这应该就是传统中的"新官上任三把火"的道理吧。不过，既然是军训，那么一定不会让我们太轻松，吃点苦，受点累其实也挺好。不知道教官是中午回去被领导训了，还是天气太过炎热的原因，教官开始变得凶了，而且还凶得如此理直气壮，真是不可理喻。有时候，一点小事都要大惊小怪，小题大做，让人不得不埋怨，是我们出现错觉了吗？不然，怎么才几个小时的时间，态度居然发生了360度的大转变，可恶，这样想，自然对教官这种职业没了好感。可是在有一天早上，课间休息的时候，我们的教官教我们唱《军中绿花》时，还向我们展示了他们自己改编的版本，虽然歌词中都是一些方言，没有华丽的词汇，没有精致的修辞，却字里行间透露了他们对远在故乡的妈妈的思念，那时，我心里对军训，对教官的不满刹那间烟消云散了，只有对他们满满的敬佩和崇拜。

　　第一次站军姿的时候,刚开始觉得其实没什么难的,不就是两脚贴地,身体与地面呈直角吗。可到后来我才真正发现原来站军姿并不是一开始觉得的那样简单,所以,当我回到家的时候,脚十分自然地肿了起来,而下午一来学校,又是站20分钟的军姿,这无疑给原本肿痛的脚上加霜,可是,每个人都是这样地站着,我才不愿意承认我比他们弱呢,所以,我就因为这要命的面子而没有请假,只不过,我还是趁着教官不注意的时候,偷偷地偷了一下懒。

　　其实,这一个星期的军训,除了站军姿以外,基本上没有什么任务可以称得上累的,只是让我痛心的还是被晒黑了,更没让我想到的是,七夕节时,居然和那么多人一起过,而教官则和我们有一搭、没一搭地开着玩笑,后来,终于告别了军训,到了说再见的时候,心头涌现出了一丝丝对教官的不舍,这八天,被骂过,被罚过,被快乐过,被感动过,而如今,只能将心里的感谢和不舍化作一声声的"教官,再见"。

　　第一次由班主任带领我们参观铜中时,和班主任的关系还比较陌生,在我看来那时的他,只是一个打着三班的班主任的名号的陌生人,而现如今,每一天的军训他几乎都陪着我们,老师讲话幽默而又风趣,脸上的表情却淡定又冷静。还记得,在篮球场的楼梯上,我很自然地问候了一声"老师好",他看了我一眼说"你也好",而他那时的面部表情还是纹丝不动,我则又说了一句"你更好",而后,我不敢相信地和老师同时说了一句广告词"家好才是真的好!"我忍不住笑了起来。临走前回头看了老师一眼,不禁地感叹,老师,您是但丁的什么人呀?居然可以如此淡定,其实老师长得很有笑星的潜质,因为在太阳底下时,老师的眼睛会弯成一条曲线,而眉毛则皱成一团,实在搞笑极了,真的可以和教官的普通话的搞笑程度相媲美了。

　　成长过程中的四件事,我已经做好了两件事——小学,初中,而现在刚刚开始朝着第三件事——高中而努力着,刚开学,就有那么多数不清的趣事了,这让我更加不得不去期待未来三年里所隐藏的快乐。有趣的老师和同学,舒适的教室,绿色环保的环境,让我不得不去享受着这些美妙的东西,刚开始,每个人的脸上都洋溢着即紧张又期待的喜悦表情,一本本有被人翻过的痕迹的书,一支支写了无数精美文章的笔还有那看起来随时准备迎战的挺直的脊背。这炎热的天气仿佛就代表了同学们对未来的无限热情,而这天气也灼热了我们的皮肤,脚步甚至是我们的心情,如果这是对"新事物"所起的新鲜感和好奇心,那么我会把这件"事物"用保鲜膜包裹起来,放进冰箱冷藏,让它的保质期延长至三年甚至更远。

我不敢写誓言,也不敢承诺,因为我不想失望,而现在我唯一想想的就是:尽力就好,这样,自己在以后才不会留下遗憾!（开学第一次作文写作一等奖）

高中的我们在路上

——"大学者,明明德"大学宣讲会活动体会

高一(3) 刘雨晴

2月17日下午,在"薰风"文学社十周年庆典活动之际,由北大"五四"诗社、"我们"文学社以及我校"薰风"文学社联合主办的"大学者,明明德"大学宣讲会在我校拉开了帷幕。出于对母校的培育之恩的感谢和对学弟学妹们的关爱,从我校毕业的学长学姐们回到了母校向大家介绍大学生活,交流高中的学习经验,这其中不乏考上北大、清华等名校的传奇人物,吸引了不少同学前来参与。

此次活动分别在三个场地召开,其中有一场文科场,两场理科场,但其实也并不那么绝对,每个场地都是文理兼备。可以看出各位学长学姐都很重视这次宣讲会,都准备了幻灯片来介绍各自的大学,而介绍的方式也是各出奇招,活似一场大学招生会。

在上海交通大学就读的学长不仅常规地介绍了该所大学的基本信息,优势专业等,还说了"史上最牛请愿"这样极具智慧的爱国轶事,更是利用网络另类宣传片从恶搞的角度介绍了大学,一下子就让会场的气氛欢乐起来。像这样利用或煽情或搞笑的精彩视频来介绍大学的不在少数,而纯粹凭借口才妙语生花的也并不少。来自山东大学、四川大学、北京邮电大学以及对外经济贸易大学等比较低调的院校的学长们就用幽默的语言辅以各种逗乐的表情将这些我们并不了解甚至从未听说过的大学介绍得头头是道妙趣横生,四川大学的"洗浴中心"一说以及北邮和对外经贸大学的两位学长的背后攀比院校条件的故事更是将气氛掀到了高潮。而来自北大、复旦、人大等老牌名校的学姐们也并未让我们失望,相比来说她们的介绍方式就要正经了许多,但依然不忘时而的小幽默,人大的学姐利用漂亮的漫画来介绍专业亦让我眼前一亮。扎着一个高马尾,个子小巧的来自复旦的学姐在介绍时心急口快而发出的各种语气词让我不禁感叹:"好萌的一个学姐啊,这哪像一个一心死读书的学霸呢?"

各个大学都有独特的风景,一张张图片让我生出对大学的无限向往,特别是山东大学威海校区的金色海岸,阳光与沙滩,简直就是一个旅游景点。各个大学的校训也给我留下了深刻的印象。上海交通大学"饮水思源,爱国荣校"的校训以及钱学森、江泽民等伟大人物践行校训的事迹让人感触颇多。人民大学"实事求是"这样朴实而诚挚的校训带着一股子共产党的实干精神,彰显着人大作为"从革命圣地走来的学校"的光荣。"博学而笃志,切问而近思"这句顺着念和倒着念都富含哲理的话就是复旦的校训,具有一种文学的趣味并且发人深省。北大"以天下兴亡为己任"的校训让我不禁想起语文老师对我们的谆谆教诲,要时刻想着以天下为己任,做一个对社会有用的人,原来老师在教我们做人的同时一直不忘让我们向着北大努力呢。

介绍了各个大学让我们只树立了目标可不够,学姐学长们并没有忘记台下坐着一群想要从他们身上取经的学弟学妹,尤其是正处在高三的学生,对于好的学习经验可谓是如饥似渴,在紧张的冲刺期希望尽量避免弯路。

考上北大的王韵学姐给我们提供了切实的学习方法,"要学习思考,复习好基础知识并且多做习题,建立错题本和自己的方法。要求稳不求快,准确是主食,速度是甜食。对于英语,要注重完形填空和阅读理解,先熟悉整体文本再做题。"这些她自己总结的学习方法给大家在复习的时候指出了一些方向。除此以外,她还推荐了她觉得比较好的试题并且分享了面对考试的良好心态,"世界上的事可以分为三类:老天的事,别人的事和自己的事。老天的事自由天注定,别人的事你想管也管不了,唯一能做到的就是自己的事。"这样的话让我们不由得反思了自己面对学习的心态,到底是为了谁而学,又凭什么不准备好?

就读于浙江大学工科实验班的学长浑身散发着工科男不善言辞的气息,但实际上却能说善道。说起他高三某一天发现上次看还有九十多天的高考倒计时牌已经变成一十九时觉得时间流逝太快于是偷偷地将"1"和"9"交换了位置变成九十一的轶事,引得大家一阵发笑,但想想自己的类似经历终于体会到珍惜时间的必要。他和我们分享了四句话,每句话都有一个故事。"找到你的动力源泉!"像这次活动这样,找到自己的奋斗目标,才能从中获取不断奋斗的力量。"那又怎样?"他的一位同学曾对他说过的一句话,也许那位同学已经忘了,但对他却影响巨大。在成功时说"那又怎样? 不要为成绩而沾沾自喜,继续向前";在失意时说"那又怎样? 一次失败不能否定你的努力,不懈奋斗总会成功。"这并不是不介意成功与失败,而是告诉我们要有自己的计划,要按部就班的前进,不困于现状。"珍惜身边的人!"珍惜身边的父母、老师、同学以及高中时光。相处的快乐时光是最难得的,哪怕正在紧张地备战高考,也一定要注意缓解心情,做到"快乐学习,学习快乐。"我现在才高一,也有时光如梭的感慨,半年眨眼即逝,再半年就要分班,最开始的这群朋友相聚的日子并不剩多少了,更别说高三的学长学姐们,各自考上大学后,也就散落天涯,很难团聚了。"细节很重要!"学长说了一个"打圈"的故事,说化学里面有一个化学式很难写又很容易考,很多人写了最难的那一半就会忘记打圈,他们的化学老师就让每次考试忘记打圈的人抄写许多遍,终于他们班的所有人都铭记了那一个圈。其实一个圈并不要紧,要紧的是因为少了一个圈而丢掉的分数,与我们失之交臂的机会。很多时候机会要靠机缘巧合,而巧合要靠细节,这也就是细节的魅力与重要性的体现吧。

和王韵学姐一样,很多学长都建议我们准备错题集,看来成功的人总会有一些相同点,他们必定都付出过。来自人大的学姐提了十分中肯的建议:高一多参加一些活动,为自主招生作准备;高二、高三则要将更多的重心放在学习上,切忌拖延症。并且一定要相信明天比今天更好!

宣讲会进行了三个多小时,听到最后的人都觉得受益匪浅,很多人都确立了一个切实的奋斗目标,到尾声的时候大家都觉得意犹未尽。每一位学姐学长宣讲结束是都说了一句"我在这里等你们",而我们,我们还在通向目标的路上奋斗着。(此文发表在"铜仁一中"网站上)

一个在城里过年的女孩

高一(3) 杨柳英

又一个春节来临了,她变成了全天下最可怜的人,远方的家成了她最奢求的温暖。

这是她第二次独自过年,一个人孤零零地过年,在一座陌生的气派的城市。没有乡友,更没有闺蜜,有的只是夜晚那些现代都市独有的各色刺眼的灯光。

高中还未毕业,因为家庭贫穷的缘故,她只得辍学外出打工帮助多病的父母维持全家人基本的生计,还要供一个成绩很好的弟弟读书。她不害怕这种做工的苦日子,用她自己的话说她是一个坚强的女孩。那些小说中形单影只的侠客,那种浪迹江湖略带些浪漫的艰辛,那种哪儿天黑哪儿歇脚的超然,用她自己的话说那叫"仗剑走天涯"。她把世界想象得很美,没有陷阱,没有尔虞我诈,有的是满地的鲜花和人们满盈的笑脸。走到哪儿,她就把笑带到哪儿。

又一个春节来临了,她变成了全天下最可怜的人,远方的家成了她心中一道过不去的坎。

按照公司的规定,大年三十也得照样上班。工友明显少了许多,车间里的流水线像家乡那条清澈的小河,轻声地不停地流着,流着。她的手得麻利地跟上这"流动"的节拍,由不得她有半点的胡思乱想。她默默地做着自己的那一份活儿,按照公司上班的规定,做工的时候是不允许和周边的工友说上半句话的。哪怕身边的工友是最好的朋友,此时此地也只能是"近在咫尺而又远在天涯"。她没有笑,没有像往常那样开心的笑,而是淡然地周而复始地做着她手上的那份属于她的活儿。

她想要攒下很多的钱,快些把父母的病治好,快些把成绩和自己一样好的弟弟送进大学,快些回到家乡去开一家小小的书店。她很喜欢先前学校的读书生活,到现在仍然没有改掉喜欢看书的好习惯。"读书改变命运,知识创造财富。"至今她还清晰地记得乡里学校的老师们在她家的土墙上写着的这句话。

下了班,见着到处是一盆一盆摆放有致的鲜艳的花,大年夜的气息扑面而来,都市的灯火也比往日明显亮了许多。她没有笑,没有像往常那样开心的笑,而是一个人走在去餐堂的路上。"今晚的年夜饭该是什么呢?""懂事的弟弟帮爸妈们把那锅全羊烫皮肉的味儿调理好了吗"?她心里默念着。

又一个春节来临了,她变成了全天下最可怜的人,这一次,眼泪不听话地悄悄从她的脸上滑落了下来。

"读书真好,在家陪爸妈过年真好!"她这样不经意地一边念着一边走着,远远地她看见公司餐堂的年夜饭早已备好,但似乎少了些热气,完全没有半点的年味。

公司外的街道上,鞭炮声一阵一阵地响了起来,夜空中那绚丽的烟花也一串一串地绽放着。

又一个春节来临了,她变成了全天下最可怜的人。今夜,外面的世界好精彩……

【点评】本文意蕴哀婉优美,文字淡雅清新,在看似平静的字里行间,"那位女孩"别样的心理神韵跃然纸上。人生是一条没有航标的河流,但愿在我们每个人的生命里少些激流险滩,多一些快乐从容。(高一课外作文写作一等奖)

我在路上

——假期生活

高一（3）　刘彦君

　　当我坐在教室里,透过窗看外面成荫的绿树与盛开的紫薇时,不禁又想起刚刚结束的假期,也是这般风景如新,香气四溢。

　　一、身在路上

　　本定在六月末的出行改到了七月上旬,天气的确更炎热了,不过待我们到北京时,正巧赶上了一场久违的大雨。下得通透,第二日便也晴了,并不妨碍紧接的游玩参观,倒多添了几笔清凉之彩。

　　在故宫之中,是花了整整一个上午的。一门过,一门现;一幢楼,一桩事;多少景,多少情;多少物,多少悟。于那汉白玉石雕阶直上流光溢彩的金銮大殿,我更喜欢那迂回曲折的条条亭廊,处处有尽处处生机,错可回头,七巧玲珑,无青蓝点金如何,无贴金彩画又如何? 琉璃瓦下朱漆方台上雕龙宝座庄严辉煌,仍不是高处不胜寒? 皇天子,沐圣泽;枕边人,未可亲;金琐窗,锁月光;朱漆门,千红恨! 走过三大殿、后三宫,再不愿随拥挤的人流一路行进,寻一清净地,竟来到一走巷内。宽大的石板有些失修,沉淀了不知多少的史韵。巷壁是多么高啊,就这样生生地切断了多少人的思,多少人的念。"一入宫门深似海。"

　　握着从大钟寺求来的玉佛,坐在飞往杭州的飞机上,已是三天后的事。耳边还萦绕着恭玉府戏楼里咿哎呀呼哐的表演之声,颐和园中的湖里荷花便又在西湖上映入了我的眼帘。"接天莲叶无穷碧,映日荷花别样红。"这等的景致已是不俗,更何况是在"欲把西湖比西子,淡妆浓抹总相宜"之地,醉人心,和人肠。租下一芥小舟,也游于湖上,借一份心境,望见远远一断桥,细细咀嚼,很多年前许仙与白娘子的相遇,是否有一桥烟雨一伞开。

　　下一站应是乌镇,可匆匆回程,倦色一二,便觉得还是不去了的好,至少,给自己留下另一段风景所在。

　　二、心在路上

　　在这样一段长长的假期里,心应与书契合。清晨初阳升起,是与英子发上抹的桂花油一样的颜色。我看见她跑到惠安馆,或是喧闹的街上,寻找油铺米铺里是否有妞儿的影子;黄昏随着斜阳,听听不见长安许久的鱼幼薇的故事,默念着凋零的女子。接着,又闻破晓时分从沈从文笔下老街里的鸡鸣妇人声隐约传来,恍惚换为佩弦游于秦淮花船之上的柔声金陵曲,久久不绝。

字如清风携心旅,溢书香气。我携身心上路,领略一个假期的风景如新,香气四溢。(高一暑期作文写作一等奖)

旧时光,新风景

——我的假期生活

高一(3)班　谌　彤

带上一颗澎湃的心,我开始了这新的假日旅程。

商量许久,我们结伴而行去了一次凤凰古城。刚来到这儿,我那激动不已的心竟平静不少,沸腾的不再是我,而是脚下这片土地。这片融入绿水青山的土地。山是它屹立的骨架,水是它翻滚的血液。山的刚,水的柔,让这块神秘之地淋漓尽致地展现着自我。踏在人潮汹涌的石板街上,我想,若没有这来往的人流,而是一位白丁香般的姑娘,撑着油纸伞,彷徨在悠长的古巷里,她心尖上的忧愁也似白丁香,冷漠、凄清、又惆怅。

你看,古巷里各色的湘西服饰,是不是样样充满了热情而奔放的风韵?你听,古巷里流浪人沧桑的音调和着单调而孤寂的鼓点,是不是声声体现了古城的意境浓厚?你想,古巷里的一乌砖,一青瓦,是不是片片沉淀了边城的历史悠远?

在这里伫立,呼吸一口口清新的河风,仿佛全身心都被洗濯了一般。头顶着一枚花织帽歪歪斜斜地遮住了额上的刘海。脚踏着一双草编鞋,偶尔提在手心光着脚丫四处踏街,此时此刻,湿漉漉的不是脚,而是一个正流浪的心房。

与古城告别的时候我想,我愿在城里做个洒脱脱的流浪诗人,写着无尽的诗,描着我的不停歇的心境,做这个西边小城热忱的歌颂者。

深切地品完这一湘西小城之旅后,回到家中,一颗骚动的心还久久不得已平静,于是计划再游一次,这一回,我想到了年迈的奶奶。

奶奶年过八十,能伴随在她身边的日子怕是数得清的了,我曾数夜在梦里听到她轻声的呢喃。见到奶奶时,发现她又老了不少,岁月让爬到她脸上的纹路越来越清晰,越来越密集,身体也佝偻了,站在她身旁的我已高出她一个肩,她瘦小体弱得让我想保护,她急切走来,朝我问寒问暖,提起逝世五年之久的爷爷还是会潸然泪下,我也不禁感伤起来。

假期就这般急促地收了尾,如今这些已成了我逝去不返的旧时光,我也现在开始走上了一段新路程,开始赏着另一段新风景,满怀新期盼,更会铭记那一句:这地上本来没有路,走的人多了,便成了路。旧时光,再见,新风景,我来了。

(此文发表在《铜仁日报》20140917)

行之不已　乃成君子

高一(3)　杨通力

随着岁月的逆转,我们来追溯中国的一些名人事迹。司马迁,他忍辱负重多年终成巨著《史记》,李时珍,他跋山涉水尝尽百草终成医书《本草纲目》,毛泽东,他坚持不懈抗日数年终于创下了"开天辟地"的大举。他们这些人丝毫无误地诠释了"行之不已,乃成君子"。

"行"就是每件事都要踏踏实实地做,就像登山一样,必须一步一步地向上爬,这样才能真正地体验到登山的乐趣和意义。

"之"便是在"行"之前确立一个准确而远大的理想,这个理想是不能改变的,这样才能引领人们前行。例如,毛泽东在少年时期,就以天下为己任,有着拯救旧中国的远大抱负,然后他便朝着这个方向前行,努力,最后他成功了,成为真君子。

"不已"即不停止、坚持。这一点最重要,如果在这一环节放弃了,那便是半功尽弃了。历史上,有许多人物都是没有坚持下来。最后堕落在失败中,也有许多人坚持不懈,后来便成了英雄。

"乃成君子"便就能成功,成为真君子。所以,这句话的意思是说一个人要朝着一个目标坚定不移地走下来,这样这个人才能走向成功的殿堂。

历史上,有多少人被这句话所鼓励、支持,当然,普普通通的我对这句名言也有所感悟。

在学习过程中,我的目标便是考上一所理想的大学,自从有了这个目标,心中的压力又重了一层,同时,我的学习的动力也充足了。然后,我便要一步一步地坚持下去。无论雨下得有多大,路有多难走,脚有多么疼,我都要背上大大的书包走向神圣的殿堂;无论在家里,还是在寝室里,我都要以不同的方式来学习。这也许不是最理智的方法,但我必须坚持下去以给予心中慰藉。

最后,我可能乃成君子,但是君子二字可能是短暂,所以我必须保持这种状态,来维护它。

但是,长大后,我又会树立一个新的目标,又会有新的一种方式来做到"行之不已",最后成"君子",也必须低调和保持。

现在,我希望广大民众都能够按照上列方法做,让我们继承古人传下来的名言。但值得提醒的是——坚持,可能大部分人都难以做到,可是你可以借鉴一些古人的名事,比如说,司马迁撰写《史记》、李时珍著述《本草纲目》和毛泽东的伟大创举,这些事都可以鼓励你前行、前进、勇往直前!(同题作文写作一等奖)

行之不已,乃成君子

高一(3)　李　鑫

行,即为行动,已,即为停止。这句话便是说了行动不停止,就能成为君子。"行"的内容必是好的、有益的。然而何为君子? 君子不能以成就高低判断,而应是心灵强大,思想境界高,品德优异,有仁有义的人了,但此处的"君子"也可理解为不断努力拼搏后而获得的成功! 此句就告诉我们一个普遍的道理:若是坚持不懈,持之以恒,便能成功。

这句话其实意同于"滴水石穿","只要功夫深,铁杵磨成针。"其实都强调了日积月累所爆发出的力量。对于一件简单的事,若保持顽强的毅力,天天坚持去做,也就是"行之不已",那么数年如一日,量的积累,最终产生的将是质的飞越。

穿行于时空长河,从古至今,从中到外,无数成功人士都是因"行之不已"而最终成功的吗?

例如越王勾践,"苦心人,天不负,卧薪尝胆,三千越甲可吞吴。"这是蒲松龄对勾践的赞颂。当年,勾践为复兴越国,忍辱负重竭尽奴颜之事,在他回到越国后,立志报仇雪耻。十年的准备与谋划,十年,他仍坚守着复国的信念,十四年的行之不已,使得勾践最终灭了吴国。又如苏武,在被匈奴单于扣留下来后,不听劝说,不屈服不酷刑,坚决不背叛汉朝,在长达十九年的牧羊生活中,他"掘野鼠藏实而食之",十分艰苦,最终他得以回国,去时风华正茂,回时两鬓苍苍,正是苏武忠贞爱国的行为不已,成就了这样一位爱国君子。再如另一位传奇人物郎朗,他被誉为"当今世界最年轻的钢琴大师",一位"将改变世界的年轻人",一部钢琴的发出"中国腾飞的符号""中国的莫扎特",由此他的成就之高是可想而知的了。然而这闪光的成就之后是行之不已的努力。郎朗从四五岁开始每天练十九个小时的钢琴,从此就再也没断过。从沈阳的家,到北京的艰难求学生活,再到美国最著名的音乐学府深造,他一直在刻苦练琴,雷打不动,风雨无阻。这一天天的训练,才最终成就了现在的郎朗。最后再说说家喻户晓的居里夫人,四年如一日,在艰苦的条件下,历尽千辛万苦,坚持行之不已,最后终于提炼出了 2 克镭,这是何等不易!

由此看来,做到行之不已,对我们来说是非常必要的。"行"的首位便是学习,俗话说得好,要"活到老,学到老"。终身学习已经成为一种生活方式,它能满足我们生存和发展的需要,能充实我们的精神生活,不断提高生活品质。我们有相当一部分知识是通过阅读而得到的,所以我们应保持阅读的习惯,引用小戴维·麦卡洛的一句话"把阅读作为滋养生命的精神食粮。"也许大家都有过这样的感受,假设这一段时间非常流行滑滑板,那么我也要学滑板,我也要买滑板,但等这阵风过了以后,便也似乎对这没了多大兴趣,就把滑板弃在了角落里,这就是对事物三分钟的热度。这与"行之不已"是相背离的,十分不可取。我们一定要克服这种坏毛病,持之以恒的做好自己本分的事。无数颗小水珠将聚成大海,相信"行之不已"的力量吧!(同题作文写作一等奖)

行之不已　乃成君子

高一(3)　刘彦君

古人皆爱读"四书五经",并非是无道理的。经典之作里的名句,细细品味下来定能悟出几番道理。古语中的"行之不已,乃成君子"也是如此。

初看这句话,把"行"字解为"行动"、"好作为",那么整句的意思便是一直不停地行动,就能成为真正的君子。看似不难,实际上着实考验人。

　　当电视上什么集团或名人为慈善机构捐款献爱心时,总是有一些不和谐的质疑之声响起,议论这个是为了维护公众形象,那个是为了博得好名声提升知名度。一点点零零碎碎并不可怕,可当这些议论连成一片如翻天盖地而来,电视上仍旧坚定有力展现温情的面孔还剩多少? 但还是有人就这样"不已"下去,自然有更多的可怜人从困境中脱离,自然有更多贫穷的孩子吃饱饭穿暖衣上得起学,这是多么美好啊! 他们做到了如此,他们难道不是"君子"吗?

　　再说说身边的小事。在一个车辆来来往往川流不息的十字路口,红灯正亮,你站在大堆等待的人群中,时间一分一秒滴答流逝,绿灯却还不见亮,周围的人开始陆陆续续寻好时机穿过马路,过了一会,一会儿,又一会儿,就快只余你了。你会跟随大众,还是继续耐心地等待绿灯? 你说,等吧,然后剩下孤零零的你。前面的人笑道:"那人真傻啊,还呆站着,不知变通吗?"这样的情况,遇上一次,也许你会坚持自我,遇上第二次,也许你也会,可是到了第三次第四次无数次呢? 若还能,定已成"君子"。

　　谈到这儿,其实我们就会发现,人生之路与学习之路、工作之路也是如此,只要心中有了正确清晰的目标,有了值得且不停地追求,有了真实阳光的理想,并为之付出行动,不断拼搏,努力奋进,坚持不懈,有始有终,持之以恒,不畏挫折困难闲言碎语,你的为人处事、思想性格、能力才干,都定会达到全新的境界——君子境界,实在是可喜可乐可感可叹之事。

　　又来一说,"已"字之意无可变,可"行"字却有另解啊,如解为"行走",该当如何? 是另有一番风味啊——小到田间土坎路,大到成长五味路,无一不是磕磕绊绊风景变迁的。当你经历沙漠风暴如刀,冰山冷流似窖,还独步悠然,细看高山流水,云舒花笑,静闻莺呢燕喃,泉溪叮咚,洒脱脱真是一白衣清风君子神仙。但凡你不停你不退,谁又会在乎你的步伐的快亦慢? 遨游神州间,"君子"世无双。

　　有意便有思,有思便有解,人之意不同,则思不同,更则解不同。名句传天下,千古永流传,其韵味含意定不如我之说那么简单。以上仅为个人闲论,可一笑置之。最后,能用"行之不已,乃成君子"勉己勉人,不失为智。(同题作文写作一等奖)

行之不已，乃成君子

高一（3） 唐华燕

行之不已，乃成君子，原句是"人皆作之，作之不已乃成君子。"这是孔丛子里的话，是著名思想家孔鱼鲋的话，它的原意是：只要人人都（勉力）为之，不停地为之，最后就会成为君子，从这段话中，我领悟到的是坚持二字，一些事原本你可能无法做到，甚至你可能自己觉得做不到，但只要你坚定目标，不放弃，不气馁，一直努力地坚持下去，最后你也一定会成功的，成为一个有道德、有修养的君子，也标志着你事业、学业的成功。

我国著名的诗人、企业家——黄怒波。从一个备受欺辱的"反革命"之子走到了今天的辉煌成就，其间的堆砌步伐中，坚持是最重的支柱。

他说他永远都记得当他去同学家玩时，同学母亲鄙视地说："这是谁家的野孩子"。正是这句话给了他坚持的力量，他像一只雄鹰起飞时，有了护航的翅膀，以他坚持不懈的努力创造了中坤集团，让世人记住了黄怒波这个名字，证明了他不是谁家的野孩子，他有名有姓，他叫黄怒波。集诗人和企业家于一身的他，还是亚洲第一个完成攀登两洲最高峰和南北极点的人。他用坚持向世人证明了这世界上没有绝对不可能的事。

黄怒波只是坚持道路中闪光的一个点，太多太多的人因为有了坚持的精神而走向了成功的道路。海伦·凯勒用她的坚持缔造了一个人类的奇迹，海迪用她的坚持书写了她的人生传奇，孙扬用他的坚持捞回了奥运会游泳比赛的所有金牌，刘翔用他的坚持让世人明白了什么是奥林匹克运动精神，这一切的一切都应证了孔鲋的"作之不已，乃成君子"这句话，一个醒世的真理。

高中三年的挑战在今天已正式向我们下了战书，轰烈的战鼓声已经擂响，踏上了这条崭新的红地毯，我们已没有了后退的道路，唯有坚持努力地走下去，才能打开红地毯尽头的那扇门，翻开另一篇崭新的乐章。

首先要做的是明确我们的目标，就算是麻雀，我们也要做一只会唱歌的麻雀，目标并不是某些虚喊口号，它是我们前进道路上的指南针，我们的航行船帆，我会以我最大的努力和坚持向他驶进。

命运的交响曲，时常会和我们开一些难以预料的玩笑，当这些玩笑来临时，我们绝对不可以气馁,要知道只要我们坚持下去,玩笑的最后结果是会让我们慰心微笑的。霍金的肌肉萎缩症,贝多芬的耳聋,都是命运老人和他们开的玩笑,你看,他们坚持下来了,最后的结果不仅让他们笑了,也让我们这些世人乐了。谁能肯定我们不会是下一个霍金、下一个贝多芬呢? 泰戈尔曾说过:"没经历过磨难的人,是不会有多大成就的,这些人永远也无法体会历经磨难后的欣喜,他们的一生都是有遗憾的",当我们遭受磨难时,何不把它当作是命运老人对我们的特别照顾呢? 它是想让我们的人生没有磨难啊!

坚持的基础当然是一步一个脚印的奋斗,我不会因为一小点成就而骄傲,更不会因为一小点挫折而妄自菲薄,不管以后的学习如何,我会切实践行"作之不已,乃成君子"的真理,就算最后的结果没有达到君子境地,我亦无怨无悔,因为我的人生没有遗憾了。

我最喜欢的一种花是夕颜,他总是在夕阳西下的时候才开花,然后经过一个晚上的灿烂的开放,到清晨的时候就会凋谢。他的生命历程也许在许多人看来是很悲惨的事,短暂的一生都是在黑暗中度过,很少有人能注意到他。但我倒觉得他的一生是最幸福的,他有他的冷傲高洁之处,只有特别细心再加上缘分使然的人才能欣赏到他独一无二的美。他的一生只为自己而活,只为懂他的人而活,他的那份坚持正如伯牙摔琴一般是为了知音人。我们一生中的坚持也应为了某些人,不,应该说是必须坚持下去,没有任何理由而言。我们是人就必须往前走,就必须坚持下去和一切磨难作抗争,为了他人也是为了自己。我们可以不做那最亮、最高的一颗星,但我们可以努力摩擦自己,让自己的光亮可以多给别人带来一丝光明,不为其他,只因为我们是人。

从现在开始"行之不已,乃成君子"不再是口号,而是切实的行动,像孔子一样向尧舜看齐,学习和做人都将是最好的考验。

苍茫宇宙中,大海浩瀚,草原辽阔,沙漠宽广,而渺小的我只是大海中的一滴水,草原上的一棵草,沙漠里的一粒沙,但我也有属于自己的精彩世界。尽管只是一滴水,但我可以反射阳光、尽管只是一根草,但我可以增添一抹绿化,尽管是一粒沙,但我可以使地球的土地多一粒,不管如何,我会以我手写我心,永不放弃,坚持到底,努力向"行之不已,乃成君子"的境界靠近。(同题作文写作一等奖)

行之不已,乃成君子

高一(3) 赵家华

> 海洋的辽阔,源于百川东到海的气魄;
> 草原的柔美,始于春风吹又生的执着;
> 君子的胸怀,来自于行之不已的性格;
> 风吹过的地方,开满的是精神的花……

一言九鼎。

君子,言必行,行必果,必以信。因为对他人或自己的承诺,所以必行。一个有志气的学生,必然以考一个好初中、高中、大学为奋斗目标,这便是承诺。每个人在一定的阶段都会有自己的目标。这些就是对自己的承诺,而君子必会以此为动力而奋斗,这便是行。另一种信,是自己为别人许下的诺言,必竭尽全力去达成这个诺言,这也是行。此必以信。

锲而不舍。

有始有终的行为之道,在做人这方面十分重要,而这些却能从肤浅的表象所体现出来。譬如:曾经的我,写作文时,标题总是一笔一画认真地写。而对于正文,开头行文端正,越至后,变得浮躁,字迹也变得潦草,以至整得不到好评,承蒙父亲教导,方才明白。有些道理与此类同,故有"行之不已,乃成君子"之说。行必有始有终、持之以恒,保持开朗的心理态度。切记心浮气躁、半途而废。

刻骨铭心。

每一件事、每一次成功、失败,过往的每一分钟,有时都可以算是一座颇负意义的里程碑。君子行之不已,并不代表行之以后便忘掉了,若是如此,行之不已,又怎算是真君子呢?真正要成为君子,是一个漫长的历程,不是说对一件事行之不已,就可以算是真正的君子。应理解,行之不已是一种品质,便可列为一种性格。对行之不已的每一件事都牢牢地记住,并从中提取些什么并加以堆积。可以说,君子是在经历中提取精华所堆积出来的。

细细地体味一下曾经吧!倘若你现在是一名教师,曾经的你是否留下过你不同的记忆。是否依旧秉承着这一性格;倘若你现在是一名学生,曾经的你是否经历过你不同的事迹,是否依旧铭记;对于别的……对于我,初中三年过去了,小学七年过去了,在这过去的十六年里,我学会了什么？活着的人,生命没有一刻停止过,十六年里,我所学到的早已化为我的内涵,堆积出了别样的我。或许你也一样。

高中三年,一个新的开始,或许这又是一个践行"行之不已,乃成君子"的平台——与三年前一样。君子,有目标,注定一言九鼎,必然会锲而不舍;三年前,我有一个梦想,如今,我又有一个梦想:决胜高考！

三年是漫长的,但回首初中三年,此刻却觉得是短暂的,或许三年后的今天,我依旧会认为三年是短暂的。

我相信,我会培养出行之不已的性格！（同题作文写作一等奖）

行之不已,乃成君子

高一(7)　龙超群

人生仿佛一座高塔,很多人每天都在不停地攀登,因为塔的上方有着吸引我们的美好事物,尽管我们不一定能够拥有它。我们每个人从相同的起点出发,一开始都比较卖力,可是中途有人停了下来,也许在第十层,十五层,三十层,或五十层,一开始只有几个,而后慢慢增多,爬得越久,停下来的人越多,到最后能够上到塔尖的人,从100多剩到也许只有少许人。

是啊,塔上的美景固然动人,塔上的事物固然充满诱惑,可是登塔的过程,太苦,太累了,以至于大多数人停了下来,于是这塔的不同阶层分别住着不同的几类人,最上边,是君子,最下边,是庸人,难怪这座塔是金字形的,原来造物者在修建它的时候就已了然:凡人众,君子稀。所谓君子者,是指那些有生命中有所成就的人们。只有行之不已的人,才能成就君子的人生。搭建在凡人与君子之间的桥梁,名为坚持。

也许我们能从伟人身上得到深刻的启示:

华罗庚面对生活的打击不屈不挠,坚持钻研数学,雷打不动,终于"从一个自学成才的青年蜕变为一个举世闻名的数学大家"。

史铁生身残志坚,在几十年的生涯中与病魔作斗争,笔耕不辍,写出文学大作《病隙碎笔》。

曹雪芹作《红楼梦》历时十年,多次删改,终于定稿。

歌德写《浮士德》花了六十七年。

他们身上印证了那句话:行之不已,乃成君子。

试想若爱迪生在实验灯丝的过程中放弃了,人类还会有电灯的光明吗?

若迈克尔·乔丹没有数十年若一日地坚持练习,会有篮球之神的诞生吗?

若袁隆平在杂交水稻的研制过程中放弃,人类的吃饭问题仍将是一大考验!

所幸的是他们并没有放弃,而是冲破重重困难,以愚公移山锲而不舍的精神坚持了下来。伟大人物之所以伟大,就在于他们用生命践行了两个字,那就是叫坚持。他们站在生命的塔尖之上,受万人景仰,而他们在攀登过程中所花费的心力,却是众人难以想象的。

我满怀着希望想象自己站在塔尖的那一刻,那该是多么美好。倘若我能够站在历史上的伟人们曾登临的境界,就真的不枉此生了。我坚信自己会实现这一生的目标,我会有无限的动力和能源,推动我不断努力,鞭策我勇往直前。

高中三年是人生重要的三步,一旦失足,也许就要从头开始。

人们常说学习是件苦差事,多少学子昼夜不眠,争分夺秒。其实,关键不在于你有多刻苦,而在于你能否坚持良好的学习、生活习惯,能否坚持科学的学习计划。古人云:"贵有恒,何须三更起五更眠;最无益,只怕是一日曝十日寒。"学习这件事,一天做好不难,难的是三年都做好,难的是一生都做好。

"行之不已",我要让这四个字贯穿我的高中三年乃至一生,让它融入血肉,成为我灵魂的一部分。"乃成君子",这将是我毕生的追求。我始终相信,脚踏实地,天道酬勤,一个人如果能够坚持不懈地做着一件事,那么他的德行就足以感动天地。这一点我将用行动来证明。(同题作文写作一等奖)

"行之不已,乃成君子"之我见

高一(7) 李 婷

"行之不已,乃成君子"一句从字面上理解便是:行动了,开始了,就不要停止。选择了,认定了,便努力地不停地做下去,这样方能成功。

或许可以用坚持不懈,持之以恒等来诠释"行之不已,乃成君子"的含义。

要知道,开始容易,行动容易。但能做到开始了,便永不停止的,又有几人?"善始者实繁,克终者盖寡"。要做到这点,没有坚持不懈的毅力是不行的。

檐上水滴之力微不足道,它却能穿透石块;愚公年老力衰,子孙势单力薄,但他们敢于向巍然的太行王屋两山开战。兔子蹦跳迅捷,乌龟爬行缓慢,龟兔赛跑,乌龟折桂……这些看似不可思议的事情,却成了现实。是为什么,是因为他们有毅力,是因为它们"行之不已"。致使它们最后"乃成君子"了。也许你的力量很好,但只要你有坚持不懈的毅力,便没有不可能征服的高峰;也许你生性驽钝,但只要你有坚忍不拔的毅力,便没有不可逾越的障碍。"行百里者半九十",坚持到最后的才是胜者。是的,只要你"行之不已",就一定"乃成君子"。

世界冠军的桂冠,对年轻的女排姑娘来说,曾是高不可及的。为了使几代人的冠军梦变成现实,女排队员刻苦训练,顽强拼搏,以超人的毅力向世界排坛的高峰攀登。腰扭伤了,爬起来再练,腿擦破了,也要救球,手裂血口,咬着牙拼打,甚至发烧也不休息。在那用拼搏用毅力开拓的道路上,谁不知道女排姑娘们流下的汗水有多少,他们终于登上成功之巅。1981 年,中国女排第一次登上世界杯冠军领奖台,实现了几代人梦寐以求的凤愿,并且"连下五城",创建了世界女排史上"五连冠"的奇迹。中国女排的成功,也正说明了"行之不已,乃成君子"这句话。

"什么是路?就是从没路的地方踩踏出来的,从只有荆棘的地方开辟出来的。"鲁迅先生的这句话于我们很有受益。我们的人生之路从哪里来,就是要靠我们自己走出来。而如果我们停止脚步,那路就从此而断开了,路是无止步的,只有认准不止,才能把路从荆棘之中踏出来。

我们学习就是如此,你可能觉得自己成绩很差,样样比不上别人。但别人又是怎样才比你好的呢,那是因为他们努力了,他们认准了自己路的方向,他们在开辟人生之路的过程中没有停止过。学习的困难是一座座高山,要想取得成功,你就必须不怕坎坷曲折,不惧高山险阻。孟子也说过"天将降大任于斯人也,必先苦其心志,劳其筋骨,饿其体肤,空乏其身,行拂乱其所为,所以动心忍性,曾益其所不能。"你只有鼓起勇气,迎难而上,不止步,不退步,就能到达成功的彼岸。

青春,在追求中闪光,在坚持中彰显,要记住"行之不已,乃成君子"这句话,要记也要动,每个人都会是"君子"。(同题作文写作一等奖)

03

｜ 自我画像 ｜

　　我爱自己，我爱生活。酸甜苦辣吾乐享，喜怒哀乐自品尝。我就是我！天生我材必有用，在生活的舞台上，我忘情地舞蹈。

这就是我

高一（3）　沈彦青

我是一个怎样的人呢？想了解我的话请继续往下看吧！

在苍海中，我是一粒沙。

在茫茫人海之中，我没有英俊的脸庞，也没有迷人的双眸，但我有坚强的心，似水的梦，崇高的理想，因为我坚信腹有诗书气自华。

沈彦青，这就是我的名字。正如"彦"一样，我应该认真学习，做一个有才德的人，有学问的人。

我不愿随波逐流，弗罗斯特曾写过："黄昏的树林里分出两条路，可惜我不能同时去涉足。""而我选择了人迹稀少的那条路，因此决定了我一生。"灿烂星空中我注定是最普通的一颗，茫茫人海中，我注定是最平庸一个。但是我却会以不平凡的方式来度过平凡的一生，我不会走别人庸俗的老路，在偷窥别人的同时，否定了自己。

我幽默宽容，有人曾问我笑着为什么比发怒好看。我不知道答案，但我知道笑是天下最美的风景。所以每天我都用开心尽可能地为他人带去欢乐。"比大地宽阔的是海洋，比海洋宽阔的是天空，比天空宽阔的是人心。"宽容能使狭隘的胸怀容纳百川，对于别人的过失，我都会尽可能的原谅。

我，要做我自己。"学我者生，似我者死。"走不出前人的框架，就不会有自己的天地。当人认为泡沫小说是浪费时间时，我就要看一看。当有人认为网络游戏是青春瘟疫时，我偏要玩一玩。我就要做自己，做一个有个性的自己，要做自己，看清自己，拿出两倍的信心，告诉自己：我就是我，为何要与别人一样！？抛掉那些浮华雕饰，秀出一个真实的、富有个性的自己。

我，要积极进取，即使我如那颗小小的沙粒，但在珠穆朗玛峰之上也会增添一丝高度。我心虽小，但不甘于落后，一生庸碌无为。我愿作生命的酋长，一颗生命的泪珠。"路漫漫其修远兮，吾将上下而求索。"我渴望朝向艺术之塔，文化之巅，事业之厦，成功之源奋斗。不负这繁花似锦的时代，留一排扎实稳健的足迹，把美和爱洒向人间……

这就是我，风华正茂的我，意气风发的我。

这就是我,幽默宽容的我,从不甘落后的我。

这就是我,爱哭爱笑的我,调皮可爱的我。

这就是我——天下无双。

是不是对我很了解了? 那么请问,愿意和我交个朋友吗? ("我"作文写作一等奖)

那就是我

高一(3)班 陈 红

她是一个来自农村的女孩,十七岁的她还在念高一。她并没有留过级,只是因为家庭一些因素使得她入学较迟。

她很自卑,但有时又有点小自负。青春期的她长了许多痘,因为这样她总是逃避和别人面对面讲话。因为家庭不是很富裕,她穿着总是那么的朴素。她不追求名牌,因为她清楚地知道哪些是自己能向往的,哪些是未来才能奢求的。在初中的时候,她的成绩在她的学校里是靠前的,因此她得意忘形。但只是在心里表现出来,而不是在外表显现出来。

朋友们总是评价她说:"你总是独来独往,话那么少,性格内向得有点过分。"儿时的她其实挺天真活泼的,在村里大家都说她是个淘气鬼。不知怎么的,少年的她性格三百六十度大转弯,和儿时判若两人。周围的人都劝她开放点,而她也在竭力改变自己的性格,性格是生就的,要扭转是需要时间的。

从她有记忆开始,她就是一个非常要强的女孩。每次和好朋友去学校,她总是拎很多东西。朋友要求她把她的东西给他一些,他帮她拎,可她就是不愿,她觉得自己这点事都不能一个人做好,那她还能做什么呢? 朋友生气地对她说:"你真是太固执了,你就是一根筋。"她也觉得自己太执拗了,脑筋不知被什么控制了。可这是她的作风,如果她不这样,那她就不是原来的她了。

轻易相信别人的她偶尔会被伙伴们捉弄。同学和她讲什么她想都不想一下就当真了,是演讲者的表演技术含量高,还是她太傻? 她只是从心里认为对人应该有最基本的信任,她就是这么的傻。

不到最后她是不会轻易认输的,当和同学讨论问题的时候发生了歧义,她总是坚持自己的思路直到老师给出结论。有时候,她所坚持的是错的,可她不觉得丢脸,因为那是她努力思考后的结果。

如果你要是问她有什么特长,她还真的说不出来,因为她真的没有任何特长。其实她的爱好很多的,她喜欢听歌,但是她不擅长唱歌。她热衷于打羽毛球,可她又不是打羽毛球的高手。学习是她的使命,可她同样不是做得很好。长跑可能算是她的唯一一个小小的特长,在她以前的班级她是位长跑能手。

自尊心就是她的心脏,谁都不能动。当有谁要或试图侵犯她的自尊心时,她会发怒的。有一次,她按教官的命令和一位女同学手牵手,那位同学的脸上显出极不高兴的表情,她在心里暗想着:你的手很金贵吗?要不是教官的命令,谁稀罕碰一下你的手?她的怒气不到万不得已的时候是不会发泄出来的,因为她希望自己在别人的心目中是一个文静的女孩。胆小是她的弱点。她不怕蛇,可是她怕蚯蚓。还有就是她不敢大声地在别人面前说话,除了她最熟悉的人之外,只要是和别人说话,她的声音就会变小,并不是刻意的,而是自然而然地把音贝放小了。

那个她不是别人,那就是我——高一(3)班的陈红。("我"作文写作一等奖)

人生面试

高一(3) 吴云佳

写完作业后,我揉揉酸涩的眼睛,谁知,一睁开眼,我竟站在一个小木屋前,那木屋门上贴了一张告示,上面写着:你好,远方来的朋友,下面你将会进行一次面试,一次关于人生的面试,只有面试成功的人,才能继续以后的人生,清楚了么,那么推开门吧,面试开始。

我还没反应过来,双手已经不由自主推开门,好奇心驱使着我慢慢前进,咦,有一张椅子,我小心翼翼地走进去,坐在上面,突然,耳畔传过一声:

"你好,我是你的面试官,叫简。"

我刚准备回头看,却发现他早已坐在我对面,正满脸慈祥地看着我,我们之间也不知什么时候多了一张桌子,还没等我问什么,他就紧接着说:"准备好了么,我要开始了,你只要回答就好。"

看着这一系列的诡异事件发生,我竟没有惊慌失措,而是鬼使神差地说:

"准备好了。"

"首先,你得告诉我,有关你的一切,这样我才能知道你是一个怎样的人。"

"有关我的一切?"

"对,你的一切,那么,先从你的外貌说起吧。"

我的外貌?我忙拿出随身携带的小镜子打开,映入眼帘的是一张圆圆的脸,上面镶嵌着一双不大不小的眼睛,虽不出众,却也神采奕奕,双目上方横着两道又黑又浓的粗眉,塌塌的鼻梁下是一张好吃的嘴,再配上一头干净利索的短发,和这些天由于军训才被晒黑的皮肤,还有矮矮的个子,这是最让我气恼的了,不过转念一想,邓小平爷爷还不是矮个子吗,也不是一样有番大作为吗?小个子也有大智慧嘛。想到这,我轻笑,收好镜子,胸有成竹地说:"我不漂亮,也不可爱,可能在很多人眼里,我就是一只丑小鸭,但我就是我,是这世上独一无二的女生!"

简微微点头,又接着问:"那么,你能说说你自己的缺点和不足吗?"

"当然,人无完人,金无足赤,是人就会有缺点和不足,我的缺点很多,像什么粗心大意啊,丢三落四啊,还有些任性,和容易放弃啊等等,特别是粗心大意,我每天不是忘了这个就是丢了那个,也弄错很多事,真是深受其害,就拿以前的我来说吧,每次数学考试总是错一些不该错的,简单的基础题,考试前我都会告诫自己,千万不要再这么粗心了,一定要好好检查,可一考试下来,还是老毛病照犯。连妈妈都恨铁不成钢的点点我的脑袋,无奈地说:'真是屡教不改!'不过相比较以前,现在的情况要好多了。"

"恩,说了缺点和不足,那现在就说说你的长处和兴趣爱好吧。"

"长处?我好像真的没有什么擅长的。不过兴趣爱好倒是很多,比如说,阅读课外书啦,唱歌啦,跑步也还行,也喜欢打羽毛球,玩电脑什么的。我最喜欢的自然是看课外书,俗话说'开卷有益',我对书的喜爱简直到了手不释卷的地步。"

"好吧,最后一个问题,你认为,你有什么资格继续以后的人生?"他的脸突然严肃起来。

我正色道:"我有什么资格,我不知道,虽然我有很多缺点,也和很多同龄人一样,太依赖父母,可是我想通过以后的生活慢慢地改过来,做到独立,还有,我这个人呢,虽然爱生气,可去得也快啊,也很爱交朋友,爱笑,和大多女生一样,也会有些臭美和小任性,可这就是我啊,真实的我,同样也热爱生活的我!"说到这,我不禁轻扬起头。

简听了我的回答,赞许地对我笑着,和蔼地说:"恭喜你,孩子,你已经通过面试了,去过你自己的人生吧!"说着便伸手往我头上一点,我瞬间腾空,大地顿时消失不见,我迅速往下掉。

"啊!"我从梦中惊醒,看着眼前熟悉的一切,方才恍然大悟"原来是梦啊",又倒头呼呼大睡起来。("我"作文写作一等奖)

我的陈述

高一(3)　赵家华

我,赵家华,家住贵州铜仁松桃县。

我的左手腕上时常会戴着一枚手表,整体感觉色是金黄色的,没有像1、2、3……的刻度,只有一格一格银白色的刻针,表盘是圆形的,表盘周围黄色的刷漆已被磨掉,现出棕褐色的内金属,与没被磨损的金黄色刷漆相映衬,现成一个天然的棕色圆圈,与扣带一样是棕褐色,这手表可能有些太老土,但这表却极为罕见,或许是因为过时的原因,可尽管它并不潮流,却是我的一个标志,毕竟它也陪了我三年多,也算是一个朋友吧!

不知道为什么,有时候问我喜欢什么,我的回答竟不与任何人有所雷同。以颜色为例,男生大都喜欢黑色、深色,女生大都喜欢红色、粉色之类的,我却偏偏喜欢浅绿色、棕灰色和紫蓝色。有时候,我也不知道为什么,只是任由心里的一个感觉,别人做到的,我始终相信自己也能完成,但却也始终坚持自己的路,直到发现自己所坚持的路与成功是完全相悖而行的,否则我觉不会停下我即已选定的路去奔向别人走过的路。

在我的思想里,始终相信,世界上没有因为个人智商的高低而决胜出成败的事。正如爱迪生说:天才是等于99%的汗水加1%天赋,由此可见;要想成功,需要的是努力,对我个人而言,我认为成功还源于对事的兴趣和对目标的追求。兴趣是人最好的老师、引路人。正像中央电视台CCTV10所播出的《我爱发明》栏目,如果没有兴趣,谁会来发明呢?而那些发明人,也不是为了能上电视,而是为了心中的热爱,对一件事的兴趣。人的一生不应碌碌无为,不要在回首往事的时候才愧疚。而这条路也正是自己所走出的人生之路。是需一个深思熟虑之后的抉择。

我始终相信,世界没我便不再精彩。

我的心始终迷恋那些离城的高速路上的风景,更沉湎那远远视野上连绵起伏的小山脉。在阳光下,偶尔反射出金色,不再留恋的,是那远去的,期待往回走的时候,再多看一眼。我总是向往"小桥流水人家"的生活,可能是因为我对那条大河的爱恋吧!"平整的河岸,比河还要宽,河岸上耸立着一座学校,或许和铜中一样的大吧,岸是靠河的地方,栽着已经很高的冲天杨。河里全是柔滑的鹅卵石,浅浅的铺在躺满鱼虾的河床上,一群调皮的孩子,在河里踏着光脚丫捉螃蟹。河岸上柔软的草坪上几位学生靠着大树在朗读诗文……"这是我心底里的向往,或许,我就是一个热爱自然的人吧!我曾在松桃一个叫作冷水的地方见过,那时去的时候,低空飞满了蜻蜓,其他的,就和我的向往很像吧!只是没有铜中那么大的学校,那么宽的长满嫩草的草坪河岸,又过几年去,变了很多……

我还是一个热爱音乐的人,好听的歌总能拨动我的心情,不知为何,我总是喜欢听听军歌,或许是军歌那简单的调子和颇负号召力的歌词打动我吧!一首首军歌,一句句歌词,道出的军人最真实的内心和现实。除军歌以外,其他一些动人的旋律和深意的歌词也是我衡量的标准,譬如那首简短的小歌《六月的雨》,"一场雨,把我困在这里……"。我虽不是什么音乐评论家,因为我不会使用任何一种乐器,也不明白任何一种乐器,只是对歌特别挑剔,只有我感兴趣的才去了解。

一篇文章不可能写尽一个真实的人,一部作品也难诠释一位真实的人,或许只有用心去体会,才会在脑海留下最复杂却直观的印象。("我"作文写作一等奖)

一个"怪"女生

高一(3)　唐华燕

她时而疯狂,时而文静,时而笑容满面,时而多愁善感。她的世界常常让人难以琢磨,充满"怪异"。

"怪"之一

笑是人类都能体现的表情,但我从没见过这么爱笑的人。

教室里，大家都在认真听课，只有"唰唰"的写字声。这时却有异样发生，她坐的桌子正在剧烈晃动，不是其他，正是她在书后极力压制笑意而引起的，原因只是她的同桌一直在朝她做鬼脸。为此不知道她被班主任说过多少次，可是她忍不住笑的习惯还是一直没能改掉。有时，一个在大家听来都不好笑的笑话，却能让她笑得前俯后仰，眼泪直冒。最后大家只能司空见惯，她的笑成了她的特殊标志。如果一天没听见她的笑声，要苦恼的便是众多同学了。

当然，她的笑也给她周围的人带来了很多欢声笑话。有她的地方，周围的人也会不自觉地被她的乐天态度感染起来。学习累的时候，听她说说笑、讲讲话，苦闷的大脑也会放松下来，一起驰骋于她的世界。她也因此有了一个亲切的昵称"开心果"，紧张的中考备战，有了她的调味剂而轻松不少。旭日东升的她，永远荡漾着灿烂夺目的微笑。用她的说话："只要笑一笑，没什么事情过不了"。她也有"长风破浪会有时，直挂云帆济沧海"的信心。

"怪"之二

爱笑的她本应与开朗有关，但她的性格却不得不让他想起另一名称"假小子"。如果不是她背后梳着一条长长的马尾，那个假字是绝对可以去掉的。

绝大多数女生都喜欢听听歌，散散步这些文静一点的休闲活动，而她却更向往在篮球场上奔跑，拥有在草原上骑马奔驰的快感。

开始学篮球的时候，尽管一次次重重地摔倒，一次次被人撞击，但她从没放弃，她坚信"宝剑锋从磨砺出，梅花香自苦寒来"。虽然现在她的篮球技术还是没入门，但她对篮球的热爱依旧如初，只不过她现在懂得了目前最重要的任务是学习。

为了练骑马，她曾从鬼门关门外走了一遭，差点成了马蹄下的牺牲品。也不知哪来的勇气，她竟还敢一次次尝试，最后当她骑在马上成功奔驰在草原上时，微风中掺杂了她银铃般的笑声。

她的喜爱一直与众不同，她可以不顾形象的大笑，也可以像男孩子在树上爬来爬去，可以说文静与她不怎么沾边，她就是一个"动小子"，一个名副其实的"假小子"。

"怪"之三

就是这样一个大大咧咧的"假小子"，竟也有多愁善感的一面。可以说她也很爱哭。有时，看到电视中的某一片段，她的心情会被剧情影响。她会因为主人公的重新复合而开心得大笑，她也会因为主人公的情感坎坷或分别而悄悄落泪，甚至像决堤的洪水，哭得一发不可收拾。尽管知道那只是演戏，可是她的思绪却不自觉的和主人公结合在一起。

她感伤,也可以说莫名其妙。她会因为黛玉的葬花而悲痛,会因为李清照的"才下眉头,却上心头"而伤心,会因为李白的"抽刀断水水更流,举杯消愁愁更愁"而叹息,也会因为李煜的"剪不断理还乱,是离愁,别是一番滋味在心头"而惆怅。这时的她会安静下来,捧一本唐诗、宋词独自品味。和前面的两"怪"判若两人。

"怪"之四

她也有幼稚,爱幻想的一面。无聊时,她会想象一个故事,再把自己想象成故事的主人公,随着自己想象的剧情独自开心。会嘻嘻的笑自己"很傻很天真"。她会对着镜子做各种表情,然后再自娱自乐的大笑。偶尔搞怪时,她会在细雨中收拢伞,一个人徜徉在自己的世界里,只为了感受思绪中的浪漫……

她还会自娱自乐的一个人下象棋,而且并不感觉无聊。因为她可以自己掌握双方的输赢,不用感觉双方像厮杀一般,也许她更向往宁静和平静吧!她喜欢都市的繁荣热闹,又向往陶渊明笔下"采菊东篱下,悠然见南山"的田园生活。所以她也是一个矛盾体,一个普普通通的小女孩。

这就是这个"怪"女生的一部分世界。有时连她自己也不明白她到底是一个怎样的人,双重性格又带点单一人格,但她喜欢这样的自己,一个多姿多彩的世界。

这个"怪"女生到底是谁呢?很不好意思了,就是我本人——唐华燕,性格多变的我也只能用"怪"字来形容了。

半分幼稚,半分成熟,一个善于编织美梦的头脑,一颗好奇探索的心,造就了一个豆蔻年华中"怪怪"的我……("我"作文写作一等奖)

这就是我

高一(3)　李　鑫

一九九六年十月一日,天空蔚蓝如洗,阳光灿烂,万物祥和,随着一声啼哭一个女婴呱呱坠地。这个女婴就是我,在亲人、老师、朋友、同学的关爱与陪伴下,我茁壮成长,如今将要十六岁。我叫李鑫,这个名字是父母仔细琢磨后给我取的,其中饱含深意。"鑫"字为三个"金"字相垒,父母希望我能充满智慧,如金子般闪亮发光,三个"金"字相垒,并非是希望我能有多大成就,而是希望我能踏踏实实的一步一个脚印去努力。

由于遗传因素,我的相貌生来就是一个圆圆的脑袋,一张圆脸,天庭饱满,五官端正,长得十分大气,决不属于娇小的女生。关于这,在我小时候,还有些有趣的事呢!我两岁的时候,还依然剃着光头。妈妈经常带我去公园玩。那儿有位摆打气球摊子的老爷爷,由于经常看到我来公园玩,便也认识了我,每次从老爷爷那儿过,老爷爷都会送我一个气球,并仔细看着我的长相,坚定地说:"这孩子长得有福气,以后定当大官。"

我自认为自己是个极有趣的人,因为我的生活是充满了快乐的。这些快乐极大部分是来源于我的爱好。记得某人说过:"一个人要是没有乐子,那与咸鱼没什么两样。"

我十分喜欢朗诵,上课时一要朗诵,我就相当积极,小学时参加讲故事比赛使我赢得了人生的第一笔较多的奖金。我享受着用标准普通话或英文清晰而极富感情的诠释着一篇文章。聆听自己的声音,圆润如粒粒珍珠,心也非常投入地穿梭于字句之中。

看书亦是我的最爱,看书能使我的心沉下去,变得很静很静,心湖没有一丝涟漪,那纸墨香陶醉着我。当我读到精彩之处时,不禁被作者的文笔所折服,我认真地反复地读着那些话,似在欣赏,似在揣摩,字字句句扣在我的心上,我在心中大声喝彩。

生活总得动静结合,我还是一个运动型女生,我挺喜欢跆拳道。为何用"挺喜欢"而不用"很喜欢"呢?因为练跆拳道实在让我受了不少皮肉之苦,并且有时训练特别累,累得我灵魂出窍,想着就害怕。但我依然一次次硬着头皮去上课,便坚持了下来。练跆拳道的受益之处,我又不得不承认是很大的。一方面,身体素质的提高是绝对的,我的爆发力更大了,速度更快了,柔韧性更好了,反应更敏捷了,另一方面是精神层面的,跆拳道强调的是"道",教育了我以礼待人,尊敬师长,孝敬父母。同时在辛苦的训练中铸就了我的毅力与永远拼搏向上的精神。因此,我是离不开跆拳道的。

每个人对一些事物都会有自己的思考,我也常常会有,当我对某件不得不做的事厌倦了的时候,我就会恼怒得想丢掉那件事,最近从书上读到小戴维·麦卡洛的一句话让我感受很深"做任何事情都不要附加其他的目的,而仅仅是因为你热爱它,要相信它很重要。"在当今社会,还有多少人是因热爱一件事而去做呢?大家都有了自己的目的罢了!其实有目的并不坏,也许因为目的你十分有动力,但也许这并不长久。一天两天,在目的的引导下,你在努力,但若数月如一日,数年如一日呢？你不会厌倦吗？目的使你喜爱的是成功这一结果的短暂快乐,而你往往会忽略了过程,就如"爬山不是为了插上旗帜,而是为了迎接挑战,享受清新的空气和欣赏风景。"在生活中,我真要放下一些目的,去真正热爱自己所做的事。

在文章的最后,我想谈谈我的理想。我想成为一名学者,能安静而痴迷的研究些什么。

这就是我。("我"作文写作一等奖)

自我介绍

高一(3)　唐塬钰

我叫唐塬钰。性别,女。出生于 1998 年 4 月 2 日,现在 14 岁。土家族,来自印江县。

我是白羊座。我喜欢笑,但这并不代表我很坚强。有时候,我可以对着墙壁笑一下午,有时候,我却一点也开心不起来,我又常常对着墙壁发呆,然后流泪……我也不知道我到底为什么会这样,我想,这都是因为我是白羊座吧。

我做人的原则是:你对我好,我也对你好,就这么简单。

幼儿园的时候,我当了班长,这是老师的安排,当时我也很惊讶,为什么老师偏偏让我当班长,这个问题到现在也没有得出结论。不过,那时候想着可以管人,便愉快地当了三年班长。后来上了小学,我当上了组长,再后来做了文娱委员兼升旗手,我的小学生涯就这么度过了。到了初中以后,又是跟以前一样,班主任任命我为临时数学课代表,这一临时又做了三年。到了现在,我进入了高一(3)班,不过,高一三班这么厉害,优秀的人这么多,班主任应该不会点兵点将点到我了。

军训的结束意味着学习生活的开始。班主任告诉我们要有理想,并且要为之奋斗。我的理想就是北京大学。其实,在 7 月 20 日以前我的理想一直是复旦,因为我在那之前一直认为我会在北京上高中,就是中央民大附中,我参加了他们的自主招生考试,结果我就不说了,不然我也不会在这儿了。就是这样,由于我高中没能去北京,所以我大学一定要在那儿。但我不得不说,上海比北京更有吸引力的多。我认为,上海是一座精致的城市,而北京,是一座粗犷的城市。尽管我如此喜欢上海,我还是想考北大,你说,我是不是有点固执?

不知道为什么,从小学到现在,我跟身边的大多数人在理解上说有些不同,比如我们班有位同学,说1996年出生的读高一比较常规,但我觉得1997年出生的同学读高一才比较正常啊!我们班上的同学应该1997年的占大多数,难道这不是普遍又正常吗?

我是一个上课认真学,下课认真吃、喝、玩、乐、睡的同学。我特别能合理安排时间,不信你看,下课就那么十分钟,我能做那么多事。哈哈,玩笑归玩笑,关键时刻我还是挺认真的,就比如我的初中吧,我是到了最后一学期才开始努力的。之前我的成绩一直在十名左右,最后一学期我一努力,就进步了很多,但我并没有因此骄傲自满,进入高一(3)班,才知道压力如山大啊!所以我决定第一天上学开始,就得认认真真,不能像以前那样马虎了事。高中,注定是辛苦的。

写了这么多,我知道很乱,就连我自己也不知道我在写些什么,但这,就是最真实的我。这既有点像自我介绍也有点近期感想,所以,我自认为我的作业还是比较合格的。("我"作文写作一等奖)

樟树静静地绿

高一(3) 龙鸿浩

"我不是文学教授之类的人物,我原本就不寄望这会成功。正像落花有意,流水无情,我不是流水,是轻风,又怎么会无情?"

那天下午的樟树如此安静,从树叶的缝隙间洒落的星星点点的阳光映衬在落了樟树叶的过道上,伴着偶尔路过的行人。要知道,放学铃声一响,就不再是偶尔的行人了。学生们几乎从这个过道走出校园,但也有从侧面的长廊走出校门的,他就是其中的一个。

他还是和往常一样穿着校服,独自站在这个最靠近樟树的大楼的外廊,望着盘虬的樟树的枝干和挂在枝干上将落的叶子。又看见那些春天刚长出的嫩芽,他若有所思地呆呆地望着。他不知道为什么樟树的叶子挨过了下过雪的冬天,偏偏要在春天伴着微风飘落。他没有心情为此去好奇,因为此刻他似乎正在疑惑或是思考着别的更为重要的事情。

终于,上课的铃声响起。他强迫自己把思绪放回到课堂上,一边向转角处的教室门口跑去。还好,他在老师之前回到了教室。

又是语文课,这是他知道的,老师的眼里满是希望与鼓励,但他似乎还看到了点别的东西——对自己演讲的不满意。而且他知道,老师希望自己下次会更好一些。于是,在他的眼里,回应了自己的决心与信念。

其实,他对语文老师的习惯——每一节课前3分钟给一位同学演讲的机会是很赞同的,正如语文老师所说,这可以增强学生说话的能力,让同学们敢于在公众场合说话,说好自己的话,可上一次,他却失误了。

"哎!"他长叹了一口气,心底里又想:"这本是展示自我的舞台,但自己却没能把握好,前面班长的演讲,却是又生动形象,又有感染力,那才叫神采飞扬。"他感到迷茫而又有些无奈。

"我不是文学教授之类的人物,我原本就不寄望这会成功,因为我原本就用了一个成功率很小的话题。即使有意也会无情,正像落花有意流水无情,可我不是流水,是轻风,夹杂着樟树的叶子飘落,又怎么会无情?"

不知怎的,他的思绪逃到了过去。

在他初中的时候,看过一个小故事:一个很有名气的文学兼心理学教授到一所学校去讲演,演讲之前,一个班主任老师邀请这位教授到他所在的班级去演讲,因为班上老有几个学生不知什么原因总是拉着马脸,闷闷不乐,教授应允了。教授走进教室,什么都没说,安静了将近一分钟,同学们也很安静,觉得这教授挺神秘的。第二分钟之后,教授演讲开始了。首先,教授绘声绘色地讲了一个笑话,教室里所有人都被他的话逗得开怀大笑;接着,教授又绘声绘色地讲了同一个笑话,有较多的人还是不禁地又笑了;让人意外的是,教授第三次又绘声绘色地讲述了这个笑话,这一次,只有少数人再一次笑了;更让人意外的是,教授居然第四次自我陶醉地讲述了这个笑话,这一次没有一个人再笑了,虽然那个笑话不失精彩。最后教授话锋一转,严肃地对同学说:"孩子们,既然你们对同一个笑话虽然没有流露出过多的笑容,那你们有什么理由为了一件不开心的事而老是伤心欲绝呢?"教授的演讲完毕,附了几句赠言,便离去了。从此,那些平日里容易悲伤的人脸上开始慢慢有了笑容。

他很崇拜这位教授,但心里想这只不过就是一个故事而已。

语文课还没有结束,他看了看时间,还有十多分钟。窗外的阳光明亮起来,教室外的那棵樟树在阳光下比往日绿了许多,那树上的鸟儿隔他好近,似乎触手就可以摸着它们。小鸟在树枝上欢快地跳来跳去,最后还是扑腾翅膀飞走了。他分明看见有两片树叶悠扬落下。这情景,定格在了他的脑海,如此诗意般的美好。

他转过头,问他的同桌:"老师都讲了些什么?"同桌停下手中的笔说:"老师在讲那所谓的语感与情感,没有新的内容。"他开始庆幸老师在这节课上没有上新课,不然这会儿又将损失许多,他心里得意地这么想。

他还在回味那位教授有趣而又富有哲理的"笑话",心里若有所得,笑容在他脸上开始慢慢地多了起来。

从明天起,做一个幸福的人/喂马,劈柴,周游世界

从明天起,关心粮食和蔬菜/我有一所房子,面朝大海,春暖花开

从明天起,和每一个亲人通信/告诉他们我的幸福

那幸福的闪电告诉我的/我将告诉每一个人

给每一条河每一座山取一个温暖的名字/陌生人,我也为你祝福

愿你有一个灿烂的前程/愿你有情人终成眷属

愿你在尘世获得幸福/我只愿面朝大海,春暖花开

下课后,他独自站在那最靠近樟树的大楼的外廊,望着从树叶的缝隙间星星点点洒落的阳光,映衬在落了樟树叶子的过道上。"明天,我的课前演讲,就选择海子的这首诗。"他心里这样计划着。

校园里,樟树换掉了捱过冬天的叶子,变得翠绿,葱茏。他从未感觉过,春天原来是这般的美好!

"我不是文学教授之类的人物,我原本就不寄望这会成功,正像落花有意,流水无情,我不是流水,是轻风,又怎会无情?"他心里不再这么想。他一边从过道走出校门,一边想着自己明天要做的事……

【点评】本文以小说的形式,用含蓄的语言,讲述了"他"青春成长的心路历程。感悟真切,诗意满盈。"成长"是一个老生常谈的话题,也是一个敏感微妙的话题,文章先抑后扬,首尾呼应,卒章显志,言有尽而意无穷,耐人寻味。(载《语文报》20140109)

军训的色彩

高一（3）　唐华燕

八月的骄阳像站岗的战士一般,纹丝不动的挂在晴空中。顶着烈日的炙烤,我迎来了我人生的第一次军训,揭开了军训绚丽色彩的帷幕。

白

白充满着无尽的期待和对未来的无限好奇,像一泓从未污浊的清泉,一枚尚未雕琢的白玉,映耀着纯洁之光。等待军训来临的前一天,军训在我心中是一片空白,没有真实地体验过,有的是满腹好奇。室友们都在讨论军训会是什么样的,言语中尽是欣喜与激动,无尽的期待随时间的流逝在慢慢靠近。我们像一群未知的孩童,等待未来道路的指南针。接踵而来的我们将会正式步入高中的大门,迎接新的三年挑战,翻开另一篇崭新的乐章,接受未来岁月的洗礼,心里的惆怅与新奇在一步步萌芽滋生。

红

军训开始的第一天,太阳公公非常热情地"照顾"了我们这些稚芽。火红的太阳炙烤着每一个训练场地,军训动员大会上,我们的教官一一闪亮登场,演示训练中,看着教官整齐一致的步伐,雄壮有力的口号声,我有些慌神和胆怯。教官们的脸上都是清一色的扑克表情,没有半点微笑之意,顿时一股凉意在我心中滋生,我有些怯场了,被他们的气势所打倒,但心里又有一股不服输的声音在激励响起,我还是有些期待接下来的训练。炎热的天气使周围的温度像火一样上升,二十分钟的军姿才开始,几分钟我已有些支持不住,脑海中一直响着教官的要求:"头要正、口要闭、两手紧贴裤缝线、两脚跟靠拢、脚尖分开成六十度……"两脚已经不住的开始颤抖,汗珠像没有关的水龙头一般一直往下流着。衣服在太阳公公的关照下已经洗了一遍。脚跟慢慢地疼痛,再到剧痛,然后慢慢地麻了,最后没有了知觉……这是我这么大来熬过的最漫长的二十分钟。我现在只想有一块地方可以让我躺下,哪怕坐下也好……这就是你们所谓的高才生,真是一群庸才……教官的话在我耳边清晰响起。血液中燃起的热情顿时给了我支持的能量,我们90后不会这么容易认输的。霎时,我周围的同学都直立了起来,我知道这是90后的热血,是一群少年不服输的坚持,热烈的红色在我们身上剧烈地燃烧着,每一个人心中都有相同的信念——坚持。当教官宣布活动一下,二十分钟军姿结束的时候,我心中的感受用言语是无法形容的,我感觉我完成了一项伟大事业,一股巨大的成就感在心中升起。此时我感觉我的血液已沸腾,壮烈的红色成长了。

橙

橙,金黄的颜色,有了收获的欣喜,但给我们的却是无尽惆怅。一天的军训已经让我们狼狈不堪,浑身酸痛,躺在床上没有一丝生气,像一堆泄了气的皮球。谁也没精力再谈论军训的精彩,静静的声音叮嘱我们早早地开始和周公的"约会"。嫩芽的我们在父母的荫庇下没有吃过任何苦,更没有在太阳下暴晒一天的惨痛经历。我有些讨厌自己,讨厌自己的无能与娇气。我从未体验过父母辛勤劳作一天的苦痛,农活忙的时候,他们那一天不是顶着剧热在和太阳拼搏,我才军训了一天就已经有些支持不住,那他们的日夜辛苦呢? 顿时,一股愧疚之感通遍我的全身,我真的愧为人女。橙子就像我们的父母一样,而我们就是那永久的绿叶,依靠着他们的营养,我们永远崭绿,他们却永远橙黄。这一刻我知道我成长了,不再是那娇气的绿叶,我想变成落叶,归根入土只为报树木的养育之恩,让他更苗壮地成长,永远不老,只为"谁言寸草心,报得三春晖"。

绿

绿,生机之色,开始我并不明白为什么所有的军服都是绿色的,直到休息时,教官教我们拉歌,我感受到了军训的有趣生活,脑海中清晰地记得那些有趣的拉歌。"叫你唱,你就唱,扭扭捏捏不像样,像什么? 像一姑娘……""叫我唱,我就唱,我的面子往哪放?"各班在激烈地拉唱着,学员和教官第一次有了那么默契的配合,集体之间有了前所未有的合作感和团结精神。原来军训生活也会有这么充满童真的一部分,突然发现教官并不严肃,竟那么幽默、可爱。而且让我们惊讶的是我们的教官也是 90 后,看着他成熟的军人气质,一股钦佩之情油然而生。和我们相仿的年龄,却大相径庭的经历。从他的身上我看到了军人的活力和坚毅,知道了什么是铁的原则。他们受的训练和我们的军训相比,完全没有比较的必要,因为我们做的只是他们训练的一个零头。绿色的橄榄枝,在他们的手中紧紧相连。这些铁血男儿为了国家的安定、远离家乡、远离亲人、远离爱人、远离他们曾经的梦想。当听见"军中的男儿也有情呀,夜夜伴她走天涯"我的眼眶湿润了。我仿佛看见一位好姑娘在家乡痴痴等着她的兵哥哥。本来衔着橄榄枝的他,可以和他在乎的人缔造属于他们的任务,重新谱写民族新篇章。绿色之军魂,勇毅的军人,唯愿和平橄榄枝能永存,带着他们的思念,跨越万水千山,落到他们思念的地方,向所有保家卫国、牺牲自我的人敬礼!

黑

黑,庄严肃穆的代表,也是成熟的象征。在军训将近结束的末端,我领略到了黑色的魅力。在举行军训成绩回报的那一天,大家都比八天前成熟了,没有了第一天的叫苦叫累、嘻嘻哈哈。每一个人的眼中都多了一份坚毅,身上多了一份军人的气质。晒黑的皮肤下,多了一份勇敢,黑皮肤下的我们,有了承担的冲动,不再惧怕高中的挑战,懂得了团结的重要和意义,我们是真正的高中生了。黑色的我们期待成为那一匹敢于拼搏的黑马。我想大声说:"高中,我来了"。

八天的军训生活比想象中短暂得多,当我们刚学会享受它时,它已经离我们远去了。对教官的感情从惧怕到喜爱、从喜爱到尊重、从尊重到不舍,从不舍到现在的怀念。在这些铁骨铮铮的军人身上,我看到了努力、坚持、拼搏。烈日再大,天气再热,只要咬紧牙关坚持,一切都会成为过去式的困难。"宝剑锋从磨砺出,梅花香自苦寒来"。只要有一颗敢于拼搏,敢于坚持的心,任何困难都只是我们成功路上的基石。

军训生活的落幕,宣告着高中生活的开始,军训前我的生活是一半串冒号,军训时我的生活充满感叹号,军训后我的生活迎来了省略号。军训色彩的末端,光明的号角在向我招手,迎着旭日的东升,我踏上了新的人生征程,我会以一步一个脚印踏实前行,等到巅峰时再回头,省略号的后面布满璀璨的星。(此文载《铜仁日报》20131017)

军训中的收获

高一(3) 王宇雪

开启篇

两个月的轻松而美好的时光结束了,我带着通知书来到新学校报名。老师带领着我和新同学一起参观了学校校史馆,然后领取了军训服。开学的第一件事就是军训,我的心中满情期待——穿上这士兵一样的衣服后会是什么样子?教官会长什么样?严厉吗?在这焦灼的太阳下训练肯定很辛苦,能坚持吗……

第二日,当我穿上军服的那一刻,突然感觉到好像肩负起保卫国家的使命,报效祖国的雄心壮志和为国捐躯的耿耿忠心让我心潮澎湃！我兴致勃勃地来到学校，和同学们一起等待教官的到来。长达八日的军训开始了。刚开始在烈日下，我们先站二十分钟军姿，在这短暂而漫长的过程中，我们的汗水像瀑布一样流下来，陆陆续续有同学坚持不了而倒下了，依然伫立的同学咬着牙坚持着。而后，我们又学习了"稍息"与"立正"的正确动作，还有转身。一开始时总是乱七八糟，在教官严格的要求和我们反复的训练下，变得越来越整齐，越来越有军人的风范。

过程篇

同时我们在辛苦的训练中也充满着欢乐。我们有着一位很年轻，很幽默，很有爱的教官，二十四分之一的机遇让他和我们一起度过了高中的开端，也是一种缘分，他对我们严厉却不苛刻，放松却不过分。

休息时，他带领着我们与其他班拉歌，即使他声音嘶哑了，但含着片喉糖依然坚持着。偶尔教我们一点防身术。他总是对我们说，大家是一个集体，所以要团结。

他也是一位很有爱的教官，有一次，拉歌比赛中，有个老师给教官送了一瓶水，但是，同学们也都很渴，"教官，我们想喝水"，同学们都在"呻吟"着，没办法，最后教官把他仅有的那瓶水奉献了出来，给每个同学传接着喝，而自己却一滴没沾到。

因为军训，我们班同学从不了解到慢慢熟悉，因为军训，把我们凝结成一个团体，或许有的还并不相识，但若有需要，总会有人无条件地帮助你。军训的第一天，刚开始就有位同学晕倒了，马上有同学把她扶起来到旁边去休息，并且安慰。每日军训前都会点名，若有同学没有来的话，代理班长便会打电话给班主任讯问情况，每天烈日炎炎，酷热难耐，同学们都不停地想喝水。然而总会有两名高大的男同学在每天军训前就去抬一大桶饮用水来，然后喊了"报告"默默进入队列里。每次军训结束后，总有几位同学收拾扔在地上的杯子……或许，我们现在都还叫不出他们的名字，或许他在班上也还没有交到几个朋友，但是他们都心甘情愿地为班级奉献，多么值得我们学习。

这就是纯洁的同学情，尽管只相识了几天，但因为我们一起军训流汗、受苦，为了走步整齐而手挽手前进，时间也就被定格在此。是偶然或是必然的相遇，是未曾还是已经的相识，到今后的相知。这是一个全新的起点，再次坐在教室中，我们不会那么安静，那么疏远。因为，在这些日子里我们不仅学会了"立正""稍息""向左转""齐步走"的动作，我们学会了坚毅的精神，收获了与教官的一段回忆,以及高中同学友谊情的初芽。这是多么令人高兴的,我们将用今后的时间好好为它浇灌,滋养它。使它生根发芽,茂盛生长,这也是一份大的收获!

完结篇

在烈日、汗水和笑声中,高中三年的序幕篇结束了,这八天的军训生活仿佛就是高中生活的一个缩影——当严厉的教官变成严格的老师,当辛苦的军训任务变成了沉重的学习功课,当辛苦的汗水变成了每夜的鏖战……是的,短暂的军训为我们开启了大门,指明了航标。

很多人都说学生的任务是学习,军训这一环节没什么作用的,其实,军训的作用是不可小觑的,它并不是要你有多痛苦,流多少汗,而是想培养一种精神毅力,那就是坚持、坚定与坚韧。每天军训开始时都要站二十分钟军姿,然后顶着烈日不停地训练走步,自始至终没有一个同学放弃或者逃避,这就是坚持。当我们汗流浃背,口干舌燥时教官却不准我们动,我们则一动不动地站着,这就是坚定。这是短暂然而痛苦的八天,我们都熬到了最后,完成了汇报演出,这就是坚韧。最快的脚步不是跨越,而是持续。学习也是如此,不要想着一步就能成功,不管那么艰难,多么痛苦,只要坚持,脚踏实地一步步地前进总会有所得的,就如我们走正步时,用力而坚定地走下去,就会听到响亮的踏步声,一种成就感油然而生,这就是收获。

人生又何不如此,要经得起生活的考验,就得学会坚持,要磨炼成钢铁一般的毅力,坚强勇敢的拼搏。

常说人生犹如一出戏,我更觉得像军中生活,它用烈日烧灼你,你是否会退缩,用疼痛考验你,你是否会倒下,用汗水浸湿你,你是否会放弃……

因为在接下来的三年,需要我们勤奋努力学习,创造一个好的未来,因为以后进入社会,需要我们懂得生存更要诗意生活,所以有军训,它让我们自己体会领悟这宝贵的精神财富,这也是一分收获。

鱼儿因为风浪而肥大,宝剑因为磨砺而锋利,梅花因苦寒而飘香,人也因苦难而坚强。我们从小在温室里长大,没有经历过大风大浪,因此我们需要锻炼自己从而变得强大,这也是为我们三年鏖战搏击生活风浪奠定基础、做好准备。当你明了成功不会造就你,失败不会击垮你,平淡不会淹没你时,你就站在了生命的最高处,这才是军训的真谛!（载《铜仁日报》2013 年 3 月 30 日）

致军训

高一（3） 刘彦君

当晴天里雨下了艳阳又高照了，当上午盛开的太阳花下午凋谢了第二日又绽放了，当依偎同飞的两只蝴蝶飞离落下又相聚了，曾经很想快快结束而如今却不禁频频回忆短暂却也漫长的军训就这样过去了。仿佛毫无征兆，实际清晰至分分秒秒。我亲爱的7天零4个小时。

　　　　　　——谨献给每一位在烈日下军训场上挥汗如雨的教官与学员

一滴一滴汗水
从那黝黑又灼热的肌肤里
缓缓而坚定地渗出
不断凝结
滚大
滑落
坠到地上
狠狠摔碎
破开

最终在难以言语的热流里
消亡了肉身
或是揉进了层层飞粒
融合成水土之魂
兼备阴柔与阳刚

一滴一滴汗水
从那黝黑又灼热的肌肤里
缓缓而坚定地渗出
不断凝结

聚大
浸透
染于衣衫
雄雄绽放

升华
仅仅因无以理清的情绪中
留守了信念
并且渐渐滋长又壮大
承担起成长之重
我们自信且勇毅（"军训有感"征文一等奖）

我被军训撞了一下腰

高一（3）　曹自幸

我与军训相约在炎热的夏天。随着军训号角的吹响，我们整装出发，在军训期间，收获了许多新的体会。

苦

八月的太阳公公一点也不给面子，也出来凑热闹，"一二一""向后转"各种口令声换来换去，动作不整齐，重来。我们机械地支配着肢体。心里面有抗议，想着在暑假期间，在家里吃着冰西瓜看着电视一整天悠哉游哉的，对于现在来说就是一种奢望，身后的影子慢慢变长也宣告我们今天的军训将要结束，热和累席卷着全身。有一个同学看到给花浇水的职工拎着水管浇花时，多么希望那水往自己身上浇，唉，大概每位同学都会这么想吧，可爱的花儿能有水的滋润，我们却只能晒日光浴喽，当休息的哨声吹响时，才发现它的声音宛如天籁之音般，那么优美、动听。

辣

以前在电视中欣赏过意气风发的擒敌拳，我真羡慕啊！幸好教官给我们承诺过，在休息时间与其他班的教官为我们表演擒敌拳，我们一个个睁大眼睛，看教官演示动作，我在心里幻想着：在如火的夕阳下，我英姿飒爽地翻腾跳跃，天地间的灵气通过一种神秘力量输于我刚柔并济的动作中,恐怕在现实中不太可能吧。教官说,这拳可以被我们叫作防狼拳,我为教官的考虑周全鼓掌。军训的最后一天是阅兵检阅,我们班的动作不太一致,与做得好的班级相比,我们有距离,因为我们训练时不很用心。心里面对教官有种内疚感,没有达到教官的要求,还被教官的上级批评,脸上热辣辣的。

酸

我至今都要感谢教官们,他们在刻板的军训生活中安排了"学唱军歌"这一内容,军歌由教官来教,按军事要求,唱歌时要盘腿而坐,听着教官有些沙哑的嗓音,心里一酸,教官每天用高分贝喊口令,又教我们唱歌,嗓子怎么能够受得了,为了拉歌比赛,我们都努力着,有时让同学来教大家,教官在旁边一只手拿着水,一只手里捏着"金嗓子",喝水后把"金嗓子"含在嘴里,想着教官第一天时洪亮的声音,变为现在的沙哑,哦,敬爱的教官,您辛苦了!

甜

在日常的各项训练活动中,也会有女同学的训练动作比男同学做得好,教官让我们男、女生分开比赛,赢得一方多休息几分钟。

教官的口令发出,我们做着分列式,走过去又返回,大家心里默念着动作要领,生怕哪一个动作出错而影响全体成绩。"胜利属于我们!"我这样想着,动作更加准确,没多久胜负已分,结果就是我们多休息几分钟,想到这,心里可是很高兴呢!

班与班之间的拉歌比赛也是最 high 的一部分,每班一个代表起来向另一班宣战,大家卖力地唱歌,声音此起彼伏,拉歌的顺口溜也让人忍俊不禁,"冬瓜皮,西瓜皮,×班不许要赖皮","要你唱,你就唱,扭扭捏捏不像样,像什么,像姑娘"等等,场地上笑声连连,如火如荼的比赛为校园里添了一道靓丽的风景线。

令我感触颇多的两件事,可以认为是两个极端吧,一件事是,军训时我站在队列的外层,每次转弯后成了第一排,自己的动作与周围不协调,时常出错,我的不用心最后导致教官让我与中间的同学换位置,那个时候心里像是打翻了五味瓶,很不是滋味,那次之后,我更加投入地训练,不要让自己后悔。

另一件事是代表班上参加叠被子比赛,接受任务后我和搭档不停地练习,虽然想比赛的同学不止我们两个,但是我们会努力的,教官一遍遍地讲解演示,我们由不会变为熟练,积累的技巧越来越多,比赛当天,观众席上的评委走过来检查,当听到他们的夸奖时,我们两个心里的那个激动哇,在原地直跳,脸上的笑容在无言之中绽放。膝盖上的轻微浮肿的疼痛已被喜悦代替,有一种我的价值被体现出来的感觉。

被军训撞了一下腰,而且撞得还不轻,通过这两件事,我明白了自己的几个缺点,并会努力改正,反省自己的时间变得更长,做任何事情都要用心,用心后露出的笑才会有价值更有意义。现在军训已经结束了,军训之前,我的生活是一串问号;军训之中,我的生活是一串叹号;而军训之后,我的生活却又是一串省略号,在未来的道路上,我会将军训的收获化成一朵美丽的鲜花,用我的爱心与执着使它开得更绚烂,开得更美丽,梦想,在我心中深深镌刻、一路高歌、走向卓越。("军训有感"征文一等奖、此文发表在 2013 年 3 月 23 日《铜仁日报》上)

独一无二的"我"

高一(7) 蒋 川

在下姓蒋,单名一个川字。

因为我是属虎的,所以给我取名的小叔不知怎么就想到老虎是山川中的。于是便有了这个单名。每当听到这时我都会不由自主地佩服小叔的"文采"。山川是多笼统的一个词啊! 但也就是这个笼统才有幸让我得了一个自以为好的名字!

初次听到名字时,很多人都会以为我是一个小男生。但,本人可是如假包换的女孩。而且是一个很有特点的女孩……

我这个人有很多的缺点。

懒。真的很懒。如果可以,我真想每天都在床上听着歌儿睡着美容觉。我不喜欢作业,因为懒得写字,所以我比较喜欢看作业。我不喜欢整理书包,因为懒。不喜欢乱扔垃圾,因为懒得扫,我甚至不喜欢吃硬的,骨头多的东西,因为懒得动嘴……

没有主见。无论做任何事,大事,小事,我都会征求别人的意见,而且是多个的人,因为这样我比较好选择哪种方案更好。

没有毅力。我不喜欢半途而废,因为我选择做的事都很简单,不需要半途而废。每一次鼓起勇气想要戒掉一些不好的习惯时,我都会在之前先考虑一下可行性,多半都会在摇篮里扼杀。因为我的潜意识告诉我,是不会有毅力去完成的。

只说不做。我喜欢规划未来,哪怕是下一秒下一分。但多数事情都只是说说而已,不想做。我以为这是一种乐趣,未来不是计划就可以改变的,因为我的潜意识认为,计划永远赶不上变化。

自恋。事实证明我确实有些自恋,我会认同自己所做的一切,我也喜欢自己的一切,喜欢照镜子,随时注意自己的一切……

我的自知之明很好。这应该算一个优点。所以我知道我的缺点绝对不只这些,但优点我也还是有那么一些的。

我喜欢换角度思考。每做一件事的时候我会想很多,可行性当然是一点,还有其他人的感受很重要。所以我这个自以为的优点不仅使我在遇到难题时比较轻松,而且在人际交往方面也有很大的帮助。

自知之明。刚刚才说,我是一个有自知之明的人,我知道自己有多大的能耐,知道什么我可以做,什么我不可能做,而且对自己的优缺点掌握得很好。

会看人脸色行事。这个我认为是一个优点,也是人际交往最重要的一点。我是一个很谨慎的人,这是通过了三年的锻炼获得的,这是对对方的尊重,至少我是这么认为的。

热爱运动。但因为我很懒,所以变成了精神上的热爱。我喜欢看各种各样的体育比赛。喜欢上体育课,喜欢军训,虽然我实际做的运动少得可怜,但是跑步除外,我喜欢跑步,当然前提是在睡饱之后。

听话,这一定是一个优点。无论是在亲人面前还是老师面前,我绝对是一个乖乖女。当然,人都有两面,但对于长辈我却有一种特殊的感觉,我喜欢他们指引我,他们的经验总是比我们多。所以我喜欢和他们讨论。

我绝对不只这些,还有很多个我。但他们组合起来的我一定是独一无二的。("我"作文写作一等奖)

龙君自述

高一(7)　龙超群

龙君者,龙超群也,松桃人氏,常居小镇川硐。外号"圈圈",是以众人谤之,以此为乐,而龙君甚爱其号。"圈圈"者,圆而精世故,宽而容万物,夫人生在世,岂能不圆,岂能不宽?

龙君方年十五,正值青春年华,而其貌不扬,有言曰:"先天不足后天难补",可谓一语尽道。

龙君性情古怪,面目不一。或正襟危坐,或上蹿下跳,或忧愁满容,或乐观向上,龙君自以为荣,而众人耻之。龙君少年时意气风发,多少豪言壮语,多少白日做梦,一番起伏,方知海口易夸,大事难为,昔日轻狂,悠悠岁月,付诸东流,而今依然故我。龙君亦多愁善感,常对月咏怀,拈叶独叹。尤当夜半时分,自悲"逝者如斯……"而无限寂寥。晚秋之际,只道秋老群山亦白头。龙君善取生活中之小事,生发其中之"真理",颇有感慨,悲喜哀乐,充斥其心,细细咀嚼,回味无穷。

如古文词诗,然不甚努力,微有所得,而难精其奥。窃以为千古文章,子瞻文忠曾独步,唐诗璀璨,太白子美领风骚;宋词放彩,婉约豪放各争辉。龙君涉猎众家,尤爱苏子,一曲"大江东去",传为千古绝唱。龙君所好广多,手谈多败,球技平平,读书有得,涂鸦生趣。龙君之于生活,可谓妙趣多多也。

龙君幼年资质平庸,唯只人一之,我十之,人十之,我百之。出乎其类终拔乎其萃。然年岁愈长,龙君愈下,是以称赞之声不绝于耳,故而飘飘然也,加之固执己见,见异思迁,不尊众师之道,不听父母之言,一落千尺,终于中考决战中惨败于他人剑下。一时天昏地暗,狂风暴雨席卷而来,痛若刀绞。而龙君不甘失败,痛定思痛,决心改昔日之陋习,增有益之品性,重塑自我。高中三年,定当加倍努力,奋发图强,以求脱胎换骨,浴火重生。

龙君不才,学业不精,令众亲大失所望,沦为他人笑柄。而心尤坚,尝闻"人生在世,与草木无异,若遗留一二有用事业,与草木同生,即不与草木同腐朽",自以男儿在世,若生不能有用于时,死不能鉴引于人,实乃人生一大憾事,不求轰烈,但求无悔,有所作为,此生足矣。其志亦可谓高远。

龙君真心如斯,知人者,自明了。("我"作文写作一等奖)

涨价的蔫鸡

高一(7) 裴金萍

据一则报道说养鸡场销售的斗鸡一般有两种:狠鸡和蔫鸡。狠鸡长得粗壮有力,目露凶光,鸡冠鲜红,而且羽毛漂亮。它们在鸡群中"久经沙场",从"奴隶"一路走到"将军",最终"修成正果",确立了自己在"鸡界"的霸主地位,用现在时髦的话来说已算是"大腕儿"了。毫无疑问,它们身价不凡,自然售价很高。蔫鸡则个儿小、目光柔和、逆来顺受,它们通常要等到狠鸡"酒足饭饱"后方能讨得一些"残羹剩饭"填饱肚子,它们平日里不招惹是非,自然也没有什么八卦之类的"绯闻"。吃饱了就孤零零地蜷缩在一个很不起眼的角落里,即使有狠鸡过来找碴儿也从不迎战。但让人大跌眼镜的是有些蔫鸡的标价却高得离谱,甚至比成名成腕儿的狠鸡还要高出许多。

这则报道还说,别看蔫鸡个儿小,慢慢地它们也能长得"膘肥体胖",力大无比,加上每天忍受狠鸡的欺辱与挑衅,它们"枕戈待旦"、"深藏不露","忍辱负重"、"厚积薄发",一旦时来运转,它们就会把握时机,大显身手,拼命赶超,后发制人。这就是它们的标价每每高于狠鸡的原因。

道理原来如此简单!

"这样的阅读材料是专门写给我的吗?"这是我看完后的第一感觉。当我绷紧神经放大瞳孔极为专注地将这则材料看完之后,内心那点尚未熄灭的"星火"大有"燎原"之势。我在想:材料中的"蔫鸡"不正是我吗?

是的,我是一个胆小怕事,从来不敢招惹他人的"丑小鸭"。不怕你笑话,我有时甚至连站起来朗读课文的勇气都没有。我讨厌自己如此怯懦!

记得那节语文课上,老师在讲授课文《雷雨》之前,要求同学们朗读课文。在老师的安排下,从第一组第一桌开始大家像开火车一样按着顺序读着文中人物的对话,有的拉长着嗓子,摇头晃脑,陶醉其中,比"角色"还角色;有的怒气冲天,理不饶人,"老子天下第一";有的中规中矩,唯唯诺诺,不速不慢,惟妙惟肖……听着同学们各具特色、神形兼备的朗读,心里佩服得五体投地。眼看就要轮到我时,不知怎的有些坐立不安起来,心儿仿佛就要跳到嗓门口了。我甚至暗地里盘算着哪一段文字是属于我的,把它先读一读,以便轮到我朗读时不被同学们笑话。看,真轮到我了,多恐怖的一件事情!书还未拿稳,我的两手就不争气地抖个不停。"不行,我要做一只在沉默中爆发的'蔫鸡'!"我心里暗暗地告诫自己。我可不能老是让老师和同学们失望,更不能让自己失望。我努力让自己镇定下来,慢慢地调整好自己的情绪,以便让自己能很好地进入"角色"的情境状态。

鲁　我倒认识一个年轻的姑娘姓梅的。

朴　哦? 你说说看。

鲁　可是她不是小姐,她也不贤惠,并且听说是不大规矩的。

朴　也许,也许你弄错了,不过你不妨说说看。

鲁　这个梅姑娘倒是有一天晚上跳的河,可是不是一个,她手里抱着一个刚生下三天的男孩。听人说她生前是不规矩的。

朴　(苦痛)哦!

鲁　这是个下等人,不很守本分的。听说她跟那时周公馆的少爷有点不清白,生了两个儿子。生了第二个,才过三天,忽然周少爷不要了她,大孩子就放在周公馆,刚生的孩子抱在怀里,在年三十夜里投河死的。

朴　(汗涔涔地)哦。

我的声音抑扬顿挫,起伏有致,分寸把握得恰到好处。在雷鸣般的掌声中我终于演完了属于自己的那一场戏。成功的喜悦荡漾心头,那掌声告诉我,自己终于成功了!

据后续的报道说蔫鸡的身价还要涨……

【点评】本文文字"波澜不惊",拿捏有度,作者不空泛说理,而是寓理于常,平中见奇。文章以一则有关"蔫鸡"的材料开头,由"鸡"及"人",衔接自然;文末以一句"据后续的报道说蔫鸡的身价还要涨"作结,主题不言而喻,可谓妙不可言。(载《铜仁日报》20130819)

04

| 悦读乐园 |

凡入我眼者,入我耳者,皆为可读之物。阅读,并上升为悦读,徜徉其中,青春不再彷徨。悦读,滋润生活,滋养生命。

百年孤独

——《百年孤独》读后感

高二（24）　唐塬钰

在这本书看到一半时，我百度了一下它的写作背景，因为它给我的感觉是：太震撼了。关于马孔多的故事，不管它描述的事件多么不可思议，你都愿意相信——嗯，就是这样！没有一点思考，我一直在频繁地点头——嗯，就是这样！

在很多个安静的夜里，湿冷的空气无处不在，即使是在四处紧闭的卧室里，我都执着的捧着这本厚重的书，伴着橘色灯光，翻过一页又一页。在马尔克斯的笔下，那个家族的家人之间没有任何情感沟通，嗯，可以这么说，每个人都是一座孤岛。何塞·布恩迪亚对他的家庭毫无责任感，他唯一的责任便是与妻子繁衍后代，他只沉浸在吉普赛人的所谓"科学"的世界里。整个马孔多就像活在真空中，外面的世界发生了什么那里一概不知，或许只有吉普赛人才知道如何通往马孔多，这有些桃花源的意味——但那绝不会是桃花源，因为马孔多没有男耕女织、阡陌交通、怡然自乐，它并不是世外桃源，它只是马孔多，贫瘠、苦难、沧桑……所有人们不喜欢的词都可以用来形容这里，村民们无知、愚昧且盲从。但奇怪，尽管如此，我还是觉得《百年孤独》太精妙了。

每个人都讨厌孤独。在今天，人们为了财富而加快脚步拼命奔跑的今天，没有几个人会懂得"精神"，我也不懂。大多数的时候，我们对少数人宣扬的"愉悦精神"嗤之以鼻，觉得那仅限于在金字塔顶端的少数人所追求。但我想《百年古德》做到了，它能愉悦每一个愿意静下来看书的人的精神世界，无论他贫穷或富有。

马尔克斯用《百年孤独》告诉我们：马孔多不会再次出现，无论在哪个时刻，都别让自己成为一座孤岛。我们应该团结起来，以一种惊叹的力量崛起。在历史里，我们的祖国，无论是作为秦朝存在还是作为晚清存在，我们都不曾被历史遗忘，而不像拉丁美洲。直至今日，我们仍然只会在看到"贫穷的地方"这样的词组时，才会想到它。都说历史是最公正的，你付出了什么，便会得到什么，拉美付出的东西或许是最多的，但它至今并未得到回报；我们付出的东西也不少，但我们得到的回报屈指可数，或许属于拉美的时代还未到来，属于我们的时代也还未到来。马尔克斯想透过《百年孤独》用孤独精神入侵我们,让我们醒悟,去看看拉美的痛。我们,也应团结起来,让世界看看南京的痛,看看圆明园的痛,看看曾让世界敬佩的大国之痛。(高一假期读书笔记征文一等奖)

把嚣张收起来

——读《千年一叹》有感

高二(24)　吴　一

"我偏要这样,你能怎么着啊,你?"

"不服是吧? 不服你又能拿我怎么样啊,你?"

嚣张,并不是只存在于现在,只存在于人与人之间。

在距今几千年的古代,在中东那片悠久且充满荣耀的土地上,曾拥挤地存在着人类辉煌无比的古文明。

它们都对人类社会做出了巨大的贡献:天文、数学、建筑、文字、排水系统……

因此这些文明的创建者以及拥有者都曾经自以为是地认为:整个世界都必须牢牢掌握在自个儿的手掌心里。于是,他们开始了跨国的远征,企图征服更广阔的天地,希望在激烈的争夺中拔得头筹,摘取下属于胜利者的王冠。余秋雨先生说:"因为彼此都在艳羡、嫉妒和畏怯,一旦征服就必须把对方的文明踪迹荡涤干净。"所以,在击败对手之后,带走所有的人民和物资,再在所占领的土地上撒盐和荆棘种子,使得这个地方从此荒无人烟,如死寂一般;或是在将所有的宏伟建筑都毁灭之后又挖地三尺用以埋没文明的废墟,便是对那句话最好的证明。

这些全人类的文明古国们,在战场上厮杀得昏天黑地。反反复复的战争,不但毁灭了别的文明,同时也在用利剑割开自己的喉颈。彼此侵犯,最后,却又一一败亡。

弗朗索瓦·费奈隆说:"所有的战争都是内战,因为所有的人类都是同胞。"而对同胞的嚣张,也就是对自己的残忍。

日益增多的二氧化碳如一张巨大的毯子包裹着地球母亲,加剧了全球变暖,两极的冰川在沉寂了多年之后开始融化;屹立在城市上空的一根根大烟管向外源源不断的排放着废气然后融入于我们赖以生存的空气中,在降水时便形成了酸雨腐蚀着我们的房屋、土壤;堆积如山的垃圾赐予我们扑面而来的臭气以及各种各样可怕的病菌;能源的枯竭使得许多地区成了战争的栖息地,人民因此生活在水深火热当中……

可是面对一系列的环境问题,很多人都熟视无睹。在 2012 世界末日即将到来之际才露出对死亡的恐惧以及对当初的嚣张行为的后悔莫及。但当得知所谓的世界末日仅仅只是一个荒谬的谣言时,随即又开始了和从前一样伤害大自然的生活,甚至更加肆无忌惮。

伟大的浪漫主义作家雨果曾说:"大自然是善良的母亲,也是冷酷的屠夫。"再继续这样下去,谁又会知道世界末日是否还像以往一样,是荒谬的谎言呢?对大自然的嚣张,就是对自身的毁灭。

《千年一叹》告诉我们:人类不可以对同类太嚣张,更不可以对大自然嚣张。

把嚣张收起来,不能说文明就一定不会败亡,但一定不会亡得这么彻底;把嚣张收起来,不能说自然的重病会立马痊愈,但一定会让未来更加美好。

收起我们无理的嚣张,无论是对我们自身,还是对养育我们的自然。(高一假期读书笔记征文一等奖)

读《千年一叹》有感

高二(24)　田　瑞

乍见书名,还以为是余先生站在世纪之交回顾过去的一种感悟、一些慨叹,读罢自觉惭愧,因为这与先生真正所要表达的思想内涵差了不止一个级别。《千年一叹》是日记体文章,先生受邀于凤凰卫视,与节目组成员用时几个月,途径十个国家,访察这些多为人类文明发祥地的文化风貌和沧桑变迁,最终辗转回国——在新千年的中国。

通读此书,感悟良多:

一是巨大的成功背后必定付出了不可计量的汗水和长途跋涉的劳累。

用先生的原话来说就是"我们是沿着西奈沙漠、戈兰高地、伊朗山脉一步步量回来的;我们是捧掬着尼罗河、底格里斯河、印度河的水一口口喝回来的;我们是抹着千年的泪滴,揣着废墟的叹息一截截摸回来的;我们是背负着远古的疑惑和现实的惊吓一站站问回来的",原以为先生的文明考察会如同出国旅游般轻松愉悦,哪料黄沙漫天的沙漠干涸难耐;沿途稀少零落、粗糙难以果腹的食物;烦琐复杂的过境签证;当地危险混乱的治安,以及路上还要时时提防可能出现的匪徒和其他武装力量。这些令人咋舌的困难是他们的旅途中不得不去面对、克服的,幸好,在意料之外也在意料之中,他们一路克服了这些困难,最终圆满、安全地回归祖国。

二是换个角度看世界,不囿于固定思维,才能不被一种思维将世界观固化。

先生察觉若久居国内,面对国内频发的问题(如土地退化、空气污染、水资源污染、官员腐败),就会产生一种类似愤世嫉俗的无所作为的对国家的厌恶感。这种感觉驱使一些自诩担忧中国发展前景的所谓爱国者齐齐对中国现有体制发难,数落中国的种种不是,一味抨击一味批判,而先生则通过这次考察,顿悟了一些道理。通过去往其他文明古国考察的旅行(即换个角度观察中华文明),对比了这些发祥地文明衰落和中华文明历久弥新的原因,辩证地赞扬了中华文明,也十分期待新千年中国的发展。非但如此,先生也领会到了思念祖国其中的滋味。

我想不仅是先生一行人感触颇多,相信读者也会从这些经历中获益匪浅。
(高一假期读书笔记征文一等奖)

不孤独无浪漫

——读《百年孤独》

高二(24)　向明珠

紧凑传奇的故事情节把我深深吸引,忍不住一天之内把它读完。它把读者引入到这个不可思议的奇迹和最纯粹的现实交错的生活之中,不仅让你感受许多血淋淋的现实和荒诞不经的传说,也让你体会到最深刻的人性和最令人震惊的情感。书中的每一个人物都深刻得让你觉得害怕。迫不及待地读完,最后读完合上书本,回想一下,其实书中的每个人物都让我厌恶至极。

该用什么样的眼光来看待布恩地亚家族呢? 家族的第一个人会被绑在树上,家庭的最后一个人会被蚂蚁吞噬……漫长的几代人之中,有手艺灵巧的、有求知旺盛的、有聪明机灵的、有勇敢坚强的、有吃苦耐劳的、有光彩照人的……

他们有坚毅的眼光,不轻易言败的性格,无论是旅途劳顿的南征北战,还是通宵达旦的欢娱,他们都可以用他们特有的魅力吸引体态美丽、丰满的女性。整个家族的人孤独入骨,他们用自己的方式对抗着孤独,有的参加革命疯狂地发动起义,有的反复地做着手工活,有的沉溺于情欲,有的疯狂求知,有的纵情吃喝。最终他们经历了百余年,然后狂风袭来,他们的生命、他们的后代和关于他们的记忆,很快就那么无影无踪。但却看不出有什么值得惋惜后悔的地方。

给我印象最深的是阿玛兰塔这个人物。这个一开始和表姐为了争夺爱人打得你死我活的姑娘,当自己心爱的人向她求婚时居然一再拒绝,赫里奈多·马尔克斯老死在休养院里的最后几年,终日只呆坐着回忆阿玛兰塔年轻时的容颜,而早年那个会调自动钢琴的小伙子更是因为她的拒绝就此了断性命……起初我根本不可理解这个人如此古怪的行为,后来作者以乌拉尔苏的心讲述了为何阿玛兰塔几次站在幸福的门外,只消轻移莲步便有唾手可得的安稳日子,然而她没有。书中说,因为她比任何人都容易产生微小的爱意,这并不是出于一种对爱人的恶意的折磨,而是对自己的巨大的不信任感,以及对幸福的不安全感。我们不得不相信,阿玛兰塔也爱过他们。但她硬是以自己在对幸福的追寻和胆怯的两极中摆荡的人生观,选择了万劫不复的孤独。

好吧,就当作者说阿玛兰塔是个比任何人都爱他人的人。其实用我这个现代人的眼看,她就是一位爱无能者。和表姐争夺这份爱的过程中,她没有意识到其实这份爱已经变质,坏的爱情已经在她的内心深处生根、发芽,而她已经变成了一个不美好、不可爱的人,最终丧失了去爱别人的能力,和感受幸福的能力。这才是很悲哀的事。

矫情一点看,在这个城市里,寂寞泛滥。晚年的阿玛兰塔开始坐下来安安静静为自己织裹尸布。我不得不联想到身边的一些人。比如那些姑娘们,得到一个真心对自己好的男孩儿,会忍不住一再试探对方的底线,以证实如果这是确凿的爱,就可以无限包容;又比如多少小男孩儿以为主动的姑娘就是不值得珍惜的,因为她们一定对谁都一样主动,显得轻浮。最终,当姑娘们抹着眼泪说那男人怎么不要我了,再也没人对我这么好了;男人则攥着酒杯皱着眉头默默不语……我知道那无关是否珍惜,而是一种对待感情、对待爱人的畸形方式,一种深刻的自毁情结。好像糖果就放在抽屉里,它本来就是给你的,你也非常喜欢吃——可你拉开了抽屉,与糖果对看,却死也不拿来吃。最后任那糖果变质了,你也掉下眼泪来——这眼泪甚至也不是因为愧悔,而是因为对自己居然永远无能为力。又或者,根本就不该拉开那抽屉。

其实吧,生命从来不曾离开过孤独而独立存在。无论是我们出生、我们成长、我们相爱还是我们成功失败,直到最后的最后,孤独犹如影子一样存在于生命一隅,时不时地出来提醒你一下它的存在。

但是人又是需要孤独的,人在独处和自处的时候,精神的自由会还你一个真实的自我,而不是面对别人在时常演戏。现代社会属于自己的时间太少了,人格外的需要孤独,孤独中才能自如的生活。人与人之间也需要保持一定的距离,太近的时候夸张了对方的缺点,孤独者的快乐是思想的快乐。

在读这本书的时候,我觉得就是在和作者思想的交流,有争辩有否定,这种酣畅淋漓的交流是豁然开朗的美妙。有种羽化的感觉,物我两旺。有时看到书中的某个角落某个段子仿佛在说自己,真是前人智者在点燃尘封的角落给你那种交错时空的快感。最后用上一句:"不孤独不浪漫"。(高一假期读书笔记征文一等奖)

马孔多的故事

——读《百年孤独》有感

高二(24) 刘雨晴

因为注定经受百年孤独的家族不会有第二次机会在大地上出现。

——引语

《百年孤独》,未读时心下臆测不过是如鲁滨孙一般孤独的苦难故事,若论孤独,可有什么能甚过荒岛中没有年月却知沧桑的日子? 未曾想,人常道:"喧嚣之后的冷落是最孤独。"是了,布雷迪亚家族的故事,马孔多的故事,一个多世纪的故事中,时间逝去,不过就剩下孤独的马孔多的传说罢了,甚或是连传说也不会再有。

布恩迪亚家族有重复命名的习惯,名字与脾性相关联,永远缠绕着这个家族,而孤独,我想是这个尽出疯子的家族中每个人的注解。

蕾梅黛丝是最令我记得的名字,这是一个美貌与智慧并存的名字。奥雷利亚诺·布恩迪亚上校的第一个太太,也是唯一一个算得上太太的女人,那个十四岁的小姑娘,在玩布娃娃的年纪,迅速地学会成熟女人应该会的一切,在阿玛兰旭与丽贝卡的针锋相对中,她美丽而友善,纯真而得体,赢得整个马孔多的人们的尊敬,所以在她逝去时整个马孔多的人们都为她吊唁,她十六岁,是马孔多第一个死人。她的长明灯,哪怕是硝烟弥漫时亦没有熄灭过。没有人能知道在她心中这个世界是怎样的,她那颗童心怎样被琐碎的事务填满,结婚的她怎样看待爱情? 丈夫大概只是从前那个常常逗她、陪她玩布娃娃的玩伴,而最终,她不过是用一颗善良的心去顺从家人的安排罢。短暂的生命中哪怕有再怎样完美的成果,心中就不孤独吗?

美人儿蕾梅黛丝,世界上最好看的姑娘。她的美惑乱人心,她诱人的气味甚至被传为死亡的气味,看守她的军士,远方而来的绅士,偷看她洗澡的狂徒,为她的美丽所惊动,也为她的魅力而死去。与这美丽相对的,她似乎天生不属于这世界。她从未想过要令这些追求者难过,因她从未置于心中,她似乎是个傻子,但布恩迪亚上校坚持她有超凡的智慧。她懒惰而又随意,她懒得连摇一摇缝纫机也不情愿,她懒得梳理头发于是干脆光头,她习惯赤裸顶多只罩着一个宽大的袍子。她与布恩迪亚家的所有人不同,她与这世上所有人不同,这样的美貌与这样纯净的灵魂,灵魂与肉体共同升天也许是她的宿命。然而当她进行着仪式一般精细而隆重的沐浴时,在长长的属于自己的空间与时间中,她究竟在想什么?

费尔南达的女儿梅梅,也叫蕾梅黛丝。实在不用奢望"女王"费尔南达能教导出什么样优秀的女儿。平日热情开朗,演奏时专注动人,似乎有着双面性格的她,高傲、叛逆、勇敢、充满怨恨。妈妈的阻挠使得情人蒙冤死去,爱情的花朵就这样枯萎,在遥远的内陆的修道院里,梅梅在水银一样的时光里永远的静默着,再没说过一句话,代表爱人的最后一只黄蝶死去的时候,也是她与爱人在属于死人的地方再次见面的时候。在了无声息的岁月里,不知道她在追忆还是在怨恨,又或者是在一日日地孤独中了却心事,只留空荡荡一颗心与孤独做伴。

从马孔多建村伊始,布恩迪亚家族就是最大的家庭,一次又一次地修葺房屋,更大更豪华,一次又一次地更换餐桌,六人桌、八人桌、十六人桌,一度兴盛到一拨又一拨人排队用餐的地步,也衰落至费尔南达一人面对十五张空椅子最终变卖餐具家饰一切可以变卖的物什以维持生存的处境。在一个又一个人名的重复,一个又一个相似故事的重复中,一切似乎早已注定,事实也确实如此。结局的时候,奥雷利亚诺·巴比伦在飓风中终于破译了梅尔基亚德斯的预言,一个世纪的日常琐碎全都在这预言中,他读到了他的结局,我也读到了他的结局,整个马孔多的结局——毁灭。

恰到好处的飓风可以摧毁一切。当我想当然的认为香蕉公司撤离后的马孔多会在衰落后再次逐渐发展起来，像他们最初那样，吉卜赛人的再次光临似乎是这假想的印证。可我错了，世界终究不一样了，某一时段出错而永远留下星期二的空间碎片消失了，发动三十二场战争的上校也消失在所有人的记忆里。

当我关上书，我还能想起何塞·阿尔卡蒂奥·布恩迪亚的疯狂行径，他开辟村镇，分配土地，规划道路，他沉迷炼金术，幻想太阳战，在永远的星期二中沉迷，总是疯疯癫癫胡言乱语最终被捆到栗树上，和他的敌人在死后继续友谊。我能想起梅尔基亚德斯永远穿着一件不相称的坎肩，因超出允许的智慧被逐出家族；我能想起庇拉尔在幽暗的房间中玩着她的纸牌，给别人指引，让别人逍遥，但找不到自己的出路；我能想起丽贝卡用一枪打死了小偷，枯坐着看墙壁剥落，枯坐着任酷暑和虫蚁折腾她百来年的岁月。还有乌拉苏尔，她从建村之初，看着丈夫、儿子、孙子、曾孙子一个个离去，在一个没有男人的家里，从未抱怨，从未置气。

马孔多的所有故事里，从来没有人会理解别人，也许孤独是每个人独有的特质，没人能理解，也深深嵌进了马孔多的空气里。

当一切故事消逝，脑海中总在盘旋的，是何塞·阿尔卡蒂奥·布恩迪亚说的一句话。

"马孔多还没有一个死人呢。"（高一假期读书笔记征文一等奖）

变成"中性"

高二（24）　唐塬钰

看了毕淑敏的《我爱我的性别》，我突然对性别这个词有了更深的认识。从封建社会的"男尊女卑"思想开始，就酝酿了一场持续的、没有硝烟的战争。

在这篇文章中毕淑敏反复提到红色的按钮和绿色的按钮，可以用来选择自己的性别，虽然这是虚构的，但不得不说倒也与我童年时的幻想有些相似。我曾幻想在酷暑难耐的夏天我是个男孩儿，可以光着身子在家里乱跑，也曾幻想我是个力大无比的硬汉，帮爸爸妈妈把重的东西轻松提上楼……这些幻想止于每次逛街的时候，看见各种漂亮的裙子就觉得还是当女孩儿比较好，并暗自庆幸着自己的性别。可并非每个人都喜欢自己的性别，不仅如此，还总有人过分喜欢自己的性别。所以,这场战争一直存在着。

封建社会的男尊女卑思想我想跟重理轻文的现象差不多,只不过前者更为严重一些。现在的人一听你是文科生,便想见一个穷酸磨叽没事儿总爱写点酸字的什么都不懂只会纸上谈兵的傻秀才形象;古代的人知道你是女子可能就会想到"唯女子与小人难养也"。现在的人一听说你是理科生,就觉得你能文能武学富五车见多识广,古代的人一听你是男子,便觉得振兴国家唯我大丈夫矣!可见这个社会充满了矛盾与偏见。于是,文科生在抗争着,同样,几千年来,女子们也在抗争着。

社会的进步需要矛盾的推动,可如果矛盾太尖锐,就需要第三方的出现来润滑社会这个大齿轮。这个第三者,便是"中性"。"中性"并不指打扮不伦不类的人,而是在时代的巨浪中始终保持中立,坚持二者平等的人——我们真的太需要这样的人了!

历史是最公正的,你付出了什么,便会得到什么。人类的领航者,绝不应是某一个男人或某一个女人,而应该是全人类,包括各个民族、各种肤色。我相信这个世界美好无比,晴时满窗湛蓝,雨天一湖涟漪,阳光席卷城市,微风吹越指尖。我更相信,这个世界一派和谐,没有文理之争,没有被遗弃的女婴,没有被饿死的非洲难民,虽然这些状况现在都有,但当这个世界的"中性"色彩越来越多时,当我们从"中性"的视角看待问题时,那些永无休止的问题会消失的,总有一天会的,我相信,我愿相信。(高一假期读书笔记征文一等奖)

那片绿浓得化不开

——读龙应台《目送》

高二(24) 李明慧子

书的封面是大块大块深深浅浅的绿,这是大自然的颜色。时间在流逝,物是人非,只有足下的这片土地没有变。不知道,有多少朋友是和我一般,含着泪看过很多页的。可能是因为我本身实在是多愁善感,也肯定是因为龙应台的这本书真的有太多打动人心的地方。

《成长》这一篇文章,很早之前,就在哪一本杂志上看过删节版,"我们这一代人,错错落落走在历史的山路上,前后拉得很长。同龄人推推挤挤走在一块,或相濡以沫，或怒目相视。年长一点的默默走在前头，或迟疑徘徊，或漠然而果决。前后虽隔数里，声气婉转相通，我们是同一条路上的同代人。"

看到这段话的时候内心是很震动的，只是那时年龄太小，不知道龙应台是谁，更没办法理解这段背后，作者对于一个时代的悲悯无力感。当然现在的我亦是没有办法完全洞察其后的深意。但我感到共鸣。其实我们每一个时代的人，又何尝不是都在一起走这样一条山路呢？我们这一代人，被标着90年代生人的时代大标签，有些人，个性张扬，有些人，埋头学海。我们所获得的是至为优渥的生活条件。我们知道太多，又不知道太多。我们以为"百度知道"就是自己知道，所以不断可以看到如姚同学一般最终被拆穿的才女。所以比我们年长的一代一代人，在为我们不断下定义，也有太多的我们同代人在书写自己的定义。很多时候，我是不屑于同龄人，每天沉迷网络，一心出国的想法，但我们仍是同代人，这条鸿沟是时间划下的，我没有办法去跨过。我知道，有些路啊，终得一个人走，有些关啊，终得一个人过。只是这条路却是有我数以万计的同代人走过，这座叫作高考的大关，也有我无数的同龄人，过去。

随后我想到的是龙应台的《跌倒》。这篇文章我真的是看出眼泪的了，一个国三的孩子，用一个塑料袋套在头上，自杀了。龙应台在文章里发出一连串的问题，这三天，有没有人拥抱过他，有没有人抚摸过他的头发？有没有人给他发过简讯？有没有人约他踢过足球？又有没有人，是他曾经动念要和对方痛哭一场，有没有他曾想倾诉自己的害怕。有没有一个人温暖的眼神让他动摇。或许有或许没有，但是这一串问题都不会再有答案。当然，人们可以责备这个孩子太过脆弱，不过是国三，能够遇到什么能一绝人士的大问题，甚至又可以指责这个时代的孩子实在没有抗击打能力，只是，只是，我想问的是，为什么，这样一个世界，一个看似美好的世界，却连这样一个孩子都没有留住呢？我们是生活在一个信息高速化，聚合化的时代，每天我们使用微博，qq，facebook，我们这一代人不断地在倾诉，无时无刻地在表达自己，每天写日志，踩日志。每一篇回复，每一个留言。甚至还有往来不断的短信。认识三小时就可以互称亲爱的。那么为什么还会有孩子，轻易就选择放弃这个世界呢？我真的没有答案的。就像我不知道，当我真正难过，当我对未来，对现实真的没有把握的时候，当我一次次为成绩为考试哭得稀里哗啦，连自己都觉得莫名其妙的时候，我可以对谁说一样。父母的话，永远只有吃得苦中苦，方为人上人的老话。老师永远是要更加努力，更加细心的督促。龙应台问，在我们成长过程中，谁，教过我们怎么去面对痛苦，挫折，失败？我们从来都没有学过，修行的路，是孤独的。我们只有自己学会,如何在得到之后爬起来,清理伤口,包扎,自己收拾破了一地的玻璃心。然后自己包裹上厚厚的壳,再不怕摔倒,却也再不会,在别人摔倒时,给一句轻柔的话,一个温暖的眼神,一个结实的拥抱。

我们同代人,在这一个仍然保守的社会环境里,已经可以公然讲黄段子了,甚至在和父母辈的长辈同席时,他们也会当着孩子的面公然说起收到的黄短信了。我们是应当庆幸还是感到悲哀。现在我们已经不是一个羞于说"性"的时代。父母也已经可以与孩子谈论这个话题。只是回想十年之前,我还是在第一次问及从何而来的时候,被告知是从垃圾堆里捡回来的。又回想起,我最初了解这些原本应当从老师、从家长处知道的知识,是偷偷摸摸地从哪一本里看到的?我们还是有太多的常识不知道,有一些是教育的问题,有一些不是。就像我吃过猪肉,没有见过猪跑,这原本就是很多约定俗成的了解。人人心口不宣,所以我也就被默认知道的常识。那些原本应当在中国由父母一代一代口耳相传的常识,有多少被百度知道和维基百科早早宣布了呢?

我们的长大,一定要是这样子吗?

这片绿浓得化不开,愿大家一起解开这个世界绑起的结。(高一假期读书笔记征文一等奖)

群山回响

——《群山回响》书评

高二(24)　陈英杰

这是一个从故事开始的故事。在书的开头就预示般的由父亲萨布尔讲了一个父亲在魔王到来时被迫交出了最爱的小儿子的故事——就像萨布尔为了不再让孩子在冬天冻死将女儿帕丽卖到一个富人家做养女一样。

1952 年,阿富汗,贫穷的村庄沙德巴格。注定这个故事不会轻松,这个故事的并不是完全以主人公为聚焦点的传奇,而像一部合唱曲,由帕丽、哥哥阿卜杜拉、父亲萨布尔、继母帕尔瓦娜、纳比舅舅、帕里的养父苏莱曼、养母妮拉、甚至是医生伊德里斯、阿卜杜拉的侄子吴拉姆以及与吴拉姆似敌似友的军阀儿子阿德尔,由他们的人生交织成的一部多声部的合唱。

从 1952 年到 2010 年,巨大的时间跨度,容纳了一次变故,和一场又一场的战争。这一次又一次战争，像一波又一波巨浪，将那些在一起的人，扑打得散落天涯。从沙德巴格到喀布尔，从喀布尔到巴黎、到美国。但似乎，无论走到哪儿，无论是谁，书中的人物都给人一种怅然的缺失感。

萨布尔是在贫穷中丢失了自己。就像阿卜杜拉的那句内心独白一样——他无法想象父亲也曾荡过秋千，也曾是个孩子。父亲，他两只手上是累累的伤痕，他脸上刻满了疲倦的线条。父亲，他好像一生下来就拿着铁铲，指甲里带着泥垢。萨布尔丢失的是那个在村子里最会讲故事的自己。

帕尔瓦娜是在姐姐马苏玛的美貌下丢失了自己。帕尔瓦娜一直活在姐姐的阴影下——人们的眼睛永远只看得见美貌玲珑的姐姐。就连自己心爱的萨布尔也向姐姐提亲了。她在美丽的姐姐面前，失去了那些本该从亲人甚至陌生人身上的关注，以及自己的爱情。最后，又因为自己无意造成姐姐瘫痪，付出了自己的青春。

阿卜杜拉丢失的是至亲之人。在他年幼时，那个纤弱、乐观，善良溢满双眼甚至从里面流出来的母亲，因为生帕丽难产而死。阿卜杜拉向母亲一样照顾帕丽，可以说，帕丽是阿卜杜拉扯大的。母亲去世后，阿卜杜拉把帕丽当作自己唯一的亲人。然而，命运却又一次让他失去了亲人。

帕丽失去的是家。帕丽由于年幼，长大后不再记得自己真正的身世。而她，她却在冥冥之中，感觉到她的人生始终存在一种巨大的缺失。她与自己血脉相连的哥哥，如同两粒微茫的尘埃被吹落到天涯海角。

妮拉失去的是爱人的能力。她美丽多情、才华横溢、出身高贵却平易近人。而如此特别的她，在那个封闭的年代和国度，无疑是一个异数。父亲冷漠严厉、丈夫的心另有所属、婆婆厌恶她不守常规——她痛苦、迷惘，像一头找不到出路的困兽。她失去了生育能力，收养了帕丽，把所有关于得到爱的希望寄托在帕丽身上。然而爱这种东西，有付出才会有收获，而妮拉已经不会爱人了，所以终其一生，妮拉没能从父亲、丈夫，甚至帕丽身上得到爱。

……

这本书在生死、亲情、离别、战争、谎言以及爱情的掩饰下，为我们展示了人性——即使是看起来最无私的选择，也隐藏着不为人知的部分。

幸而，在悲伤和沧桑的沉浸中，我们也能看到那束希望之光——每个人都选择了牺牲。

帕尔瓦娜为照顾姐姐牺牲了青春，马苏玛为妹妹的幸福牺牲了性命，纳比为主人牺牲了结婚生子的权利……

医生伊德里斯在向友人介绍喀布尔时曾经说过这么一句："喀布尔,每平方公里都有一千个悲剧"。

但是,每一个悲剧都向我们展现了它充满光辉的一面——关于人性的伟大和爱的真谛。

合上书,一种荡气回肠之感扑面而来。

这时,那个起初并不打眼的名字,就好像有了特别的韵味——《群山回响》——这近60年的悲欢离合、几代人的苦乐交织的故事,就像一部多声部的合唱在茫茫的群山中缓缓地蜿蜒爬行,连绵不绝。(高一假期读书笔记征文一等奖)

死亡与艺术

——读《花冠病毒》有感

高二(24) 刘雨晴

读《花冠病毒》,很容易陷入一种紧张的气氛中。我一度很抗拒读毕淑敏的书,原因说不好,大概有一点瞧不上女流之辈的意思。这次细读来倒是很有一些感触。

同电影《后天》一样,记述着人类与末日的征战,不同的是,病毒带来的死亡似乎更残忍,病毒带来的灭亡似乎更缓慢,更可怖,它不像冰川期来临瞬间就能让人冻死,一点儿痛苦也没有,它不断地折磨着感染者的身体,不断地折磨着未感染者的心理,不断地摧残着所有人的意志。

花冠是美丽的,病毒是慢人的,两个词拼在一起独有一份气质,我想到了罂粟花。于增风是拜倒在花冠病毒的美丽下的,他作为一个抗战在前线的白衣天使,本应该对侵害人类生命的病毒充满恨意,但他没有。他是那么爱花冠病毒,他曾多次在显微镜下观察这个置人于死地的病毒,他在笔记中写道:"它竟是光彩夺目的漂亮,犹如一顶宝石镶嵌的花冠。我把他命名'花冠病毒',自鸣得意。"这时他不再是帮助感染者驱逐病痛的天使,他只是在对花冠病毒的狂爱的驱动下不断去接触它感受它研究它的一个科学怪人。

书中的"原子论"令人印象深刻,颇具浪漫情怀,"每个生命都是原子构成,生命结束后,这些原子袅袅飘然离去,开始新的轮回、新的组合。有好事者计算过，每个人身上多达 10 亿个原子，当生命溃散后，这 10 亿个原子与其他原子重组，可能是海里的水，也可能是拂面的风，可以是沉重的铅，可以是路边的一株树……"这些描述使我顿感因缘如是，不生不灭，无穷无尽，亲人虽然逝去，但亲人的原子还在，温暖的亲情还在。人的形体，在浩瀚的宇宙里是多么渺小，人的一生，在时间长河里又是多么短暂啊，但构成我们的原子是永恒的，它们徘徊在这个宇宙里，永远不会消失。

书中对人物的描写很简单，却极为动人。作者站在一个心理学博士的角度来观察所有人并作出判断，所以人物理所当然的细致而旗帜鲜明。蓝秘书"您"与"你"的交叉使用透露出倦怠，便是常人感受不出的，但心理学博士能感受到。想到袁再春，脑海中瞬间就能出现一身一尘不染的白衣罩着一个挺立的老人的威严形象，但他对于病人的关怀，与主人公在交心的过程中透露出的慈祥与大爱也是淋漓尽致。李元始终是一个有明朗笑容的青年，但是在聊及化学方面就显现出他的专注与狂热。而辛韬的绣着金龙的领带透露出的野心亦使人印象深刻。写作也许就是如此，你不用花太多的笔墨去描写一个人的样貌、品性、穿着，一个细节或是两个词，这个人就这样鲜活而不朽。

书的最后，作者借李元的母亲之口说，"对逝者最好的悼念，不是哭泣和黑纱，是柔和与温馨，甚至是满怀诗意的追思，因为我们从根本上来说，是不朽的"。是啊，我们的原子是永恒的，我们也便是永恒的了。

病毒与美丽，物质与文学，死亡与艺术。

这是我眼中的《花冠病毒》。（高一假期读书笔记征文一等奖）

预约最好的座席

——读《预约财富》有感

高二（24）　吴　一

《预约财富》的八篇心灵疗愈小说正如一面光洁的镜子，把人性的缺点赤裸裸的呈现在读者眼前。

现在席位上坐满五花八门的欲望。

有的人奉迎上司，在某个夜晚敲响自己熟悉的门，笑呵呵的双手送上精心准备的价格不菲的礼品，为的是有机会能爬上更高的位置，把别人踩在自己的脚底下,俯视他们;有的人在生产产品时偷工减料甚至往里面添加不利于人体健康的有害物质,为的是获取更多不道德的黑色的利润,他们还正在因此而偷偷作乐;有的人向往昂贵的高档的品牌产品,即便是在钱花完了之后只能啃馒头或者吃一顿又一顿的泡面度日也在所不惜,甚至是——卖掉自己的器官,为的是满足那如黑洞般巨大且深不见底的虚荣心。

欲望们,正在日复一日的消耗着我们宝贵的体力、珍贵的时间。

一个被所有人蔑视的妖娆的女人,让自己的肝被酒腌坏了,换来了润滑油抹在厂里的经济滑轮上,她也由此成了厂里的大功臣。人们即便表面上开始对她客客气气,但背地里她依旧是大家嘲讽的对象。即使她满身珠光宝气,生活无忧无虑,但这个女人内心渴望的并不是能够供养她奢侈生活的金钱,而是光荣,是像模像样地立在人前头一次。纵然最后只能躺在病床上仰望洁白的天花板发呆,她的内心依旧盼望着那个约定的现实可以到来。但在她唯一敬佩的厂长看来如此高贵的身份怎能向一个这么卑贱的女人弯腰呢?这会成为厂内经久不息的笑话的。所以,高干女病人最后手里一直握着三枚有着黑色大理石花纹的纽扣,象征着女人之约的纽扣。

所谓的"官身不由人",一如既往的虚荣心,让她食言而肥,让她带着遗憾永远沉睡下去,以求让自己疲惫的心休息。

空气凝重的手术室里,全神贯注是操刀大夫的代名词,三心二意则是最大的忌讳。因为在刀下躺着的,是一条病危的生命在静静地等待着白衣天使对自己进行拯救,马虎不得。但是一个关于财富的问题,恰巧让她犯了这个忌讳。一个不小心,却造成了手术室里最可怕的灾难:大出血!鲜红的液体如涌泉般直冲向无影灯,这时才使她醒过神来。一瓶又一瓶的鲜血往里面送,一颗又一颗的汗珠往外溢,终于——病人脱离了生命危险,她也瘫软在地,对那些想给她发财机会的电话全部拒接……

欲望差点让生命走进鬼门关,也彻底让她醒悟过来。

打电话给自己,预约最好的席位留给自己,让心灵卸下沉重的包袱,好好休息休息。(高一假期读书笔记征文一等奖)

致李白

高二(24)　陈英杰

李白,字太白,号青莲居士,一代诗仙。嗜酒,其诗若酒气一呵而就,飘然不群也。太白其人,人若其诗也。太白醉酒当涂,望水中月明如玉,潋滟流光,竟投江抱月而终。余观《唐之韵》之《一代诗仙》,有感而记。

人生在世难得意,醉酒江中揽月轮。

你本九天飘逸客,奈何浊世一浮沉。

闲话李煜

高二(24)　陈英杰

李煜,不只活在自己不到百年的时光里,还要活在千年的文学史里,活在未来之中。

李煜这个名字,淌过千年的历史长河,在暗流的碰撞下,在江涛的冲刷下,与之相关的千年前的欣喜与哀愁被打磨得只剩下一个不可体味的传说。李煜,活在千年前动荡飘摇的河山间,活在千年间文人墨客加注的史书上,活在千年后人们茶余饭后的闲话里。

尼采谓:"一切文学,余独爱以血歌者。"

李煜就是一只在暮色四合里,泣血而歌的杜宇,一声声,啼的是情伤,是家愁,是国恨。

王国维盛赞之:"词至李后主,而眼界始大,感慨遂深,遂变伶工之词而为士大夫之词。"

只怕李煜得知的这份眼界与感慨深得后人盛赞,却是有苦难言吧。

与之伉俪情深的大周后亡故,他作《挽词》道:"秾丽今何在?飘零事已空。沈沈无问处,千载谢东风。"这是他词风开始的转变——机缘是和至爱黄泉碧落两相隔。

昨日是俯视苍生的一国之君,今日却成了他人篱下的违命侯。他的悲痛能与何人说？只好做梦，去梦那昨日欢愉。只是，一觉醒来却又是怅然，落寞地提笔："梦里不知身是客，一晌贪欢。"这是他的"感慨遂深"——机缘是把河山拱手相让与他人。

山是旧时山，水是旧时水，只是朱颜改，物是人非。在那个残月如钩的夜晚，他愁肠百结，低低地喟叹："人生能有几多愁？恰似一江春水向东流。"这是他的"眼界始大"——机缘是与人世艰难困苦相决绝。

文章憎命达。若不是多舛的命运，李煜，或许不是屹立文坛的"千古词帝"，只是那个富贵闲散的"钟峰隐者"，只是那个偏安一隅的南唐国主。谁知道上天的这番安排，可有让他欢喜？

王氏又云："词人者，不失其赤子之心者也。故生于深宫之中，长于妇人之手，是后主为人君所短处，亦即为词人所长处。"

可这样的长短得失，只怕是李煜沦为阶下囚后心中日夜斧凿刀刻之处。不然，他又怎会在旧臣徐铉来探时，说出悔杀潘佑、李平之言？

他也曾盼望自己是位英明国主，少一些文人的软弱敏感，多一些政治家的铁拳铁腕，打理好自己那一方小小河山。

有人评李煜——作个词人真绝代，可怜薄命作君王。

可谁又知道是作为君王，是词人李煜的悲哀；还是作为词人，是君王李煜的憾恨呢？

只是真实的李煜早已逝去，化作天上的一缕魂。他的幸与不幸，后人又如何得知？真实的李煜早已在历史扬起的烟尘里模糊了脸庞，变成了干瘪的、漠然的史书上的几行。

千年风起尘落，后人猜测、揣度，用浅薄的言语，去丰盈史书上关于李煜的寥寥数笔，却再不复当初的李煜了。

李煜，活在千年前动荡飘摇的河山间，活在千年间文人墨客加注的史书上，活在千年后人们茶余饭后的闲话里。（"读名人"征文一等奖）

沉睡的巨人

高二（24） 吴 一

汨罗江面平静得似一面明镜，时时拂过的缕缕微风在水面上轻轻荡起一圈圈的水波。两千多年前的一天,中国最伟大的爱国诗人——屈原,在这里永远地沉睡下去。

但是,这掩盖不住他身上的光辉,依旧闪闪照人。

被公认为中国诗歌之父的屈原,凭借着自己出众的才华、丰富的想象力,结合楚地独有的文化特色,创造了新的诗歌体裁——楚辞,而他也开创了以男女之情来比拟君臣之情的先河,其作品淋漓尽致地体现了他的浪漫主义情怀,辞藻华丽,"香草美人情意"的比喻内涵非常深刻,对后世的文学影响极其深远。

屈原,堪称中国的"浪漫文学鼻祖"。

然而,因满腹才华、明于治乱而被怀王重用于政务的他却遭到小人的算计,被谣诼陷害,终因怀王的双眼被蒙蔽以及他个人本身正直不屈的性格致使"王怒而疏屈平",甚至将其驱逐出郢都,使得他流浪于汉水一带。"君含怒而待臣兮,不清澈其然否"正是其内心满腔无奈及愤慨的体现。渔夫好心规劝,望他莫要深思高举,到头来落得个被放逐的下场实在不值。可此时的屈原却激昂大呼曰:"宁赴湘流,葬于江鱼之腹中,安能以皓皓之白而蒙世俗之尘埃乎!"但是在世人眼中看来,他是愚蠢的。于是渔夫莞尔而笑,鼓枻而去。

"沧浪之水清兮,可以濯吾缨;沧浪之水浊兮,可以濯吾足"的歌声在江面上随着轻风飘荡。

即使只能浪迹天涯而无法实现自己的政治梦想,他也绝不与世俗同流合污,使自身正直的灵魂受到扭曲,让自己高洁的品质遭到玷污。"吾不能变心而从俗兮,固将愁苦而终穷"便是他为自己的人生所许下的誓言。

"长叹息以掩涕兮,哀民生之多艰",即便处江湖之远,屈原也一直心系国家的安危,心存百姓的生死。在楚国最危难的时刻,百姓需要他,君王需要他,祖国需要他。他不计怀王"羌中道而回畔兮,反既有此他也"的前嫌,挺身而出,不辱使命。屈原为祖国所付出的一切,只因他心中始终不渝的热爱以及责任感。

蒙蒙细雨飘在楚国的土地上,也飘在他的心间。白起率兵攻下了自己的国都,梦想破灭,前途从此也一片渺茫,他绝望而无助的目光凝视着郢所在的西北方,"路漫漫其修远兮,吾将上下而求索"的吟咏响彻了整个天地,更刺痛了他的心。

狐死首丘,他抱起沉石,向着西北,怀恨投入江中。

水面荡起一圈又一圈的涟漪,随后又渐渐恢复了以往的平静。

而这位中国最伟大的爱国先驱,这位沉睡的巨人,永远活在后人的心中,"与日月可争光也",永垂不朽!("读名人"征文一等奖)

花非花,酒非酒

—— 简评陶渊明

高二(24) 黄健铭

花非花,是孤傲,是清高。

酒非酒,是逃避,是消沉。

陶渊明年少时即有高雅的情趣,善属文,喜自娱,有《五柳先生传》为证。而及其年老之期,则喜饮酒,好躬耕,唯爱菊花之孤傲。

人言,岁长则目清、耳明。陶渊明亦然。年少时的无忧无虑,中年时的心系苍生,晚年之时则厌世恶俗,此其归隐之因也。

陶渊明自归隐以来,就独爱菊花,何由?

菊,花之隐逸者也。陶渊明借菊花来表达自己的归隐之心,此其一也。然众所周知,菊并非仅有隐逸之心,更有清高孤傲之意。且唯有情之相融,则将爱之其特。"不为五斗米而折腰"岂不为孤傲乎?"悠然见南山"之欣然岂不为清高乎?故陶渊明独爱菊者,有此二因也。

可是,陶渊明却仅有孤傲清高之表,而缺乏孤傲清高之内。

孤傲:孤,古王者之称;傲,傲气满天;即为王者之傲气遍布天下,何其壮哉!而陶渊明的傲,源于何方?因才而傲?不是。俗言乱世出英雄,当时的东晋正处战乱之期,英雄群聚,渊明有傲之何处?整日以酒为友,醉于桃花源,逃避现实之人,怎能以孤傲而立于天下?

清高,清明高雅之意。但以酒度日之人怎会有清明之时,而无清明又何来高雅情趣之谈?难不为酗酒即为高雅?又或是穷徒四壁、趁酒兴而谈天下为高雅?

有人称陶渊明不会一边舔着自己的伤口,一边窥视官场。可是,真的是这样么?若是,又何来陶渊明多次归隐之说,既为多次,则必为官场所用,这又怎么是清高的表现呢?

也有人争辩道,陶渊明是迫于生计而多次出山的,但最后他依然回归了山林田园。是啊,迫于生计而出山真的是一个天衣无缝之由啊!难得世上就仅有官禄可以维持生计了吗?

所以,陶渊明所谓的清高及孤傲,实为名不符实。

清高及孤傲者,应首为百姓生计着想而并非个人生活,更不是整日沉醉于酒水之中以消沉和逃避!

故花非花,酒非酒,众意难一。("读名人"征文一等奖)

一个平凡人的申冤录

高二(24) 黄 婷

做平凡人,明快乐事。——题记

前几月报名参加旅行社,乘坐时光机进行了一次现代之旅。世界已经发生了翻天覆地的变化,我显得格格不入。

旅行中路边有个女孩捧着张试卷嘴里念叨:"采菊东篱下,悠然见南山。"我欣喜不已,"这不是我的诗吗?看来现代人懂我呢!"凑近一看,只见卷上写着我的诗,旁边还附着一道填空题:中国第一位田园诗人是_____。我心寒不已,难道我已变成那生硬的试题,对我的评价也仅仅停留在田园诗人这个层面吗?

我愤怒地回到旅馆,我在电脑上搜索着"陶渊明"。映入眼帘的是成千上万的答复,对我也是褒贬不一的评价。有人说,我是真正的隐者,我笑了;有人说,我酒伴菊花面朝家,我哭了;有人说我是高洁的懦夫,我哭笑不得。我摇摇头,叹息道没有一个人能走进我的心;我仅仅只是应试教育出题老师的钟爱者,仅仅如此。或许,只有我自己明白自己,我就是我,是颜色不一样的烟火,天空海阔,也要做最坚强的泡沫!我只是个平凡人,做自己所喜欢的事,跟着心走!

我承认,我没有做为老百姓享福的事。可是,在那个肮脏的官场中,官位是踩着他人的尸体一步又一步地登上去,争名夺利,玩弄心计。官场似鸟笼,我奋不顾身地钻进俗人眼中最美丽无比的鸟笼,我住了进去,却发现呼吸是如此的痛苦,身心是如此的疲惫。我打开鸟笼,挥挥翅膀,飞向我所向往的自由。富贵非吾愿,帝乡不可期,我只想找到那片慰藉心灵的净土。

我遗憾,我是个不合格的学者,没有用自己学识使天下人活得更好;我是个不称职的丈夫,使自己的妻子辛勤劳动;我不是个孝顺的儿子,没有使父母享受天伦之乐的晚年;我更不是完美的父亲,没有使自己的儿女过上衣食无忧的日子。可我宁愿让遗憾与愧疚跟我纠缠一生,也不愿心累与违背原则,苟且偷生!我只是个平凡人,做快乐事!

如果一切重来,我依然做出辞官的选择,为心而活。不过,我不愿留下千古文章成为家喻户晓的名人,不愿成为生硬的试题,更不愿被世人评价!只愿,做平凡人,明快乐事!("读名人"征文一等奖)

悠悠菊君之我见

高二(24)　姚　倩

无论文人、帝王、游客,对于山水总是有自己独特的见解,这些诗词,映照的是他们不同的思想、才能、风格和气质。而秦皇汉武封禅行为,照出的是他们人格夸大的一面和虚弱的一面。

然而,菊君摆脱偏激选择"在退守中坚守,在坚守中凝望",仅因为当初的一句"归去来兮"。算了吧,立马脱离尘俗走到了令人沉醉使人舞蹈的恬静田野,休息一下,又开始人生的第二段深思。

这样的安置,在又赶又跑的人生中又有何不可?

之所以称陶渊明老先生为"菊君",是因为他成了"爱菊第一人",在他的诗中,菊、酒是最普遍寄托心灵的意象。但酒,凡人诗中皆有,独菊专属其爱。

"高洁的懦夫",一位学生曾在作文中这样评价他。其实不仅是当代学生、老师,甚至一些"学者"也有人开始对他的所作所为进行反思。

"陶渊明如果能够正视并勇敢面对黑暗仕途,多为百姓为社会做些贡献就好了。但为什么要选择隐逸,他就是一个懦夫,陶渊明就是一个高雅的懦夫。假清高,不能勇敢面对人生,只懂逃避……"这样类似的话虽是可能从我们周遭的某些人口中说出。现今的一些人认为自己认识问题有深度,正在拓深,便拿陶渊明的隐逸做了试验品。

然而,这正说明了社会生产力在飞速发展的同时,人们的文化素养却在退化,中国的文化文明不仅是止步不前,而在倒退。

陶渊明,他并非我们这个时代的人,时代背景不同,人们的行为能一样吗?再者,陶渊明的性格适合做官吗?

对,年轻时的他有过"雄心壮志平社稷,修身齐家济天下"的念想。再者,他也是因看透官场伎俩失望而隐退,但那是懦弱吗?他的天性善良淳厚,哪耍得起什么心机什么毒辣手段去适应官场,去战胜贪官,再者,东晋时期并非民不聊生,少他一个官,地球照样转,官场也不会清。

鲁迅尚且弃医从文,为的是医身不如医心,陶老不亦如此?即使他能当好官济天下,也只不过能让百姓生活好一些,但驱除不了人性的贪婪欲望,对功名利禄的热衷,但他的诗,可以净化心灵,他留下的诗篇足以让千千万万的人们的烦琐心灵给空净闲适一席之地。

然而,他的毅然退隐使东晋历史上少了一个官,却在文学史上立起一方千古石碑。

站在今天我们的角度上,说他是懦夫,也未免无丁点道理,但人各有志,其志不在官,在于不显于人前,而远在于另一更广阔的苍穹。你不得不承认,在他的时代,他是那个时代的英雄。

是谁?留给我们以滋润心灵的诗。

那位千古隐逸之宗,真的懦弱吗?真的无高趣吗?("读名人"征文一等奖)

执着的洒脱

——读《归去来兮》后感

高二(24)　廖吉雅

迫于生计,陶潜出任彭泽县令。然终"质性自然"、"违已多病",遂"自免去职",星夜离去,仍"因事顺心"不忘挥笔而就一篇《归去来兮辞》。欣然归家,远离官场,做回阡陌田间一名隐士。每天登山放声长啸,溪流边把酒吟诗,鸡鸣而起,日落而卧,满眼葱绿,岂不快哉!

有人赞陶渊明为真正的隐者;有人羡陶渊明"悠然南山下";有人评陶渊明清高不同流合污。我想借一言道:"小隐隐于野,大隐隐于朝。"陶潜之隐,尚属小隐。

大隐隐于朝,是如徐文贞之隐。高居明朝相位,与臭名昭著的严氏父子同朝十余载,亲眼看见多少无辜的臣子因直言上书弹劾首辅严嵩被逼得家破人亡,牵连无数。他隐忍着,他四面迎合,积蓄力量。诚然,隐于朝,需要的是比隐于野更深沉的城府,更深邃的心胸,更深远的坚持。严嵩权倾朝野时,他作视而不见;待严嵩与嘉靖关系甚疏后,用自己十年磨成之剑,果断出击,令严氏父子一败涂地,借帝怒斩草除根,大快天下民心。徐阶,不愧为真正的隐者,在嘉靖如此多疑又无常的一位皇帝手下,仍告老还乡,寿终正寝,时年八十岁。

陶潜回归田园生活,困于贫苦,六十二岁去世。同是面对黑暗腐败的官场,徐阶选择了直面,陶潜,选择了逃避。他知道的,自己做不到,宁愿做回五柳先生,"园日涉以成趣"。

无可厚非。只不过五柳先生追求的,是质朴,是自然,是不违心意,是不为五斗米折腰。

洒脱如他。自知不是做官的料,学不来迎合他意。也许无法为官报国,无法执政亲民,无法名垂青史,无法立功勋赫赫。他一甩两袖清风,飘然而去。他亦本是一名普通人,他的勇气,不在直面官场腐败,在对向往之事孤注一掷的坚持。他不作假,不违拗,他只愿每日吟诗作乐,做回自己。

他只是没料到千百年后的自己仍为世人惦记,我说他必不后悔。

陶潜,世人褒贬不一,我只最羡,一如既往的洒脱。("读名人"征文一等奖)

诗国牡丹

——观《唐之韵》有感

高二(24)　刘雨晴

中国国花虽一直无官方定论,民间声音却一直是象征富贵的牡丹;中国国粹虽无精确分类,诗歌却必然不会缺席其中。巧的是,牡丹与诗歌声名最盛之时都正是在唐朝,而若要论几千年来哪个朝代发展最盛,当之无愧也是唐朝。

自信开放是盛唐的精神,而这精神在初唐时就已经显露端倪。"海内存知己,天涯若比邻"王勃这不见悲伤的离别一唱正是有着这种精神的支撑。在通讯与交通不发达的古代,要有多么强的自信、多么强的希望与幸福感才敢将天涯看作咫尺,分手不伤离别,自知有缘当再聚首。而同样是送别诗,盛唐的高适所云"莫愁前路无知己,天下谁人不识君"则更添了自信与豪迈,哀婉的离别氛围化为对友人的劝慰,"天下谁人不识君?"浩瀚宇宙中个人如同尘埃一般渺小,谁敢说天下人皆识？可高适敢，盛唐的强大支撑着他强烈的自信。

说到边塞诗，多半苍凉悲壮，但盛唐的边塞诗不同，流血的战争，都透露着建功立业的壮志豪情。岑参"功名只向马上取，真是英雄一丈夫"，在别的边塞诗人开始意识到战争给人民带来的灾难的时候，三十多岁正值壮年的岑参依然怀有满腔的英雄气概，他渴望战争，渴望功名。当然了，边塞诗中也有"胡雁哀鸣夜夜飞，胡儿眼泪双双落，闻道玉门犹被遮，应将性命逐轻车，年年战骨埋荒外，空见蒲桃入汉家！"这样哀叹的句子，李颀这一叹，看到了汉族人民的苦难，也看到了"胡儿眼泪双双落"，其实质不也是盛唐的精神促成了他宽大的胸怀吗？

谈诗、谈唐朝，绝不可以忽略的一个人就是李白。剧集中说：他配合时代的最强音，以惊动千古的气势唱出了'君不见黄河之水天上来，奔流到海不复回'。这是巨人昂首天外，用目光提起黄河滚滚狂涛向海里倾倒才能找到的感觉。正是这个宣言"安能摧眉折腰事权贵，使我不得开心颜"的超级巨人，把盛唐精神上推上了照耀千古的最高峰。他号青莲居士，这是一个浪漫的名字。他的诗同他的人一样，浪漫不羁洒脱狂傲，"天子呼来不上船，自称臣是酒中仙。"只有盛唐才造得出这样的狂人，只有盛唐才容得下这样的狂人。

然而盛唐终究是要过去的，杜甫的诗是盛唐逝去的伴奏，安史之乱后进入中唐，衰败与破乱无法可想，曾经吟着"会当凌绝顶，一览众山小"的有志少年也变成了一个唱着"国破山河在，城春草木深"，"床头屋漏无干处，雨脚如麻未断绝"的暮楚老人。杜甫几乎是伴着盛唐一同离开这个世界的。当白居易唱起"野火烧不尽，春风吹又生"唱来了中唐的生机重现时，杜甫已然身在天国。

唐朝的衰败是无法挽回的，哪怕涌现了韩愈这样的杰出人才，也无法阻挡，但唐诗却在这衰败中开出了新的花朵，它迎来了新乐府运动。诗为民而作，唐诗变得实在，它浪漫的气韵更加内敛，又更加动人。

唐之韵，整个唐朝的韵味全在诗中得到淋漓尽致的表达。初唐承袭南北朝陋习，盛唐奏出时代最强音，中唐再造辉煌，晚唐忧愁伤世。"宋朝以后的诗从创作时，极力想跳进他们的磁场却又无从着手，或是极力想跳出他们的磁场却又无能为力。"这是怎样的一种影响？直到五四运动过后白话文兴起，唐诗的强磁场才被打破，但一代代中国人无不是背诵着"床前明月光，疑是地上霜"而长大，唐诗的美与吸引力时间无法消融。

唐诗，正如同诗国的牡丹，艳压群芳，花开不败。（"眼睛旅行"征文一等奖、载《铜仁日报》20140605）

诗韵华夏

——观《唐之韵》有感

高二（24） 李明慧子

唐，中国历史上下五千年间不长的 290 年，一个以小农文化为主流的朝代；

唐，一个人们思想活泼，言行较少拘束，儒释道三教并存的开放的朝代；

唐，一个封建统治下，唯一一个政治气氛宽松的朝代？

当我们用手指摩挲那一页页有质感的历史纸张时，史学家们用一个个饱蘸赞誉之情的方块汉字，把一个令后人充满无限向往的盛大帝国，推荐在读者的脑海里。

而当我们虔诚地捧起那本被奉为经典的《唐诗三百首》时，吟咏间，汉语之美让我们沉溺不能自拔。

于是，凭借史书、诗集，这传统的朴素的传媒，我们得以回望一千多年前那段绮丽的时光。

那段时光的确绮丽，从大漠逶迤的驼队，到江南潺潺的清泉；从天上之水的滔滔黄河，到一览众山小的巍巍泰山；从承上启下的陈子昂到攀上巅峰的李白、杜甫。一个个是屹立在中国诗坛的巨匠，在这段时光里纵横捭阖，驰骋才力，发抒性灵。

是的，那时光真的太过绮丽，以至于我们苍白的想象无法穷尽。这时，一个个鲜活的音画扑面而来：沧桑大地沐浴于阳光、风雪中，大漠逶迤的脊线上，驼铃渐响，复沓着《阳关三叠》的遗韵。耕牛、纺车、摇曳的烛火……那曾在文学史上被敷以浓墨重彩的篇章，因一部二十集的电视片——《唐之韵》，以立体的姿态再现了那段时光的浪漫气质，在每一个观众的心底撞击出审美的冲击波。

电视语言的魅力在于直观，在于给人耳目同时的震撼。《唐之韵》一开篇，把一个封建时代难得的英明君王——唐太宗隆重介绍给观众，我们的思绪随着镜头里那座已成土堆的"昭陵"拓展开去。贞观之治、开元盛世……一个帝国终于屹立在中原大地。而成为唐代这个中国历史上最令人骄傲的帝国的最强音的，不是金戈铮铮，不是铁蹄踏踏，不是管弦，不是丝竹，而就是唐诗！

中国是一个诗的国度。唐诗是中国五七言古今体诗的高峰。每一个学中文,读过中国文学史的人都有这样的常识。然而,如果这个常识仅以常识存于我们的记忆之库,它会理性得没有温度,没有质感。可一部电视片,用一个个实在的画面,用我们谙熟的那首《阳关三叠》,用翔实的文学史料,用精当的文学评论,恰如其分地烹调出一道审美的饕餮大餐。

什么是盛唐之韵?解说词中一首首耳熟能详的诗歌是韵;解说词列出那一位位诗歌巨匠的气质是韵;解说词描绘的山川江河是韵……而贯穿于每一集的背景音乐更是韵。

韵,在视觉角度,是色彩的和谐流畅。在电视片里,中原大地的黄土,黄土地上的葱茏,葱茏之间的诗意盎然……韵味在眼睛里一点点聚焦。

韵,在听觉范围,是音声相和,是轻吟慢咏,是天籁之希。《唐之韵》的背景音乐仅是《阳关三叠》及其变奏。厚重的钟磬箫鼓一次次敲击我们的胸膛,一次次舒展我们的呼吸。苍茫大地为这韵律而肃然,为这韵律而击节、而踏步……韵味在耳朵里一声声入扣。

无须再赘述那一位位诗人,一部文学史里,我们早与他们握手;无需再念出那一句句华章,一部全唐诗选,我们曾经、永远把它们吟唱。但,当唐代那段辉煌的历史,和诗歌联姻,唐诗在千年后与现代媒体——电视联姻,幸运的便是我们!

在音画俱美的《唐之韵》中,领略千古唐诗的风骨,把《唐之韵》这样的优秀电视读物推荐给爱诗的人,让"唐三彩"般绚烂、《阳关三叠》般空阔的韵味,弥漫在我们的心间。("眼睛旅行"征文一等奖)

踏入千年诗韵,回味万古朝堂

——观《唐之韵》有感

高二(24) 罗珺彦

自氤氲似雾的朦胧烟雨中苏醒,自浅吟低唱的紫檀琵琶里踏歌而来,自熏熏意蕴的醉美西湖边默默凝望,自己仿佛只能沉睡于此,浓厚书卷气息带给我魂牵梦萦的另一个世界,见证古诗的蜕变过程。

说起古诗,大家第一想到的当然就是唐诗,它与宋词并列,但永远保持着一份朴素不乏神秘,独特的魅力令后人神往,真正翻看唐朝历史的画卷,诗韵从剑鞘中跃出,用它的魄力,直指珠峰。用一分柔美、一分刚烈、一分幽香,留得七分让后人品味。

《唐之韵》这部唐诗的简史,以它平实的叙述,唤醒了炎黄子孙心中那份对唐诗的亲情,使唐诗化为一种精神,甚至成了我们民族精神血液的一部分,开篇用毛笔书写的"唐之韵"更是彰显了中华民族一种恢宏浩荡之气。

苏醒了,唐朝,你揉着惺忪的睡眼,骄傲地爬起来了。初唐的诗坛,是年轻人的舞台,他们一个个英气勃勃,从上而下,由内而外散发出一种磅礴之气,四杰抖了一下身子,便让天下为之震撼。

王杨卢骆,四位短命的才子,他们的能量虽然有限,但先声夺人,互相呼应,经过一番纵横驰骋,开辟唐诗之路径。王勃的惊世之作便是《滕王阁序》,全文点睛之笔当数"落霞与孤鹜齐飞,秋水共长天一色"所营造的恬美意境,那江水的盈与天际的阔交相辉映,此文虽属于即兴而作,却在历史上留下了浓重的墨迹。四杰各自以斑斓的色彩装点着初唐的百花园。

回味唐朝,诞生了口吐半个盛唐的诗仙李太白、有忧国忧民的诗圣杜甫安家草堂在此、诗佛王维创立了水墨山水派、有咏史大诗豪刘梦得阅尽沧桑变化之后的沉思……这也许是由于李氏家族的宽松政治、又或许是由于科考的动力、国人追名逐利的心态。总之,古代诗歌是在此时达到了创作的顶峰,只有真正把生命交于诗歌的人才能创作出陶冶民族情操,匡正民族精神的传世之作。

唐朝只是一个开始,正如初唐引出了盛唐,全唐引出了现世,诗歌的灵魂还在传承、创新、升华。《唐之韵》掘出了唐诗的内涵,诠释古典文学作品中的经典,使唐诗的生命得以延续,深深烙在炎黄子孙心底,经得起时间风雨的侵蚀。

("眼睛旅行"征文一等奖)

读《文化苦旅》有感

高二(24)　田瑾婷

从前我一直认为大多中国文人著书不是卖弄华丽辞藻就是小题大做,无病呻吟,可余秋雨的《文化苦旅》却改变了我的看法,在"文化苦旅"中,我体会到了历史的冷漠和理性的严峻。

（一）道士塔

"这是一个巨大的民族悲剧，王道士只是这出悲剧中错步上前的小丑。"

在第一篇——《道士塔》中，作者通过王道士的动作、想法，展现了一个中国平民，但他却是个犯下文化重罪的千古罪人。当时中国人文化意识的淡薄和官僚制度通过王道士这个小小的载体展露无遗。

"中国的专家没有太大的激动，他们默默地离开了会场，走过王道士的圆寂塔前。"

"中国的专家"代表了当今有觉悟的中国人，面对遗失的文化珍宝，只有"知耻而奋进"，通过各种方式找回我们被他人剪裁掉的民族记忆。

（二）莫高窟

"艺术的长廊和观看者心灵的长廊，历史的景深和民族心理的景深。"

说是记游，不如说作者在莫高窟参与了一个盛大的仪式。看着被神化的人性的造型，却又被造型引发出人性，是聚会，是狂欢。为了听佛教故事，为了学习绘画技法，为了历史和文化，人们带着不同的目的而来，而最后却都能满载而归。

"我们是飞天的后人。"

在历史的洪流中，我们的责任与使命就是继承文化传统，推陈出新。"飞天"的梦想早已成为现实，祖国的腾飞离不开千千万万人凝聚的自信心。

（三）阳关雪

"这繁星般的沙滩，不知有没有换来史官们的半行足迹。"

"袒露出一帆风干的青史。"

"即使是土墩，是石城，也受不住这么多叹息的吹拂，阳光坍驰了，坍驰在一个民族的精神疆域中，它终成废墟，终成荒原。"

"身后，沙坟如潮，身后，寒峰如浪。谁也不能想象，这儿，一个多年以前，曾经验证过人生的壮美，艺术情怀的弘广。"

古诗中的"阳关"成了今日残破的荒原，历史的演进终究是不断发展与变化的。时代巨轮碾过阳关。

"劝君更尽一杯酒，西出阳关无故人"。阳关记载着一些文人的人生轨迹，见证着战士的生命意义，而今成墟，时过，境迁。还好那群山依旧在，只是那片片雪花太过轻易，承不住历史的厚重，只得落下，落下。

（四）沙原隐泉

"动用哪一个藻饰词汇，都会是对它的亵渎。"

"给浮嚣以宁静,给躁急以清冽,给高蹈以平实,给粗犷以明丽。"

隐家隐于沙漠中,亦可隐于人们心中。

老尼的孤守看来谬不可取,备来显得造作,可此中的真意却是——隐,隐,那就是浮世中求得内心的平静。

谁说此弯泉水不该隐于浩浩黄沙,谁说此位老尼不能独居小丘之下?当听够了世间那如狂风卷起黄沙般呼啸的纷纷扰扰,何不借之、弯清泉洗净耳根。

隐而求静。人,静而后安,安而能得慧。

(五)柳侯祠

"面南而坐的帝王时不时阴惨一笑,御笔一划,笔尖遥指这座宏大无比的天然监狱"。

"悲剧,上升到滑稽。"

"中国,太寂寞。"

朝廷的御批不是将柳宗元请回京做官,而是将他发配到整个被原始森林笼罩的"天然监狱"。

长途颠簸并未让他忘记自己是谁,朝廷剥夺他作为一个文人的文化人格的阴谋破灭。

可他也难过,迷惑。在这个封建时代,文人?官员?该如何实现自己的价值呢?

路过汨罗江,他想起了屈原。此刻的他,心情与那准备结束生命的屈原毫无差异,可他是柳宗元。消沉过后,他利用这个小小官职,挖井,办学,种树,修寺庙,放奴婢……无关所谓"政绩",只求无愧于心。

柳州,柳侯祠。47 岁的他因劳累而离世。

他倒下了,纪念他的石碑却立了起来,固执地立着。

(六)白莲洞

"在长时间的静默中,3 万年光阴悄悄回归。"

"凶猛的野兽被一个个征服了,不少伙伴却变成了野兽,千万年来征战不息。"

"人类有文字才数千年,而在无文字的天地里却摸索了数十万年。"

这世界上有许多关于"洞"的故事:水帘洞、黑洞、武陵人误入桃源的小洞,基度山伯爵安排盛宴的山洞,爱丽丝梦游仙境不慎落入的树洞,神话传说里神仙住的仙洞……而这个白莲洞,是旧石器时代的文化遗址,是中国第一座洞穴博物馆。

很多很多年前,人们用尽了所有图腾和语言去描写一颗葡萄有多甜美,人们结了许多绳结记录万语和千言。

当星宿都沉默,山岳托起弯月,荒原上燃起的篝火终于只剩青烟,而文明,却没有熄灭。

白莲洞,是人们深层意识中的回归,归于文化开始之前。当第一个人走出白莲洞,他开始思考"我是什么","为何存在"时,他便开始了真正的进化,有了思想,他再也不用作为最像人类的猴子而存在。

……

作者将所有的片段汇总,将它们取名为"文化苦旅"。

为何而"苦"? 因为作者是一个有良知的人,一路上,他看到了"文化",更体会到了被破坏,被忽视的文化,他把历史与现实揉在一起,想到了"文化"苦难的前世今生。

在时间的远方,在古老的典籍里,在脆薄的纸页间,作者收敛地,沉静地,不事张扬地写下他的爱与深思。他爱优秀的文明,他爱团结的民族,他思考着那些该被后人铭记却已经被抛弃的文化。("眼睛旅行"征文一等奖)

莲有并蒂,人有双赢

高三(24)　刘彦君

最爱暮色四合的时候,浅墨将浓的夜空便化为一袭浮动的帘幕,一点点闪映初呈的颜色,尔后光亮晕开来,娓娓叙述一个凄凉的故事;

最爱水光接天的时候,盈盈的波迹漾得远去,慢慢地,茫茫的,模糊了一条边界,就倒灌进天上,冲荡出几片云朵,又白白落入水中,放牧至波光深处;

最爱风舞松下的时候,绝巘顽石凝固挺拔的苍翠,扶摇一蠹向天豪气,而簌簌铿铿即起破之势,不畏飞沙走石肃响,自缀灰尘黄土间灵动傲绿。

爱此和谐,爱夜与星、水与天、松与石的相依存在相伴美丽,爱他们的不便分割不应分隔,有如莲开并蒂,芬沁怡人。

大多数时候,人与人的关系也正如物与物之间的关系,虽然个体差异导致竞争不断,难有和谐,却可捉住几丝绝妙的联系,绘出一幅完整美丽的图画。

不及项羽之英勇,不及曹操之圆谋,刘玄德一生最值得赞赏的,该是远山密林中不声不怨猥自枉屈的茅庐三顾所体现出来的知才之虚。他折服了孔明的心，便也折服天下大业，从几里亭沙，迈入宫壁辉煌。从此略谈，是孔明成就了玄德。然而，"大梦谁先醒，平生我自知"，在无数个知己醒梦人未至的日日夜夜，孔明，不过是一个酣放在乡野的村人，躬耕田土，间或琴啸林间，皆时兴罢了，终饭饱而食，无为过活。他只卧着，唯被玄德发现了是龙，从此满腔抱负满腹经谋终可大展显现，盛名于古。何尝非玄德成就了孔明呢？

此中绝妙的联系，是相知，合作，同行，人间的并蒂莲花，有双赢之芬芳。

还记得那个后悔莫及的农民吗？自以为有了可以得到高产的麦种不愿与别人分享，却正因如此被普通花粉阻碍了预期高产。如同隔岸观火终被强秦一一灭掉的六国，如同吝啬一时帮扶最后累死驴子额外负担货物与驴皮的马。

不慎独，不和谐；不协作，不双赢。

淡去夜的黑愁，略掉星的渺小，唯爱暮色四合；

淡去水的无形，略掉天的无踪，唯爱水光接天；

淡去松的孤执，略掉石的荒芜，唯爱风舞松下。

莲有并蒂，人有双赢。（载《西部开发报》20150409）

《无题》

高二(24)　简爱春

二月

打着花伞飘然离去

昨天的梅

今天的雨

相拥着美丽

日出日落一样的昏黄

不知那一声犬吠

唤醒的可是春天

柳条摇曳着旖旎的步伐

轻轻饮落

谁在湖边聆听

聆听泥土的喜悦
谁在呼唤春天的灵魂
叫醒昨夜温润的唇

（"现代诗歌"写作一等奖）

过　年

高二（24）　简爱春

一年又一年
年,就真的老了
从我的记忆里
从我生长的白发中
老房子也老了
我已十多年没有打扫
没有贴过春联
没有回去在那里住过
我离家似乎越来越远
在遥远的地方漂泊着
用沉默对付沉默
用寂寞交换着寂寞
我用一杯酒与父亲对话
我们嘘寒问暖
我大声地问父亲
那边过年,快乐吗…

（"现代诗歌"写作一等奖）

自 省

高二（24） 田 瑞

日上三竿应早起，
可怜周老把棋摘。
犹今梦想迷蒙在，
朽木何时顿悟开。

（古诗词写作一等奖）

诉衷情

高二（24） 田 瑞

初春私语诉离殇，
愁满梦中霜。
言及去日重载，
尘暗远乡茫。
思往事，
惜流芳，
悔埋藏。
若能归远，
人已断肠。

（古诗词写作一等奖）

登山有感

高二（24）　刘雨晴

仙山遥望入云端，长路十里攀登难。
欲往云中寻织女，共赏人间二月天。

春

人说春已为客久，未觉春风暖人心。
满园春色浑不见，唯有梦里画春形。

（古诗词写作一等奖）

水雾江色

高二（24）　刘彦君

烟草一川平，江披雾缕衣。
曙光穿露色，明里半妆迟。
消雨乌篷野，沉声渡摆移。
随城飞絮尽，不晓夜歌齐。

（古诗词写作一等奖）

（思邛：指贵州的思南、印江两县）

桃源铜仁

高二（24）　陈英杰

珙桐沅水啼鱼跃，书墨思邛骚客乡。

梵净桃源人避世,千秋不论汉和唐。

(古诗词写作一等奖)

《后天》观后感

高二(24)　柏青青

看完《后天》,感觉并没有多深的震撼和感触,因为我总觉得我们的环境总还没到那种无法挽回的地步,那种危机感还不是很强烈。而事实上却是,每天都在有天灾人祸,每天都在上演极端天气,每天都有多少人为此付出生命,寥寥数语,我想说明我们在乎过我们的天气吗,末日离我们如此之近,然而我们却高估了地球的承载和自己改变世界的力量。

不妨试想一下,我们还有多少个后天可以挥霍,有多少个后天可以虚度浪费,还有多少个后天可以消磨拖延,我们还在回忆,我们还在畅想未来,畅想一百年后的世界会是什么样子,却始终不关心我们的现在。

我不明白导演为什么要将这部影片取名为《后天》,按照惯常思维,昨天代表过去,今天代表现在,明天代表未来,而后天到底代表什么呢? 我找不到答案,但这部影片所要表达的,无非是,再不醒悟,我们日益恶化的环境将显现它大自然的摧毁一切的力量,那将势不可挡。

当然,在这部影片里当然还体现了人类的高尚的品德和伟大的精神,剧中父亲在最后兑现了他的诺言,救出了他的儿子,尽管他在放下电话的那一刻他不能判断他的儿子是生是死,但还是决定冒着冰冻风暴的危险,踏上救子之路,因为那是承诺,一个父亲对儿子的承诺,因为承诺,父亲这一形象得以永恒和神圣,同时,在奔赴纽约的路途中,他的伙伴放弃了生命,为了成就更多的生命活下去,还有一个伙伴冻晕了过去,成了他的累赘,他却没有放弃他,依然拖着他艰难前行,我在想,如果当时他把绳子割断,丢下他,也许他能更快到达纽约,更快救到儿子,然而灾难面前不抛弃不放弃,正好帮助了他找到他的儿子,如果没有他朋友利用仪器寻找图书馆,也许他的诺言无法兑现。

剧中还有那位伟大父亲的妻子,相比之下,她那里的情况要安全得多,风暴还未到达,然而情况在恶化,她们不得不离开,因为她是一个小患者的医生,她始终不能丢下他独自逃命,她的同事离开了她,那是值得理解和原谅的,灾难面前谁都想要活下去,最后只剩她一个了,她们还在等那未知的救护车来援救她们最后一批逃难者,最终,车子来了,她们能够继续活下去了,其实这又是对生命的不抛弃不放弃,是医生对患者的不放弃,是救护员对逃难掉队的人的不放弃,这样的不放弃,真的足以感动千千万万因为生活逼迫无路可走而寻短见的人的震撼和醒悟。还有一幕就是,这位善良的医生在丈夫即将踏上救子之路时,她的情感的最直接的最真挚的表达,I love you. Tell sam I love him. 其实这样煽情的话语不一定要等到末日在去给你爱的人说,因为我们不知道哪一天会是末日,如果没来得及说,势必会留下终身遗憾,它告诫我们,爱,需要表达。

还有一个不起眼的人物,他在剧中是个邋遢的乞丐,受人排挤,身份低微,走到哪里都是被拒绝的,这无疑反映了我们当前存在的社会平等的问题,他同样为人,有作为人的权利和尊严,面对人们蔑视与唾弃,他似乎早已习以为常,然而他最后能够活下来,因为他做出了正确的选择,同时他拥有一颗善良的心。生命在每个人面前都是平等的,无论你的穿着,你的身份,你的知识,等等的一切,就算是乞丐,他也有他追求生的权利。当然这部电影中还有很多的细节值得我们回味,比如那个老师在末日面前对于人类文化的保护,你可能会觉得他太过迂腐,但是正是因为这些文化,人类才得以进步,得以知道自己,了解自己。还有 Sam,始终坚信自己的父亲会来救他,同时凭借他的勇气和智慧拯救了女友和朋友的生命,灾难过后赢得了女友的芳心,他的行为的确也值得我们钦佩。

人生之中有很多选择,大多数时候我们会跟随别人的选择,以为走的人多的路,一定是好走的路,但后天告诉我们,那是不一定的,那个警察误导了大多数人,他们选择错了,使得他们最终走向死亡。所以,我们永远要做正确的选择,也许,那选择不被理解,也还未知,但始终要相信自己。

关于后天,还有很多很多的感受不能够说得全面,说得详尽,说得到位,但它的确是一部能引起我们思考的影片,无论是气候还是我们自己,都值得我们去重新定位,值得我们去反省自己,在那样的情况下,你是选择抛弃别人以谋求自己生的机会,还是坚守那一份人性的光辉!(载《铜仁日报》20140213)

明天的明天

高二(24) 吴 一

你是否曾想过有一天我们的家园被飓风侵袭、被汹涌的海水淹没的场面？你是否曾想过某一天我们的亲人或者是我们自己被大自然无情的夺去生命的时刻？我们是否都意识到地球的环境远比我们非常重视的经济要脆弱得多？我们是否都感觉到大自然正在以它自己的方式在警告人类？

明天的明天，我们是否还会像今天这样安然无恙？

电影《后天》讲述了未来世界由于温室效应使全球变暖、气候变异，地球陷入第二冰河期的故事。

那电影里一幕幕的场景仿佛如真的一样从我眼前不停地闪过，每一次闪现无不震撼我的心灵：纽约在一夜之间由炎热转变成了严寒，自由女神像在狂风暴雨中摇摇晃晃、曼哈顿的街道被海水覆没、好莱坞的标牌被龙卷风绞碎、欧洲被冰天雪地覆盖、东京下着有如橄榄球般大小的冰雹将路上的许多行人砸倒在地……

影片中的美国副总统正如我们现实生活中的许多人一样，是个以发展经济和工业的"科学盲"，因此他对不但对杰克的研究结果大为驳斥，而且对他的建议不予以任何考虑。

自大的人类总以为他们有能力去面对去解决将来可能会出现的一切困难，因此他们总是秉持着自己那自私的态度毫无节制地开发、挥霍和抢夺地球上可以利用的一切资源：被称为"地球之肺"的热带雨林正在以每秒消失一个足球场的面积的速度从地球上销声匿迹；水和石油如今甚至成了许多国家之间发生武装冲突的重要原因……人类正面临着前所未有的关于能源即将枯竭的巨大挑战。同时森林的减少正促使着沙漠对土地的无情吞噬，燃烧石油和煤等一次能源所排放出的二氧化碳加剧了全球气候变暖，还有其他有害气体正在污染人类赖以生存的空气资源……

如果我们对越来越多的环境问题以及灾难熟视无睹并继续这样发展下去的话，也许，在 XX 年之后，电影里的那些画面将会成为我们自己的周围的真实写照。

也许,就在明天的明天。

在《后天》中,美国难民因为美国政府宣布免除对墨西哥的全部债务才得以到墨西哥避难,而那位英明的宣布立即向南疏散北纬40度以南的所有美国公民的总统先生却在最后一队前往避难营的飞机中不幸遇难。

曾经执迷不悟的副总统,坐在美国大使馆改造的临时国务院中,对着镜头向全部人民做演讲致辞:"We were wrong, I was wrong."

"我们错了。我错了。"

明天的明天,我们还能否像现在这样泰然自若地看着这一部部关于末日劫难的电影?(载《铜仁日报》20140220)

明天过后

高二(24) 陈英杰

其实多年前就看过《后天》这部片子,当时留在心头的唯一印象就是恐惧。它不是一部充斥着外星人、生化危机、超能力的超级英雄拯救世界的好莱坞大片,但却让人从心底感到对未来的恐惧。

影片由杰克、弗兰克、詹森经历一次冰架开裂的危机展开,冰架裂开的狭长缝隙以及缝隙尽头的夕阳余晖,似乎在预示着一个时代的终结。

很快,画面转换到新德里的联合国全球变暖会议上。杰克指出全球变暖会影响北半球洋流的循环,导致下一个冰川期的到来。众所周知,北大西洋暖流与欧洲及北美东部温和的气候密切相关。影片借杰克的口从全球变暖导致北极冰山融化,大量淡水涌入北大西洋,致使北大西洋暖流的补偿流减弱,整个洋流循环变缓以至停止,推测整个北半球将会变作冰雪世界。这无疑是一场灾难。正是这种光影世界与现实的紧密联系,让人不禁冒起冷汗:"《后天》是否真的会来临。"

临近影片结束时,一直为了经济而忽视环境的副总统召开发布会,他说:"一直以来,我们相信我们可以无休止地浪费自然资源而不会带来任何后果。我们错了,我也错了。"

这让我开始思考:"我现在所做的,是不是错了,不久之后,我或者我的子孙,会为我今天的所作所为付出惨痛的代价。"

《后天》中没有像开了外挂打怪的超级英雄，只有一群普通人，而我们都是普通人。灾难来临时，我们或许是山姆、是劳拉、是露西、是杰克、是弗兰克、是副总统。灾难之前，我们或许都抱着副总统当时的念头——无休止地浪费资源、破坏环境，不会带来任何后果。

《后天》可以说是当头棒喝。在《后天》中，生命显得如此脆弱。我们或许会被上涨的海水淹死、或许会被极度的寒冷冻死、或许会被掉落的冰雹砸死……有太多的或许可以让我们丧命。生命在大自然力量的掌控下，如蝼蚁一般，甚至连蝼蚁都不如。但正是它这样脆弱，所以更能让我们感受到它的珍贵。

就像在新德里的那次会议上一个人问杰克：

"你认为这种情况什么时候会发生，教授？"

杰克回答：

"我不知道，也许一百年后，也许一千年后……"

只是如果我们不及时行动，也许《后天》就是明天过后。

作为一部灾难片来说，让观众感到这种恐惧，从而唤起人们对环境保护的重视，《后天》已经成功了。

不过，就如导演罗兰·艾默里奇所说"我喜欢灾难片是因为它讲述了普通人在非常情况下必须做出一些他们平常不会做的事情"，《后天》也绝不仅仅是精彩特效的堆砌，它是一场光影世界的饕餮盛宴，更是一件挖掘了人性闪光点的艺术品。尽管，我们不难从中找到一些对社会的讽刺，但，在影片令人绝望的灰色基调下，我们感受到更多的，反而是面对黑暗的决心和勇气，以及希望的火光。

杰克对山姆的父爱；山姆救劳拉的勇气；劳拉帮助法国母女的善良；瑞博森一行人为研究冒险留在苏格兰的小研究站里；弗兰克、詹森舍命陪杰克北上；露西在风暴即将来临时决定陪在自己的病人身边；那辆赶来救露西和病人皮特的救护车；甚至是流浪汉对自己的狗的那份不离不弃……

在《后天》里，没有拯救世界的英雄，他们都是普通人，但正是他们这些普通人在非常情况下做出的这些事，最最令人动容。影片《后天》正是借着他们这些普通人，展现了亲情、友情、爱情、对陌生人的友善，甚至是对全人类的付出这一系列宏大的命题。

影片中不乏让人哽咽地情节，但最令我印象深刻的，莫过于瑞博森三人被困于风雪之中的一幕。

瑞博森的助手告诉他们俩："已经没有燃料了。"

另一人取出藏在书后的酒问道："可不可以用这个做燃料？"

瑞博森一脸的不敢相信："你发疯了吧，这可是藏了 12 年的威士忌。"

本以为这是导演对于研究者的一次调侃，谁知瑞博森拿下了架子上的书，后面是三个玻璃杯。三人相视而笑。

他们斟了酒，举杯：

"为英国。"

"为全人类。"

"为曼联队，干杯！"

他们明明知道，留在这里有多危险，却将家人安置好后，毅然留了下来。看见直升机接英国皇室去避难的新闻时，助手问瑞博森：

"你说，他们会派直升机来救我们吗？"

瑞博森几乎没有考虑就回答：

"不，不会。"

他们知道接下来会有一场多么恐怖的灾难，也知道没有人会来救他们。但他们为了人类文明的延续，留了下来，获取资料、研究、分析，为大多数人的逃离赢得了更多时间，自己却错过了撤离的时刻。

杰克与瑞博森通话时，杰克说：

"博士，是时候离开了。"

"已经来不及了。"

"我们能做些什么？"

"尽可能多救些人。"

他们的身上有一种大无畏的东西令人动容。尽管不是主角，甚至在长达两小时的电影里只有几个镜头，但他们那种面对灾难，可以逃离，但为了英国、为了全人类、甚至是那句看似调侃的为了曼联队，也可以平静地接受死亡降临的精神，让他们闪耀着独特的光辉。

喝完酒，黑人助手说：

"我真希望能看着儿子长大。"

"他会长大，这才是最重要的"

接着燃料用尽，陷入一片黑暗。

"阿门"！（"眼睛旅行"征文一等奖）

明天之后

——《后天》观后感

高二(24) 唐塬钰

立春后的气温反而骤降,忽晴忽雨的天气像人的心情一样反复无常。新闻里说于田地震了,忽然想到2012年的"末日预言",转眼已是2014,但各种自然灾害却只增不减。我常担心人类在发现外星生命或被外星生命发现前就已经灭亡了,就像恐龙在地球上彻底绝迹一样。在过去的某一时期里,我们曾以为我们能征服自然,于是大规模地砍伐、挖掘……后来,自然忍无可忍,给了我们一个教训。这个教训一直持续到今天,可我们的破坏也从未间断过。

我并不是个悲观主义者,但对这样的话题我却怎么也乐观不起来。《后天》里有这样一句话:"人类已经渡过了上一个冰川时期,我相信人类仍然有能力渡过第二次。"嗯,人类确实很有能力,但最好的结局并不是在纽约还有人生还,而是没有那可怕的风暴发生。电影虽然只是个故事,但别忘了电影来自于生活。《后天》里萨姆一行人获救了,但半个美国死亡了;《2012》里宇宙飞船载着各种身份、各种肤色的人起飞了,这看起来美好又温馨,但并非全人类都获救了。所以所有的这些故事都是悲剧,是人类的悲剧,却还不是最大的悲剧,最大的悲剧是——把美毁给人看。当电影里的主角们登上直升机看着窗外的纽约时,他们是百感交集的,因为有人仍在继续获救,而繁华美丽的纽约,却消失了。

电影还给我印象深刻的是一直被美国欺压的贫穷的拉丁美洲,他们在美国无处可逃时愿意接纳带给他们贫穷和苦难的对象。也许这个情节不真实,但它给整个电影添了一笔厚厚的人情味,已足矣。看完整部电影后心情很沉重,但突然想到这个情节时,我看着灰灰的天空,感受着湿冷的寒风,突然对这个世界的理解更深刻了一些——这个世界,没那么美好,但也并非那么糟糕,总有很多人,用善意回报世界,用宽容原谅掠夺。

也许某天,我们的子孙会说:"明天过后,我们人类就消失在宇宙了,世界末日最终还是来临了。"或是说:"明天之后,还是晴天呢! 我们去放风筝吧!"我希望是后者。("眼睛旅行"征文一等奖)

拖延症

——观《后天》有感

高二(24) 刘雨晴

这个世界每一天都在变得更糟。——引语

整个北半球被冰川覆盖,气温骤降13摄氏度甚至更低,海啸、飓风,地球再次进入冰川期,整个儿一场大灾难。当我真正看见那万里冰封的世界,眼看着人类的一切智慧成果在飓风海啸和冰川中消灭殆尽,却再也吟不出"望长城内外,惟余莽莽;大河上下,顿时滔滔;山舞银蛇,原驰蜡象,欲与天公试比高"的豪气,我所能感到的,只有那冷水和冰层冲破屏幕带来的无穷无尽的冷意。

我们早知道世界末日会来临,从我们开始进入工业文明的时候,也必须意识到我们正加紧走向末日。可我们不知道它什么时候来,只是像一个临近的幻影,在世界末日的幻影与经济繁荣的泡沫中,我们总是选择后者。电影里美利坚的副总统面对科学家杰克的理论说:"你要知道我们的经济跟我们的环境一样脆弱。"可我们从来没有料想过,世界也许比想象更糟,末日或许就在明天。

电影中除了灾难的大场景,还有些细微情节令人印象深刻。

女主角在惊涛骇浪中逃跑受伤,却选择了帮助外地人获得救援;流浪汉曾被公共图书馆拒之门外,却教给大家如何用纸张取暖;塞姆的妈妈留在医院陪伴患病无法离开的孩子;塞姆和伙伴了为了取得药品与狼共舞;塞姆父亲的搭档从安全的地方陪他去救塞姆共赴灾难,在最终的太阳之前,他们并不知道自己的生命能否继续,可他们没有放弃,他们在用微小的力量抗争,甚至保护所爱的人。而大家在图书馆抵御寒冷侵袭的办法就是烧书,记录人类文明的书籍啊,就这样付诸火焰中,可是若人类灭亡,知识留下又有什么用?

在灾难中,我们有车却走不了,我们有钱却买不了安全,我们有房子却抗不了飓风,我们有食物却熬不过等待,我们有发电机、有石油,可是又能怎么样?我们只能依靠自己的力量,依靠朋友的力量,依靠自然的施舍。每一分钟的生命延续,都是自然的施舍。

我们从小就懂得说"保护环境,人人有责"这样的话,我们懂得节约水电,植树种草的道理,到后来我们知道了全球正在变暖,我们也懂得要减少排放量。是了,我们从小就知道许多道理,与天斗其乐无穷,可是所有人都知道我们应当与自然和谐相处。我们高歌大自然是我们伟大的母亲,可我们从未停止对她的掠夺。每个人陷进追逐利益的旋风中,却在保护自然的问题上共同患上了严重的拖延症。一个又一个矿井,一辆又一辆汽车,一幢又一幢高楼,一台又一台空调,地球母亲总是旧伤疤未好又添上新伤。当环境学家告诉我们有多少物种正在消失,大气层破了大洞,地震变得频繁,海平面又上升了多少,哪个海岛国正在举国迁徙的时候,我们在干什么? 我们只会躺在空调房里说:"让我们携手保护自然吧!"然后在安逸中昏昏睡去。

当我们从睡梦中醒来,当我们的拖延症痊愈,当我们不再沉溺在咬手指头思考是否真的应该保护自然而是就这样去做的时候,也许一切都好了。

可是,地球会等我们吗?("眼睛旅行"征文一等奖)

《暖春》观后感

高二(24)　王洪梅

爱给予我们勇气、力量与信心,能助我们一次次战胜困难并将继续战胜可能出现的新的困难。

看完《暖春》后的感受,感动二字足矣。电影中那一幕幕场景不时浮现在我的脑海中。

在一个贫困而偏僻的小山村里,一个瘦小的女孩,手中紧紧攥着一只纸风车,惊慌失措地跑进一个野山村口,暑气逼人,女孩晕倒在村口。她叫小花,是一个孤儿,被一对狠毒的夫妇抱养,受尽折磨,趁人不备她跑了出来,幸运地被一位老爷爷收养。善良的老爷爷生活十分贫困,再抚养小花,那便是雪上加霜。更糟糕的是,爷爷的儿子和儿媳也不愿收养小花,千方百计地想要抛弃她,但老爷爷用他宽厚而温暖的胸膛顶住了各种压力,坚持把小花培育成人,最后终于苦尽甘来。

最让我感动的是老爷爷对苦命的女孩那种无畏不惧的爱。面对这个孤儿,他用暖春般的善良、真诚,爱护和关怀她,感染着周围的人。

这部电影很美,美在哪儿呢? 美在那油绿的山野,美在那心地善良的朴实乡亲,更美在小花对生活的忠贞不渝的追求。这个朴素淡雅的小姑娘,她的行为感动了曾经铁石心肠的梗娘,也感动了我们。

这部电影还美在爷爷不顾穷苦,不顾反对意见的供养小花,让她上学;美在乡亲父老感动于爷爷的决心和坚持,纷纷拿出自己的劳动成果帮助这一老一少;美在三十四年前爷爷收养的现已长大成人的"儿子"的下跪,感恩和悔悟充盈心中。

他们一次次震撼心灵的朴实,一次次对别人献出无私的爱。他们用实际行动证实了人间自有真情在。他们不是亲人,却胜似亲人,他们用爱告诉我们生活中比血还浓的是人与人之间的真情。

人间自有真情在,真情暖人心。("眼睛旅行"征文一等奖)

雪融化后就是春天

——观电影《暖春》有感

高二(24)　李明慧子

无望的夜晚,无数自认为孤寂落寞的灵魂在嚎叫,安逸而腻味的生活,我们开始简单地挖掘自己的内心,因为心灵才是最后的归属。张艺谋、陈凯歌,意念、感觉、领悟、虚无地填充着整个空间,真实清晰的故事主线遭受的往往不仅仅只是摒弃。但自以为关注心灵的我们到底从那个空间归属了什么,还是用一些虚无来打发另一种虚无。大规模的爱恨情仇,彼此间交织不清,惊艳的视觉,生活遗失了过程,有的只是对某些结果的不断重复和放大。过于宏大的场面是否只是对狭隘内心、苍白情节的掩饰。生命对于这些更多的只是情爱的载体,情仇的终结,那些血与肉的物质似乎也只是一种意念。

几个星期来难得的阳光,生活顿时变得格外的真实,隐约觉得春天来了,身体的温暖明确了生命原来和物质有关,而《暖春》,彻底地对我昭示了生活——首先是活着。任何的感情,挣扎,纠结在生命面前都显得无力,当饥饿威胁你的生命时,爱情也许真的算不上什么;当父母亲人都离开了,无家可归时,什么才是孤独。其实这是个庸俗的故事,由于得了"华表奖",出现了比故事更加滥俗的影评,大凡无耻的影评人总是习惯将整个故事叙述以作为自己评论内容充足的证明,很不幸《暖春》走的显然不是这一路。故事简单而直接,一个老人收养了一个失去家的叫小花的女孩,遭到了儿媳的种种阻挠,最终小花以自己的善良打动了儿媳并努力学习成了村子里的第一个大学生。编剧并没有在这个简单的情节上加上什么为了迎合某些观众,很纯粹的让我们了解我们关注了生命其实是什么。

影片还未开始,漆黑一片的高粱地,一个瘦弱的女孩在这些比她还高的高粱中狂奔挣扎,不需要借助任何外力,我的内心有的只是惊恐,灯光和音乐此时都将会是一种多余,任何一个童年时迷过路的人都会了解那种恐慌,一种彻底迷失的恐怖。影片开始,切入了明亮纯朴的农村,它与任何一个普通的农村没有任何区别,暂时的我忘掉了刚才的那个场景。近年来,农村题材的电影明显的少了,大家都拼命地比拼场面,比拼演员,比拼资本去了,"农村"还真没什么可拼的。就在各种香艳镜头充斥了整个电影市场的时候,我已经提不起精神去在这艳丽的色彩中去判别和理解它到底说了什么,流泪,对于那些大片是一种幽默,我所给它们的也就只是荷包而已。而当七岁的小花像一只受了惊吓的小狗蜷缩在床角的时候,对生命的尊重震动了我,她哽咽着乞求:"爷爷,你不要送我回去,我已经三天三夜没吃东西了,你留下我吧,我会洗衣服,会做饭,还会做好多好多的活,您每天只要给我一顿吃就可以了。"没有任何防备,所有的防线全线崩溃。

一部影片从开始就弄哭观众绝对不是一件好事,接下来的九十分钟也许就只是对前几分钟的悼念,但乌兰塔娜这个年轻的内蒙古女导演似乎显示出了意想不到的掌控能力,避免了所有的干扰,移动的镜头流水般为我们讲述这个故事。夕阳残余的温暖下,一大一小的身影驮着柳条往家的方向走去,美丽得无以复加的画面,对家人的想念突如其来。城市的生活,小资的书籍,我们鄙视人情世故忘记了日子是过的,柴米油盐才是生活,美好而优雅的情绪是对生活过于简单的认知。乌兰塔娜,她明白本色的真谛,我无法抗拒。没有从什么内心纠缠,也没有过多的幻想她直接把这个故事过渡到日子上。在农村以血缘为强大背景下老爷爷所救回的女孩给这个本不富裕的家庭带来了一定的生活压力,而农村人在某些问题上执着的面子问题更让儿媳觉得这是对自己多年未能生育的挑衅,这就是一种最真实的生活。现在的电影总是隐去几乎所有生活的细节,只是爱情和工作应该是不可以称作生活的,绕开这些人内心不可能除去的某些自私和面对贫穷时的压力,说明的并不是我们的精神世界有多完善,而恰恰是证明了我们没有面对生活的勇气。乌兰塔娜猛然间把生活不加掩饰的摆在我们面前,习惯了只有精神世界的我们对于这种真诚猛然间的出现,任意一个情节都触及内心。

穿露脚指头的鞋子、捡别人的旧衣服、剁菜喂鸡喂鸭、摸鸡蛋、打柳条、编柳筐、下雨天披着塑料在地里寻找爷爷、在大锅里贴饼子、对于一块鸡肉的推让……远离了这些的我们却依旧无法逃脱。没有比真实更让人感动和震撼的力量。心底的那些弦一直都很脆弱。不管成长的过程中,人们如何学会坚强、压抑和伪装,看到那双清澈的眼睛,那片青青的草地,谁能抗拒泪水? 泪都是流给自己的,有泪的时候我们懂得温暖。据说这部电影拍了四年,乌兰塔娜必定早已生活于其中,在乡亲们捐赠东西的时候,一碗碗的白米、地瓜米,一捧捧的红枣,最大面额为两块的一整碗钱……她了解了她所要的,挽救了没有生活的我们。

春天似乎来了,但阴雨绵绵,寒意入骨,暖春,天气预报说,要暖了。("眼睛旅行"征文一等奖)

《后天》观后感

高二(17)　张　晨

《后天》这个灾难片的故事发生在遥远的美国,看着金发碧眼的洋鬼子们逃出升天,很多人也可能"只会"当成旁观来看个惊险和揪心。但是内容涉及的是全球气候变暖,这就不得不让人跟着一块杞人忧天一下。来来来,我们来看个权威的预言:

综合各种气候变化的趋势,在影片的官方网站上,做了一个骇人的统计和预测:2003 年,在欧洲有 2 万多人因气温过高死亡;美国创下龙卷风最高纪录,一个月中平均每天 6 次,而且据分析该数字还有可能被很快刷新;在过去 30 年里,热带气旋带来的死亡人数与洪水有关……到 2050 年,125 万种生物将会灭绝;美丽的自然景观将由于气温变暖而消失;由于气候变暖,各种疾病将在这个星球上大肆传播……

就是这么一部电影,它不是把时间搬到几十年后,而是让灾难活活地在眼皮子底下席卷而来:洪水,就在眼前;冰雹,就在眼前;酷寒,就在眼前;一切人力不可抗力,就在眼前! 上一个冰河世纪结束时,恐龙灭绝,但人类存活了;如果又一个冰河世纪就在眼前,措手不及的人类将如何?

《后天》这部影片直观地体现了影视艺术的逼真性和假定性,一方面运用电脑特技营造出了一个似乎不可能发生的"后天",但特技之后,我们的心被深深地震撼到,隐隐地感觉到那个"后天"真的并不遥远。

《后天》在告诫人们要善待我们的地球,珍惜我们的现在,提醒我们保护环境,不要破坏上帝赋予人类和自然和谐相处的规则。

喜欢镜头所及之处的白色,感受着凉凉的空气,看着紧张绝望的人们我心底升起一阵快感,报应吧,人类终于得到了应有的报应。

单单说这部片子还是不错,虽然有几处很不尽人意。队友的成全,使整个影片升华,可是那个一闪而过的镜头还是透露出了破绽,使得影片美中不足:因为寒冷而愈发的脆弱的玻璃划伤了正在努力撑着掉下去的队友的手,鲜血汩汩地流了出来,真的是"汩汩的",使人在那样的紧张的情境下突然被震了一下,或者被娱乐了一下。我所认为的败血症是绝症,可是在那样的情况下,得了败血症的人却奇迹般的活了下来。这不得不说是个奇迹,人为地奇迹,这些药物还是人创造的,这样子拍摄是不是与主题有些相当讽刺的对比?! 三个人对抗三只饿得发狂的狼,居然也可以逃脱,虽然以一个人被咬伤为代价! 可是还是那么不可信。当然,这些小细节还不足以败坏整个影片,场面的宏大,特别是在太空外拍摄的地球的那些图片,好美。翻天覆地的云、雨,块状的大冰雹、涌向自由女神的发怒的海水,等等这些都继承了美国大片的优良传统:场面够大,情节够紧凑、工具够先进、人物够冒险精神。

说了这部片子是实在不错,可是我的心里依然还是觉得人类给自己留了一条后路。悲哀,深深地悲哀,这样还不可以给人们以警示,我认为。

人类最后活了下来,他们很高兴,看得出,重新获得了生命,收获了爱情,守护了亲情。看! 这一切多么美好! 是吗? 不过是美好的祝愿罢了。我想这一切不是危言耸听,如果人类还不觉醒! ("眼睛旅行"征文一等奖)

《后天》观后感

高二(17) 杨小桐

今天我们享受着环境所带来的舒适生活;如果明天我们肆意地破坏环境;那么后天就是末日浩劫!

这是美国科幻电影《后天》所表达的主题。这部影片投资达一亿两千万美元,却一洗以往商业大片"主题低俗、陈词滥调"的老套,在唤起人类的环保意识,在塑造人类的生命价值上,充分突出了值得人类深思的课题。

影片讲述了当地球进入第二冰河时期时,全球气候急剧反常,大水淹没了纽约,日本天降罕见的冰雹,欧洲也在海水中不复存在,还有龙卷风、海啸、暴风雪……自然界中几乎所有的灾难都在影片里一一展现,让我们身临其境般地感受到大自然肆虐发威带来什么样的沉重打击和毁灭。当这场灾难来临,美国南部的居民纷纷举家逃往墨西哥,而北部的居民已来不及逃离剧烈的温降与死神迫近。气象学家盖兰赫一行人在与灾难斗智的同时,奋不顾身前往营救被困的儿子。执着的信念,坚强的毅力,浓浓的父子情深,在影片中得到更好的体现。导演罗兰·艾默里奇想借此告诉观众:人性的光芒是我们遇到灾难时的通天之梯。人性也包括我们对待生存环境的态度。

《后天》的电脑特效做得相当精致。当日本的天空落下了西瓜大的冰雹,行人惨死在冰林弹雨中,我们为之惊叹;当数股龙卷风袭入洛杉矶,楼房如图钉一样被拔去的时候,我们为之惊叫;当汹涌而来的海水淹没整座纽约城,一艘庞大的货轮若无其事悠闲的开进大街小巷,我们为之惊呼;当纽约变成南极的冰川,自由女神手中的火炬变成一只甜筒冰淇淋,我们被这样的特技所折服。如此大气磅礴的制作,除了它的商业目的外,也达到了强有力的震撼效果。

同时这部影片也给我们人类敲响了警钟,如果我们人类再这样浪费资源,破坏环境,这些气候危机将不仅仅出现在影片里,而是出现在现实生活中,出现在我们的身边。("眼睛旅行"征文一等奖)

日光只是清风客

高二(17)　任秋宇

人至老,才能有一种静而芬芳的境界,对生活,对情感都有一种特殊的感悟。犹如窗前养的一株花草,窗口微风微光,都是云气淋漓的赐予,而得一身自然真趣,仿若它开的不是花一朵,而是云烟点点乔木森森的热闹气象。

初识龙应台先生,是因她的《目送》。读完它是在2012年夏天,刚刚初中毕业,在惆怅、抑郁又隐约期待的心境里,她陪了我一个夏天。而这次读却全然是不同的心境。日光只是清风客,心才是自静自闲的主人,平和,安宁,感恩又带几许共鸣。

这是一本关于生活,关于成长,关于情感的散文集,是献给她的父亲、母亲和兄弟们的。写了父亲的逝,母亲的老,儿子的离,朋友的牵挂,兄弟的携手共行;写失败和脆弱,失落和放手;写缠绵不舍和决然的虚无。她写尽了幽微,如烛光冷照山壁,深邃,忧伤,美丽。

开篇《目送》便忧伤无奈的提前告诉我一个道理:所谓父女母子一场只不过意味着,你和他的缘分就是今生今世不断目送他的背影渐行渐远,你站在小路的这一端,看着他逐渐消失在小路转弯的地方,而且,他用背影默默告诉你:不必追。我庆幸自己不是在做了父母之后像父母目送自己一样目送孩子,或是最后一次目送父母一点点消失在棺木里的时候才恍然明白这个道理。这个明白始终让我无可奈何又如同心脏被撞了似的轻轻地发疼,仿佛可忽略不计,却又疼的悠远绵长,连带鼻子也微微发酸。时间,生命,都是怎样的迅速且易逝,我能做的便只有在父母此次目送中回头看看,暖暖地笑笑。

她总是耐心的一遍遍向母亲解释:我是你女儿。没有焦躁,没有厌烦,只是平淡,只是温柔。她用着女儿的记忆与怀念回忆着童年,回忆年轻的父亲母亲,回忆她的成长;用着母亲的爱与温柔回忆孩子的童年,记录孩子的成长,记录一切从母亲这里看到的事,心酸与欣慰;在用女儿的爱与耐心陪伴着父母,感悟着生活,记录着生命。半生光阴里,她从女儿到母亲再到女儿,不断变换中,她始终感受、热爱着生活,记录生活的点滴美好,并感动着。

她在剑桥和儿子在康河岸边散步的时候,在康河发现了疑似"白衬衫"的天鹅,她是这样写的:走近看,那白衬衫竟是一只睡着了的白天鹅,脖子蜷在自己的鹅绒被上,旁边一只小鸭子独自在玩水的影子。我跪在江蓠丛中拍摄,感动得眼睛潮湿,华飞一旁看着我泫然欲泣的样子,淡淡地说:"小孩!"。可不就是小孩吗? 感受着自然的新奇,感动着自然的美好,爱生命,爱生活拥有年轻的心。春天的花,冬天的寒冷,不都是色彩斑斓的人生? 书中像这种"天鹅闲卧康河"的图片还很多,都是她自己拍摄的,不是什么风景名胜,只是小街小巷的风土人情,令人感动的美好刹那。她就是这样素雅淡然的生活,却又无不透露着对生活的热爱、认真与珍惜。

原来生活便是这般恬淡温柔,只要一颗心,善感细腻,然后每一个生命或非生命的味道,便足以让我从灵魂里喜悦起来。(高一假期读书笔记征文一等奖)

另类文人隐士陶渊明

——彭泽寄苍生妄志非也

高二（17）　华　夏

陶渊明作为那个时代一个虽身处高就却顺应心志所向,归隐山间田头的文人,是那些不适应官场亚文化和潜规则,有着自己独特做人处事原则一类人的典型代表。他厌恶官场,心寄田园美景,常常想过上一种没有猜忌悠闲自得的生活,所以他实现了,他毅然决然辞去可以让他只是饱餐官职,拥有"酒伴菊花,淡看人生"另一种人生境界。

他得到了精神心灵上的满足,走上了一条"躬耕自资"的路。也注定这必定是一条荆棘丛生之路。他从一开始就早已看淡生死。他"性本爱秋山",本性随意自然,热爱山川美景,逍遥背后是一种忧愁与无奈。他或许曾拥有过鸿鹄壮志;也曾一心寄苍生百姓,安社稷,也曾在官场里摸爬滚打。可他自身性格早已注定一切,最终选择逃避。他对苍生大喊:我本爱自由,我心之所向于自然。我不知道他是真亦如此还是逃避现实。他离开了官场这个世俗之地,带着自己高尚情操和满腹经纶回归到了原本,他是一个勇敢者,宁愿褪去荣华富贵,委心任去留之人。可他也是一个不敢真正面对现实的高洁懦夫。他之所以可悲,只因为他是陶渊明,一个拥有自己志趣理想高洁的男人。

众多文人墨客多半嗜酒,在面对不得志、壮志难酬的现实时,也常饮酒消愁,陶渊明也不例外,他嗜酒,他爱酒后飘然甚至什么都不需去想的感觉。可他与白居易,李白不同,他早已什么都悟透看透,人终究难逃一死,他所以顺应天命,无可奈何,白居易却过于自恋,而李白也过于清高。在黑暗政治官场面前,他们也只是其中的过客。

陶渊明在"隐退中坚守,在坚守中凝望。"他虽寄身于山川流水,可寄心于天下苍生黎民百姓,他乐天知命,他或许也不是一个很好的父亲,他没让自己子女过上富足的生活。可他完成自己的理想及向往,他来到了田园,他也"息交以绝游",他过上了"采菊东篱下,悠然见南山"的生活,他一生过得极其满足,我们还有何资格可去评论。

人生是自己的就好,陶渊明过好了自己。（载《铜仁日报》20131113）

05

| 青春渴望 |

渴望运动,渴望歌唱,渴望出行,渴望成功……正是生活里有太多的渴望,才绘成了五彩斑斓的青春画卷,让我们对美好的未来满怀憧憬!

滋　味

高一(7)　杨兰艳

卸下中考沉重的包袱,我迎来了人生最有价值的假期生活。它让我感受到生活的辛酸与苦涩。

岁月的年轮在无情地增长,很快就要迎来十七岁的洗礼了。在这豆蔻年华中我们付出的是辛勤,承担的是责任,获取的是喜悦,期待的是美好。

今年的暑假我付出了空前的劳动与汗水,因此我也收获了责任与毅力。

骄阳似火的夏季,我踏上了回乡的路,途中有着期待与兴奋的陪伴,在憧憬中,面对青山丽秀,吮吸绿水,呼吸清新空气时的畅快与快感,那是多么的沁人心脾呀!

然而这样的美梦是可望而不可及的,烦躁的夏日把乡里的一切都涂上了一层焦虑的色彩,抑郁的空气迷散到每个角落,此时人们都忙于夏收,男女老少都背着背篓挑着箩筐往既高又陡的大山"进攻"。

我也不例外,初次接触这样的农活让我措手不及,心中自然少不了好奇与激动。第一天感到好玩但也好累,对比起城市的"游手好闲",我更热衷于这个"神圣"的任务。即使太阳很毒辣无情,山路也很陡峭崎岖,时不时还飞出一只不知名的怪物把我吓个"魂飞魄散",但因那热血澎湃,三分钟的热度,就把它忘了。

第二天的太阳早早就起床了,过了许多,它的脸蛋越来越滚烫。于是放弃出工的念头在我的脑海里徘徊。可,家里比我更小的弟妹都乐此不疲,我能打退堂鼓吗?是的,我不能。怀揣着这份难得的坚持,我终究咬紧牙关,拖着沉着的步伐跟在队伍的后面,耕种的土地都处在"千里之外"的大山上,一路上跌跌撞撞,就连阴凉的地方都是少之甚少。顶头尖上似乎悬着十个太阳,鼻梁下似乎挂着泥土,一步一步地往上蠕动,已经达到挥汗如雨的境界。

这种面朝黄土背朝天的日子是滋味到极点了,其中虽有苦有累,但更有喜有乐,这样有滋味的假期生活,能不让人回味无穷,能不催人奋进?(高一假期征文一等奖)

盛夏光年——青春的告别

高一(7)　安晋逸

曾几何时,我们还在初中的课堂里享受着青春的美妙。今时今日,我坐在高中的教室里感受着成长的喧嚣。

不得不承认,我们的快乐在不知不觉中殆尽,留下些想要抹去,又仿佛抹不去的记忆。告别了过去,又踏上了一条新的旅途。在这个离别的盛夏光年里,我被命运在记忆深处刻下了一丝不可磨灭的惆怅。

初中就这样与我告别,我总觉得很仓促,还没有仔细地记住每一张笑脸,我们都带着属于各自的故事离开。天阴了下来,我还在乐不思蜀地打着游戏,手机响了,我看着来电显示有些迟疑,是死党打来的,我不知为何没有接电话的勇气,但我接了,是毕业的告别晚会,我在整日的游戏里忘却了,看了看时间是下午1点,慌忙地换好衣服便带着复杂的心情赶到了我们的回忆之地——初三(十)班。人并没有到齐,我们努力地布置着教室,看着那熟悉的每一个角落,无限回忆涌上心头,我冲到隔壁教室里用我的歌声咆哮着。夜渐渐黑了下来,教室里面一张张熟悉的脸,我看了看四周,他们表情却那么僵硬,是否他们心里的包袱与我一样沉重,我们心里的不舍,又能够改变些什么? 同学们表演着节目,我祷告着希望时光倒流,忽然主持人叫着我的名字,该我了! 我上场看着周围鼻子就酸了,但我忍住了,我把自己心中的感谢与想法全部都说了出来,有人哭了,接着我奏着电子琴唱起了原创歌曲《家人》,这首歌写着家人一样的十班,也写给家人一样的十班,唱完,我流泪了却没有一丝往日表演的快乐,不知我是怎样地回到了家,怎样放下了十班。

接下来的日子,仿佛伴随着夏天的炎热但心情总是无法激动,每日在跆拳道馆里度过,我忧喜不断,忧的是开学后的军训与新班级的陌生,喜的是可以参加省级"跆拳道精英赛",带着心里面的十班与十班对我的祝福我会夺金归来。

人的一生伴随着太多的离别,又伴随着太多未知的相识,初见的美好,往往是错觉,而真正的感情是需要我们用真心去交换。盛夏,告别季,相识的美好。

(高一假期征文一等奖)

运动都到哪去了?

高二(24) 柏青青

睁开疲惫的双眼,反复揉搓着布满黑圈的眼睛,新的一天又开始了,却没有新的感觉,只剩下对睡眠的恋恋不舍和无意识的行走,行走,好像在昨天,又好像在今天。

我只知道,为了高考,很多人在透支自己的生命,仿佛透支得越多,高考就越能得到自己想要的结果,这过程很艰辛,很苦涩,而且往往事倍功半,还会导致各种疾病找上门来。我们的身边,总有那么一些人,不是因长期用错误姿势看书而导致颈椎痛,就是久坐带来的肥胖、腰椎间盘突出等一系列问题,更有甚者因压力过大神经衰弱而难以入睡,这些健康问题,给我们带来极大的痛苦与焦虑,想要摆脱这些束缚,身体却时时牵绊我们。你可以说,那是你们追求理想不够坚定,如果足够坚持便能克服一切困难,但当你下定决心鼓足精神听课时,由于某种原因睡眠不充足,那股睡意阵阵涌上来让你无法抗拒,毕竟人的生理规律是普遍的,不因你要追求理想而让你少睡眠。

我只知道,如此的恶性循环,结果只会是身体拖垮而学习效果落空,我看见很多人都活在痛苦的挣扎之中,他们努力追寻梦想,而身边永远有各种各样的因素在阻碍着,我想拥抱梦想,却总在患得患失。

运动都去哪儿了? 为什么我们宁愿选择学习而抛弃运动? 又为什么有些学霸可以两者兼得? 我们能不能在学习与运动之间找到一个平衡点?

我想告诉你,可以,在你坐在座位上听课,写作业、发呆时,你可以同时进行呼吸运动,按照要求尽可能多练习,不仅可以为你的血液输送氧气促进各器官的正常运转,还能使你的呼吸变得平衡。这让我想到了"吾善养吾浩然之气",有种羽化登仙与天地万物融为一体的感觉。你还可以在你练习英语听力时,同时进行跑步运动,边跑边听,这样,一举两得。暂时,我想我只能想到这两种比较好的方法了,最重要的,还是要保护良好的心态,不要给自己太大压力,同时不断放松自己,尽可能走路上学,尽可能利用好体育课、眼保健操。总之淡泊为好,有时候你放开了,会有意想不到的收获,有时候心静了,才会超然才会顿悟,有时候不去比、不去争,会跑得更远……("我对运动的看法"征文一等奖)

运动去哪儿了

高二(24)　洪　阳

从热播栏"爸爸去哪儿(第一季)"的成功落幕,到网络热谈"时间都去哪儿了"的精彩演唱,再到"我的运动都去哪儿了",都始终没有得到合理的诠释。

众说纷纭中……

问:"你的运动时间都去哪儿了?"

答:(小学生)熊大,熊三这么可爱,谁还去跑步啊,玩滑滑梯都不乐意去。

(初中生)李敏镐欧巴太帅了,为了看他,睡觉的时间都贡献出来了,哪还有什么时间去搞什么运动。

(高三学生)看见这一摞资料了吗? 千万别以为我的任务少,看见了吗,那边那一摞也是我的,呜呼……

"我的运动去哪儿了?"也许它早已或消化在看似童真的动画片中,或腻死在泡沫式的韩剧中,或浸亡在多而难的复习题中……

再问:"你的运动场地去哪儿了?"

答:(青少年)学校空地是多,但运动器械不完备不说,有的还锈迹斑斑,危机重重,我可不敢去,生命可贵啊……

(中年人)运动场地? 单位外面的空地变成了停车场,就连小区的小公园都停满了车。健身房? 太贵了,我可是工薪阶级,哪玩得起那高档。

(老年人)嗯……我家麻将机算不算? 别看我身子虚,臂膀可有力了,提个五六十斤完全没问题,这可都是天天堆长城(对打麻将的戏称)的结果……要是别的地方,看这气候时冷时热,要我去外面,我这把老骨头可经不起这折腾。

"我的运动场地去哪儿了?"也许它早已或变成了化学反应地,或成了小轿车们的游乐园,或变成了自然的主秀场。

再问:"你的运动去哪儿了?"

不,先别回答,让我猜猜你是想说:没时间。嗯,还是没场地。不,别再为自己的偷懒找借口,时间是挤出来的,场地是挑出来的,挤一点时间,打一小场地,跳个绳又有何不可呢? ("我对运动的看法"征文一等奖)

运动去哪儿了？

高二(24) 黎 坚

我自认为"生命在于运动"实在是一句真实而深刻的至理名言。不过,就我自身来说,运动的时间自初三以来,便像自由落体一般,不断地下坠着。

作为无数普普通通的高中学子的一员,我的生活变化或许可以在一定程度上反映出中国莘莘学子体质下降如此之快的原因。

众所周知,中国学生的压力是十分巨大的。曾有专业的教育机构统计过世界各地区学生学业压力情况,并做出了排名。东亚地区位居榜首,而在受访的东亚诸国中,中国赫然位居第一位。不管是在沿海发达地区推行的所谓"素质教育",还是在内陆仍然占据半壁江山的"应试教育",从来只是将学生的压力越加越大。就我自身而言,除去学习、睡觉、吃饭以及上学路上的交通时间,每天的自由活动时间不会超过一个半小时。因此,学生们普遍反映的"没有锻炼时间"恐怕并非信口开河,而确是实实在在的大实话。

缺乏时间应该算是一个客观条件,那么主观上的情况又是怎样呢?

纵然运动对于身体健康有着"千万种好处",但其本质上是一种消耗身体能量的行为,其带来的身体上的劳累并非人人都愿意承受。最为直观的例子是体育课上的慢跑,在众多的体育项目中,慢跑算得上是"性价比高"的项目了。它给人带来的辛劳程度不高,却能真真实实地带来很高的锻炼收益。不过在现实的体育课上,有不少的同学以"身体不适"为由拒绝着这项运动,而参与的同学,在不到一千米的慢跑之后气喘吁吁,脸上露出不悦之色。如此看来,运动其实并未获得大多学生的喜爱。

再加上学校体育场地狭窄,体育器材缺乏,体育老师职业倦怠等,也对学生的体育锻炼有一定的制约。

"学生缺乏运动"这一命题有着其客观与主观上的充分条件,但这绝非我们所期望的结果。运动对于个人、家庭乃至民族、国家有着极其重大的现实意义。青年学生是国家的未来,青年学生身体的日趋衰弱一定程度上也会导致国家的衰弱!

"生命在于运动",我坚信此言有着充分的合理性。因此,我们应当践行"野蛮其体魄,文明其精神"!("我对运动的看法"征文一等奖)

动兮动兮奈若何

高二(24)　梅冰冰

一日之计在于晨,生命之计在于动。——题记

人生在世,恍若白驹过隙,忽然而已。然,长活一世,你是病态一生,又或是健康一世? 运动,理应是你一生的执着。

每天最大的谎言便是今天要运动,明天也要运动。在茫茫人海中,坚持运动的人屈指可数。人,在年轻时用健康打拼事业,在暮年时却用金钱换取健康,这样的做法显然是不明智的。只要人们在平时坚持运动,健康自然来。可是,运动都去哪儿了呢?

老板说:"我每日忙于应酬,哪有时间运动啊。"拍拍啤酒肚,继续奔波谈生意。

老师说:"每个学生都需要我操心,每天要备课,讲课,还要批改作业,哪有时间运动啊。"咳了几声,继续备课。

学生说:"快要高考了,每天都有那么多作业,连复习都没时间,哪有时间去运动啊。"灌下一杯浓茶,继续奋笔疾书。

其实,运动是健康最好的良药。成功人士都有一个共同的特点,那便是爱好运动。柏拉图曾说过:"运动便是健康,健康便是运动。"他们之所以成功,是因为比常人更懂生活。运动给他们带来充沛的精力,工作起来也是事半功倍。不要因为忙碌便舍不得分出一点时间来运动。

老板,大鱼大肉吃惯了,身体机能减慢,何不运动运动,工作更迅速!

老师,日夜操劳,三尺讲台,讲课数十年,什么支气管炎啊,鼻炎啊,一并齐发,何不运动运动,教书更轻松!

学生,挑灯夜战,营养不良,贫血症患者常常都有,何不运动运动,学习更快乐!

看着运动场上的运动员们的雄姿英发,你是否也心潮澎湃? 看着青少年们活力四射的身影,你是否也心动不已? 看着自己懒惰不愿动的身体,你是否也暗中呼吁? 想要精神,运动可以带给你。想要活力,运动可以带给你。想要健

康,运动可以带给你。不要问运动去哪儿了,其实运动就在于你自己。

盛年不重来,一日难再晨,及时当运动,岁月不待你。("我对运动的看法"征文一等奖)

运动去哪儿

高二(24) 任欣雅

时间都去哪儿了? 运动都去哪儿了?

——题记

还记得小时候每当到了"乱花渐欲迷人眼,浅草才能没马蹄"的阳春三月,那放着风筝的我们,那在草地上打滚嬉闹的我们,无不带着无限的生机与欢乐,多么美好的画面啊! 如今年复一年又是一个三月来临,正如那句诗"年年岁岁花相似,岁风年年人不同",景色依旧而那春天的我们却不见踪影,我们去哪儿了?

原来我们长大了,随着年龄的逐渐增长与学业的日渐繁重,我们有了更重要的事或者更有吸引力的事可做了。

有人说,学习生活的繁忙与压力已经导致学生唯一需要做的便是读书、读书、读书。许多学生都认为跑两圈还不如多做两个题目,不仅"没用"还累人。而许多老师也认为体育课什么的无关紧要,以至于本来就不多的运动时间有时还会被用来上文化课,似乎这些已经成为人们脑子中根深蒂固的观念了。可近两年频频爆出一条条令人匪夷所思的新闻,"某某大学生入学军训猝死""某某学生跑步两圈晕倒""某毕业班集体输氧基醉补充体力"……这些是青少年该有的姿态吗? 难道不应该是肆意奔跑挥洒汗水,像威风凛凛的小狮子一样吗? 而并非屏弱病态与死气沉沉。这一切不禁让人发问:"运动去哪儿了?"

除了繁重的学业,学生自身的懒惰也是其中一个重要原因。如今时代发展如迅雷般快节奏,新事物的诱惑与吸引也层出不穷。那时时刻刻更新着的微博微信,那类型丰富极具视觉冲击的电视电影,那花样繁多精致有趣的杂志书刊,哪一样都让人不愿出去运动运动,再也没有大汗淋漓地奔跑,再也没有激情活力地跳动,再也没有神采飞扬地呼喊。只有被电脑手机锁住脚步的一个个"宅男宅女"。说到底大概也是意志力不够坚定的缘故吧。运动去哪儿了? 也许就在我们一次次玩着手机看着电脑中溜走了吧,也许就在我们意志徘徊与懈怠中溜走了。

这个三月,景色依旧美丽如初,唯独缺少了我们的欢声笑语与生机勃勃。从今天起,我们要运动,要健康快乐地学习!("我对运动的看法"征文一等奖)

我们的身影哪去呢?

高二(24) 王荷英

夕阳西下的黄昏,我独自漫步在操场上,这几百平方米的操场,竟然只有三四个人在这里,其中的两个人手里拿着的不是锻炼的器材,更不是什么运动服,而是厚厚的课本,嘴里还不时地读出"春江潮水连海平,海上明月共潮生"等诗句。

当时我想:"有如此的必要吗,连这吃饭时间都不忍放过"。

再一看另外的两人,则是名副其实的运动健将,此时正一纵一跃地练习跳远呢。我想他们应该是艺体特长生吧!。然而,在这饭后的几十分钟内,我们学校的三四千学生哪里去了呢?

因有事打电话给寝室的同学。而结果是,她要玩手机不能帮我做,另外几个有的要睡觉,有的要学习,有的要忙着逛街,有的忙着去哪里的奶茶店坐坐,偷偷去蹭无线网和看电影……

听着众多的理由,无奈感瞬间上涨,只有自己去做喽。

我们的学校放学是五点零十分,上晚自习的时间是七点半,整整两小时三十分,整整一百五十分钟,九千秒,这操场上除了来了几个依旧捧着书本的同学之后,再无其他。

但为何这般?

操场过小。每个高中的学生人数集中四到五千,然而,每个学校的操场却只有几个教室的面积,我想问,每当我们想锻炼时,它又如何能够容下我们这几千人。况且,操场总是与教学楼相隔甚远,且设施不足,我想问,我们又如何提起锻炼的兴趣呢?

操场的客观因素之外,运动主体的我们,却又是以何种态度来面对呢?"无所谓",这是大部分学生都会有的回答。总是认为体育课是可以提前去食堂,回家,提前下的课,认为"我"的人生没有时间、地方运动,但真的可以没有吗?

"少年强,则国强,少年富,则国富,少年雄于天下,则国雄于天下。"我们作为未来的希望,不是仅仅有丰富的知识就够的,还需要强健的身体作为资本。

但愿,同一时间,地点,拥抱我的不再是清冷的空气,而是你我运动的身影。

("我对运动的看法"征文一等奖)

天!我的运动

高二(24)　熊亚琴

悲夫,国之青少年体质日渐衰弱,多种身理疾病日趋增加。常言道:少年富,则国富;少年强,则国强;少年独立,则国之独立……纵观天下,青少年由于缺乏运动和学习压力山大,身体素质大大下降,此诚危急青年之体质、国之未来之秋矣!

一悲夫!我的运动被作业代替了。

每天上午有五节课,上完之后就有一定量的作业,下午还有三节课,之后又有作业。老师布置的,再加上学校配备的参考书和自己买的参考书,作业就有一大堆了。下午放学后就去吃饭,吃完饭之后,就来到教室了。本身也是想去操场散上两圈步的,可是一想作业一大堆,还是去教室吧。等到作业做完已身心疲惫,头晕脑胀了。又说去运动,可全身乏力,不想动,还是早些回去睡吧,第二天早上还要上课呢!就这样,一天的时间就没了,感叹一句:逝者如斯夫,不舍昼夜啊。

二悲夫!我的运动都被睡觉、手机代替了。

周末都有大把大把的时间来运动的,可是一个周末还有好多事没干呢,一个星期就只有一天和一个晚上可以放松,如上之恶性循环,睡眠严重不足,再加上没有痛快地看小说和玩手机了,于是决定看小说和玩手机,一直到很晚才睡,直到第二天太阳都照屁股了才睡眼惺忪地起来,再去吃下饭,这仅有可以放松的一天一夜就这样挥霍了。上周或者上上周制定的爬山计划又变成了泡沫了。如此下去,我怎消受得了,肥胖又找上我了,这可如何是好。

三悲夫!我的眼镜度数又升高了。

近日去复查眼睛,妈呀,吓我一跳,这度数还在狂升啊!哎,每晚都要在白炽灯下工作四个多小时,白天又要深盯黑板和电子白板,日复一日,不瞎才怪,目之所及,越来越模糊了,如此下去,就只能让眼镜骑着我的鼻子走,任其在我的鼻子上横行霸道了。

时间都去哪儿了,还没好好运动,好好学习就完了,时间都去哪儿了,还没好好利用,肥胖又来了,时间都去哪儿了,还没好好珍惜又走了,可心肺功能下降了,身体素质下降了……(载《铜仁日报》20140302)

你的运动去哪了

高二(24)　杨　丹

老代(老师,下同)经常问我们:"你们每天早上有没有运动啊?"每当被问到这个问题时,我们都是傻傻地笑着,避而不答。

老代同志,不是我们故意不理你,只是这个问题,太脱离实际了,你去问问,现在的高中生,有几个爱锻炼? 不是懒,而是没时间,你知道我们的生活节奏有多快吗? 每天都是学校——食堂——宿舍,三点一线,别人是朝九晚五,我们呢,是朝六晚十一! 谁不想出去跑跑步,散散心? 可一想到那堆积如山的作业,心又黯淡了下去。

再者,每个星期的两节体育课,对于我们文科班来说,也没多大的吸引力,同学们都是学霸,一有时间就去钻"书山"了,谁有那闲工夫去出汗,更何况女生居多,运动就更是一个遥远的名词了,出的几滴汗哪有高考的0.5分重要?

也许,有人会说,把运动的时间花在学习上,有点太紧张了,只是,在当前的应试教育体制下,我们又能怎么办呢? 能做的,一切都是为了那48个小时(高考的两天),别说运动,就连上厕所,大家都觉得浪费时间。

老代鼓励我们晚上十点睡,早上五点半起。起来干吗? 去爬山! 还要我们每天要睡满8个小时,"8"个小时呐,多么奢侈的数字,我粗略地算了算:我们每天10点半下晚自习,回家还要做两个小时作业,然后7点起床,也不过睡了六个半小时,这还是宽松的呢! 老代啊,你说我们还有时间和精力去运动吗?

说实话,我是害怕这样的生活的,高中生的日常活动,从来都不是由他们自己决定的,起得比鸡早,睡得比狗晚,吃得比猪糟,活得比驴累,这就是高中生活的真实写照。

还有两个月,我们就要进入高中最难熬的阶段——高三了,到那时候,连体育课都没了,那才真的是"一心只读圣贤书"嘿。

"你的运动去哪了?"你问我。

答:"我的运动跑到学习上去了。"

("我对运动的看法"征文一等奖)

花期的芬芳

高二(24)　简爱春

山里春来苑满香,
天姿国色傲五娘。
芳菲落尽俏娇去,
花王中古谢春光。

("春之恋"征文一等奖)

乐享春天

高二(24)　刘雨晴

"清明时节雨纷纷",连着下了几天的雨,前些日子学校开的花萧萧而落,树叶却嫩绿油亮地表达着享受春天的欢欣。"空山新雨后",雨后混着青草香味地春天在大自然中等着我,心中隐隐有个声音一直在叫嚷着、撺掇着、蛊惑着:

"走吧!去踏青,去春游!走吧!"

走啊?我也想走。铜中的春游向来是令人向往的,记得未上高中时常听学长学姐们说起,美丽的凤凰古城,热闹的江口烧烤,甚至地理老师还谈到过梵净山上遇蛇的险境,这一切,对于从未见识过的人来说,多么奇妙!可是今年,高二的我们,分班后满心期待着这第一次也可能是最后一次集体活动的我们,连半分关于春游的风影都还没有捕捉到呢。

关于春游的回忆,可以追溯到小学一年级,每当我想起这一段回忆,总为我在乡村小学这一年的时光感到幸运。当时我们并没有去什么大景点,只是两个老师带着我们二三十个小屁孩到柏油公路旁的小山包上。春天的气息似乎还没有蔓延到那偏远的地方,我们就坐在仍泛着枯黄的杂草与开得羞怯的野花簇中,过年似的分享着各自带来的一点儿小零食,玩着丢手绢这样幼稚的游戏。可那笑声哟,恰如当日的天空,阳光而纯粹,咒语般存在于深深的脑海中。

而另一次春游,就是在去年,也是在我第一次春游的十年以后了。认真说起来那经历实在算不得有意思,多半的时间都在车上度过,到了目的地爬个山洞后也就踏上了归程,可回忆无疑是快乐的。这快乐并不源自景色有多么别致怡人,而是当我想起大家伙儿在车上唱着歌儿。望着车窗外掠过的梯田,怀着急切的心情憧憬着目的地以及那与众不同的一天,想起这一切时,我会会心一笑。我会忍不住边笑边想,那真是无聊、疲乏、可又别开生面的一天! 大家坐在一起,没有议论学习,没有课间的哈欠声,只是欢快地唱着歌儿,"记得当时年纪小,你爱谈天我爱笑",你看,我们也曾有这样明快的青春片段呢!

像这样美好的回忆,从一年级到高二,我们本应有那么多,可我们没有,为了我们的安全。我不由得想起小学时学过的一篇课文——课文中的女孩乌塔(当然不是中国的),十四岁时就独自旅行世界。看看,别人都能旅行世界的年纪,我们连春游放放风筝也不被允许。铜仁不是大城市,不如大城市开明,铜仁也不是小乡村,不如小乡村放肆,而我们,就在这个尴尬的地方,尴尬地"被拒绝春游"。

当真是温室里的花朵吗?

不,我不是,也不愿意是。我喜欢春风拂面,我喜欢春日熹微,我喜欢春天,所以我也愿意接受春雨哗哗、春雷阵阵。

走吧,去踏青,去春游,去享受春天!

走吧!

("春之恋"征文一等奖、载《铜仁日报》20140403)

又到踏青时

高二(24) 吴 一

"高柳岂堪供过客,好花留待踏青人"。

　　清明时逢莺飞草长的四月，大地一派生机勃勃的景象。这春意盎然的时节，正是去郊外踏青的大好时光。

　　走进具有神奇魅力的大自然，沐浴和煦阳光，感受温柔的春风，可以陶冶我们的性情，放松身心，开阔视野，增进同学友谊。

　　然而，近几年却出现了"学校怕春游"的现象。究其原因，是我们时刻强调的"安全"二字。出于安全考虑，有的班主任不愿意组织学生去郊外活动，有的学校拒不采纳带领学生去春游的提议。这样做，的确情有可原，出了问题毕竟是每一个人都不愿意看到的，但实在不必因噎废食。

　　那么，我们应当怎样才能做到春游与安全两全其美呢？

　　对于学校来说，第一，应就此召开会议，确定游玩地点，了解该地周边的情况，对于可能发生意外的区域禁止学生进入，安排好各位老师的看管任务。第二，认真做好各类紧急事件的解决预案，考虑应全面、仔细，带上随队的医生以及必要药品。第三，做好学生的安全教育工作，教导学生学会急救措施，对于个别纪律性差的学生应认真教育。第四，了解每位学生的身体状况，对于身患疾病的学生应征求该生及家长意见。

　　而作为学生的我们，又应该做些什么呢？

　　首先，我们应学会各种急救办法，遇事镇静，以免在出现状况时慌了手脚；其次，一律听从老师指挥，纪律严明，集体行动，不去易发生危险的地方，不擅自脱离队伍，统一穿校服，互帮互助，充分发挥团队精神；再次，在路上注意交通安全以及自身形象，离开游玩地点时清理好产生的垃圾，保护自然环境。

　　只有做好充分的准备，防患于未然，才能既保证我们的安全，又让我们有一次愉快的体验。（"春之恋"征文一等奖）

伞之恋

高二（24）　杨潇潇

　　心中有着一把伞，这把伞让我魂牵梦绕。

　　这把伞没有丁香姑娘在悠长又寂寥的雨巷中撑起的油纸伞那般氤氲着紫色的浪漫；

　　这把伞也没有许仙在断桥为白娘子撑起的那把伞酝酿着浓情蜜意；

这把伞更没有人们在生活中用来遮风挡雨那样实惠;

这把伞点缀的不是朦胧的凄美,绝美的爱情,乏味的生活,而是装饰着蝶舞阳光的人生。

伞在我心中成了一种寄托,成了一种向往,伞不但给我遮挡人生的风雨,伞也给了我一生的眷恋,更给我潜行的信心。

在过去,伞是珍贵的,并不是人人都可以拥有。而它也注定在风雨中撑开,因此对伞的渴望像沉坛老酒般浓香醉人。似乎这把伞,不仅仅是用来为我遮风挡雨,更多的是我极想呵护的一颗心。悄无声息,它已悄悄在我心中扎下了深深的根。

如今,伞随处可见。且样式多种多样,就像是一朵朵斑斓的花朵任你采摘。至于雨,也不再是它的唯一寄托。现在的它还被用来遮蔽阳光,甚至衍化为一种装饰品。

人们或许没有我对伞的这种情怀,伞在他们心中只是实体工具,没有在我心中那般神圣,具有非凡的价值,这都无关紧要,我一人恋着亦足矣。

聆听雨水打在伞上的声音。耳畔萦绕着母亲的谆谆告诫:"出门别忘了带伞,带上它,遮遮路上的风雨。"我的心已被融化,一种莫名的感触闪电般掠过五脏六腑。

人生路漫漫,潮起又潮落,心中的伞没有像欲望在地上增多,没有像思念在心中减少,它时时将自己忘记而将雨点挡住。

心中的伞要陪我走过多少雨季,多少风霜? 快乐可以像伞恣意地撑开么? 悲哀可以像伞任意地收拢么?

当然不能,所以伞成为我心中之恋,永远是心中的唯一,今生无论到哪儿,是再也不忘记带伞了,它永远都如微风拂柳,是我心的慰藉。

可以随意地买一把新伞,丢弃一把旧伞么?

不,当然也不能。一把伞用了好久,既舍不得换更不忍抛。甚至为偶尔的一次不小心丢失伞,而常常闷闷不可终日,好像心中盛开的一朵芙蕖刹那间凋零。所以我心中的伞,我爱恋的伞,终究是唯一。

伞装满了爱,也写上了共情。如今纵使它刻着"长亭外,古道边,芳草碧连天"的离别。但人别情却在,朋友们的关怀与鼓舞已化为涓涓细流汇入我心中的伞,陪我走过每一个漆黑的夜晚。

匆匆的是过客,不变是心中的伞。恋一把伞,爱一种情,拥一份纯真,享一世人生。("春之恋"征文一等奖)

人生要常空杯

高二（24）　肖　波

最近，春日和煦的阳光昭示春天到了。天气变得暖和，不再凌厉。空气变得湿润了，少了一些浮躁。这些唤醒了沉默的大地，很多树木都冒出了一粒粒黄色的幼芽，然后变成淡绿，最后变成绿色的海洋。

似乎一切都这样。不，不完全是这样。

今早，不经意间。一片香樟叶忽然从我眼前飘过，掉在地上。接着，一阵风拂过，满天都是飘舞的树叶，当我的脚踏上它们时，丝毫没有发出一声声响。这使我感到惊讶。整个冬天，不论是凌厉的寒风，还是冷酷的冬雪，都没有让他们落下来。为什么它们禁受住了冬天的摧残，却在春风面前掉下来呢。为什么？

其实，旧叶的离开、清空，是为了给新叶腾出空间，给他们节约养分，以便让树木再一次焕发出浓浓的绿意。

就像一个杯子一样。当它装满水时，它就再也容纳不下更多的水。要想继续装水，就要腾空杯子。我们姑且称为"空杯"心态吧。

人生又何尝不是呢？

倘若我们心里装的是满满的回忆，却不舍弃它们，那又怎样去装其他的东西呢。如果我们心里全是当年的成功、荣耀、辉煌，而不忘掉它们，又怎样用力去获取新的成功。而心里全是曾经的失败，没有丢掉这些包袱，又怎样才能从新来过呢？

所以，人生要像香樟树一样，常常清空。保持一个空杯心态更好。（"春之恋"征文一等奖）

吾与点也

高二（24）　钟振涛

古时人是极注重春游的，反倒是现代人不怎么看重了。

"莫春者,春服既成,冠者五六人,童子六七人,浴乎沂,风乎舞雩,咏而归。"两千多年前,曾皙以此使得孔子"喟然叹曰:吾与点也!"。在曾皙眼中,与五六个成年人,六七个小孩一同外出春游,再一同唱着歌归来,这便是最令人欣喜的事了。可见即使是在两千多年前的那个诸侯并起的春秋,春游踏青对人来说也是必不可少的。

春游之初衷,按照古时文人的风骨来看,想来是要借着春意盎然的契机,约上友人外出观赏这一派山清水秀的景色。其间或是挥毫洒墨,作诗赋以咏春;或琴瑟和鸣,奏商羽以和春。暮春之初,文人常常会寻一个僻静的所在行休憩之事。永和九年,王羲之与当时文人相聚于兰亭春游踏青,众人围坐在小溪的两旁,流觞曲水,吟诗作对,所写的《兰亭集序》成为千古名篇。不得不说,古人将春游视作一种具有极高象征意义的文化活动,提倡身与心都最大限度地靠近自然,于是在自然之中,古人除了将美丽的景色收入眼中,其心灵也得到了极大的净化。

时至今日,春游已经退化成了一种单纯为了欣赏景色的行为,不再被赋予任何的文化内涵。现代人以春游作为他们逃离快节奏生活的方式,在大自然之中一吐"钢铁森林"所带来的不快,然后归去。在美景之前,古人用文字来描绘景色之美;现代人却将其转化成像素从而定格在屏幕之上。古人春游归来,带着几篇歌咏的诗词文章与快乐地心情;而现代人春游归来,带回了快乐地心情和"满载"景色的数据。

我所理解的春游,是应当在极大程度上回归古风的,而且应当绝对地自由。要是没有特别的目的与需要,在我看来出发前就确定目的地是一件很愚蠢的事情,因为你永远不知道是否在路上的某一处,或许是树林之中,或许是溪流之边,那儿的春会开得更喜人。

千年之前,对于曾皙的愿望,孔子曰:"吾与点也!",他看重的,是其中人与人之间亲密的关系。

千年之后,对于曾皙的愿望,我也想说:"吾与点也!",我看重的,是其中自由自在的春日之游,行万里路,读万卷书,眼睛旅行,心灵散步。("春之恋"征文一等奖)

心存烛光，使爱绽放

高二(24)　田仁睿

"生命中可能会刮风下雨，但我们可以在心底点起一盏灯，拥有属于自己的一抹烛光。"

——题记

"你有没有发现，这些年来，你听到的'唉'，总比'爱'要多。"某网友的一个不经意地发现，却印发了我们深深的思考。

不错的，人生不如意的事十之八九，在这个物质文明飞速发展，精神文明却似得了小儿麻痹症的社会，"唉"多于"爱"也就不足为奇了。

司马迁曾说："天下熙熙，皆为利去；天下攘攘，皆为利往。"这熙熙攘攘，车水马龙的市井，不正是这世间最普遍的名利场吗？小贩因顾客太多，被人顺手牵了几把菜，于是他"唉"，而顾客却因小贩心太黑，要价太高，于是他也"唉"。这唉来唉去，人人哀声载道，好端端一个"爱"的世界变成了"唉"的世界。

诗人纪伯伦曾说："我们已走得太远，以至于忘记了为什么出发。"在我看来，他所说的远实际上指的是心灵和肉体的遥远。在物欲横流的社会推动下，充满美好希望与爱的心灵跟不上肮脏的身体，迷失在人生的迷雾中，没有光亮，亦找不到方向。而身体也因缺少了心灵的指引，向堕落的深渊，越来越近。

但我们也不必因此而绝望，正如村上春树曾说过："迷失的人迷失了，相逢的人会再相逢。"在社会上，仍然有人依旧坚持着，不忘初心。

在耀眼的阳光下，总是免不了阴影的存在。我们又何必因方寸的阴影，而放弃阴影外的遍地阳光。就算是在阴影里无法自拔也不必惊慌，因为逐走黑暗的最好方法，就是找到那份亮光。

若心灵迷失在迷雾中从流飘荡，找不到方向，何不在自己的心里点起一枝蜡烛，照亮前进的方向？要知道，再浓再黑暗的迷雾，也抵挡不住那黎明透出的一缕微光。更何况，自己心里的那点小小亮光，亦可以为他人迷失的心找回方向。就如身化砥柱的黄旭华，沉潜深海，抵御时代的惊涛骇浪；亦如残年风烛的刘盛兰，九旬高龄，用苍老的双手汇出人间大爱！

泰戈尔曾说:"生活以痛吻我,我却回报以歌。"纵使我们无法对生活以歌而合,也应微微一笑,对生活这面镜子亮出心里的那抹烛光。(段考高分作文)

时间的荣耀

高二(24)　刘彦君

世上有三样东西不该挥霍:金钱,身体,时间,你想挥霍它们却得不偿失;

世上有三样东西难以挽留:爱情,生命,时间,你想挽留却渐行渐远;

世上有三样东西不可回忆:灾难,死亡,时间,你想回忆却苦不堪言。

时间便是如此奇妙地存在,却也如空气一样悄然无息。我们一心行走,常常将其抛之脑后。某日,几近大难临头,才惶恐一叹:"时间都去哪儿了?"

有哥先唱——明日复明日,明日何其多?

于是年少本性,轻狂不羁。于是青壮奔波,四海为家。

可歌声婉婉,非止于此——我生待明日,万事成蹉跎!

终于白了少年头,空悲切;终于"子欲养而亲不待"。终于,大难临头!

流光薄情啊!他们一边回忆,一边说。

瞧那"林花谢了春红,太匆匆",瞧那"不知江月待何人,但见长江送流水",瞧那"人面不知何处去,桃花依旧笑春风"。时间,便是在春江花月的不尽轮回与执一念苦心的寻寻觅觅里,一去不复返了。

流光果真薄情吗?苦罢,望穿秋水。然分分秒秒,皆为实现心中久愿,如何不温暖,如何不值得,如何不荣耀?

纵一身清远,仲淹可临江湖之远、庙堂之高,寸寸金炼拳拳心,时间佐料,珍贵也无怨无悔;太白佯狂,以一只中了魔咒的酒壶藏身,朦胧醉眼用时间作镜,望那双傲慢的靴子,至今仍落在高力士羞愤的手中;如摩诘"行到水穷处,坐看云起时",如陶潜"晨兴理荒秽,戴月荷锄归",水流云卷,日出辉尽,皆作流光,然人间有味是清欢,是自然度日,实在值得!

所以梭罗也说:"如果我像大多数人那样,把自己的上午和下午都卖给社会,我敢肯定,生活也就没什么值得过的了。"他没有自耕自食的那两年,也就没有《瓦尔登湖》。如作了时间的奴隶,心中所愿便不能成真。

不挥霍,即不必挽留,方可回忆。或亲情,或有爱,或事业,或理想,总该有

一段浓情岁月,没有淹没在时间洪流里无迹可寻,为自己心中所念,荣耀得发出光来。(段考高分作文)

一寸光阴不可轻

高二(24) 田仁睿

"立志须存千载想,闲谈勿过五分钟"

——题记

"门前老树长新芽,院里枯木又开花。"听着这略带伤感的曲调,在情难自禁,泪湿眼眶之际,也不禁追问自己:我的时间都去哪了?

夫子喟然叹曰:"逝者如斯夫,不舍昼夜。"人生在世,几多感伤,几多惆怅,几多幽怨,几多沧桑,几多人生苦短,几多时运多舛,几多功业未建,几多红袖变苍颜,几多白云成苍狗。而我的时间,便在这"几多"中悄然而逝,一去不返。莎士比亚曾说:"我荒废了时间,时间便荒废了我。"用于己身,看了看眼下自己的困顿、颓废、无所事事的模样,不禁心有戚戚。

"莫等闲,白了少年头,空悲切!"少年本应朝气蓬勃,怎能因人生中暂时的迷惘而沮丧,白白荒废自己的大好时光?青春更多的应是警醒,是惕厉,是积淀,是奋发,是壮怀激烈,是时不我待!"长风破浪会有时,直挂云帆济沧海!"方是少年的梦想,整日低声喁喁、哀哀戚戚,沉浸于过往的哀伤里又有何意义?空逝韶华的愚昧之举。

在奥斯特洛夫斯基的《钢铁是怎样炼成的》一书中,主人公保尔曾说过这样一句话:"人的一生应该怎样度过:当他回首往事时不因虚度年华而悔恨,也不因碌碌无为而羞愧。"而这句话,也正适合怀揣希望渴望能放飞梦想的我们。

"少年易老学难成,一寸光阴不可轻。未觉池塘春草梦,阶前梧叶已秋声。"人生百载,对于这天地自然来说不过白驹过隙,在这"天地曾不能以一瞬"之际,若你还蹉跎迟疑,犹豫不前,只能"就将白发唱黄鸡"了。珍惜你青春里的每一分钟吧,只有珍惜时间方能行之不已,只有行之不已才能使生命充实而快乐,创造出属于自己的那片天! 行之不已,方能成仁!

汪国真曾说:"若你选择了远方,便只顾风雨兼程。"因为只有这样,才对得起我们的灿烂青春!"金鳞岂是池中物,一遇风雨便化龙","大鹏一日迎风起,扶摇直上九万里。"青春的我们若奋起,便是那待雨而化龙的金鳞;若是向上,便是那直冲九万里的鲲鹏! 不要再伤感时光的流逝,年华的老去。这样做只会留下无谓的叹息。青春就应如金鳞,奋发而起,如鲲鹏,一飞冲天。抓住时间的流沙,不要在别人问起"时间都去哪了"时惊心与不安,再暗自神伤,自怨自艾。(段考高分作文)

心去哪儿了

高二(24) 梅冰冰

最初,我们怀着懵懂的心。

踏着岁月的阶梯,品味着成长的趣味。1 岁,瞪着小鹿般的眼睛在妈妈怀里乱窜;5 岁,艰难的认着那些美丽的汉字;10 岁,打心里决定自己要做个乖孩子;15 岁,已为青春梦想扬帆起航。此时,内心没有一点杂质,纯净如一张白纸。我们的心在那已起航的梦之船上,一心想到彼岸;我们的心在那朝气蓬勃的青春时期,只为自己构想的未来,心神贯注。此时,我们的心为自己所跳动。

后来,我们怀着迷茫的心。所谓的花季时光,让我们迷恋于花花世界,心思也不知飘向何处。我们上课时无心课堂,睡觉时无心睡眠,醉心于纷纷扰扰的大千世界。夜阑人静,心突然慌乱,在心里一遍又一遍地问着自己"这是你想要的吗? 这真的是你想要的吗"。心神怔然,不知如何回答。眼前仿佛有一层化不开的迷雾,我们的心会回来吗?

再后来,我们怀着局促不安的心。

经过时间的洗礼,脸上的稚气一点点脱掉,我们面对着早已被打乱的生活,开始自责,开始悔恨。当初在太阳下眯着眼睛大声对天空呐喊的人,还在吗? 我们面对索然无味的生活,开始紧张,开始不安,眼睁睁地看着自己一点点沉沦,才发现自己早已泥足深陷。我们的心到底去哪儿了? 我们还能拾回本心吗?

有多少这样的少男少女,迷惘不知所措。最初怀着远大的理想,专心学习,最后却在无数诱惑中迷失本心,最后一无所有。

蓦然回首,那世界却已浑浊不清。心不在焉的人大有人在,不止青春少男少女。有关部门不干相关事,而只要与红得发亮的钞票有关的事,脚下却生风。这不也是一种赤裸裸的讽刺吗?学生,心不在学习;有关部门,心不在工作,国家何以昌盛?

最后我们怀着坚定的心。

我们是青春热血的少年,我们不该如此沉沦。我们是朝气蓬勃的追梦者,我们不达梦想誓不罢休。最终我们会寻回那颗在胸腔内跳动的心。这次,说什么也不能放弃了,坚定不移地把握你的心吧!

梦想的风帆已经挂起,让我们跟随着自己的心去拼搏吧!人在,心在,梦还在!(段考高分作文)

谈谈慷慨

高二(24)　罗珺彦

"己所不欲,勿施于人。"这是儒家学派所提出并尊崇的观点。儒学作为中国传统文化的正统思想,也影响着后世的一代又一代。这句话的含意妇孺皆知,就是自己不喜欢的东西,不要强加于别人。因为自己不喜欢的,别人也有可能不喜欢,如果把自己不喜欢的强加给别人,也就是相当于找到了一个地方当作自己的垃圾处理站。有的人大肆宣扬"慷慨",认为"己所欲,施于人"就是好的。高调做慈善,援助乡村小学,送出"爱心早餐",满足社会潮水般的好评。

仗义疏财,相当于将世人所珍爱的财富回馈社会,可是这真就是慷慨了吗?真正能让被慷慨者得到幸福了吗?慷慨不应该变味,慷慨主要的不应在于物质,而在于对方的精神需求。

多数慈善家并没有真正深入基层体验生活。农村小学生们,需要的是那些所谓的物质满足吗?不!他们真正需要的是精神上的关怀、心灵上的慰藉。《论语》中也曾有记载:"贤哉,回也!一箪食,一瓢饮,在陋巷,人不堪其忧,回也不改其乐。"颜回是多么有才德啊,在生活困顿时,也能保持高尚的德行,可见物质并不是精神的充分条件。慈善家们更应该的是注重乡村教育,注重师资队伍建设等才对,自己喜爱的平庸物质,不是学生们根本需要的。

慷慨,莫过于此,己之所欲也要考虑别人是否欲。

想问题,办事情,要多换位思考,多替别人想想,你照顾了他,他下次才能照顾得好你。中国共产党一直都是走群众路线,全心全意为人民服务,将人民群众的利益高高举过头顶,以人民群众满不满意作为工作的唯一标准,想人民群众之所想,急人民群众之所急,及时注入人民群众无穷的智慧,得到了人民群众的积极拥护,使党永葆生命力,走得越来越正,越来越远,越来越旺。

每个人,每个集体所形成的价值观不同,每个人所处的立场,看问题的角度更会千差万别。正如小羊喜欢吃的是草,若将之宴请小狗,自是下策,若小狗宴请小羊啃骨头,却也是同一道理。所以,要根据对方的需求,进行慷慨。

总之,对社会的慈善捐助是一种正能量,是值得倡导的,要将这种良好风尚发扬光大。但是,我们要深入被捐助者的生活,了解他们的精神世界,有的放矢,根据客体的需求进行慷慨,进行思想上的帮助,精神上的鼓励和安慰。(段考高分作文)

咬定青山不放松

高三(24) 黄健铭

"咬定青山不放松,立根原在破岩中。千磨万击还坚劲,任尔东西南北风。"

——郑燮《竹石》

我们这个时代所需要并正在形成的三大精神:一是以生命至上为核心的仁爱精神,二是以多元社会、文化并存为核心的宽容精神,三是以社会参与和承担为核心的责任意识。

但是这些精神都是建立在以"爱国主义"与"改革创新"为核心的民族精神和时代精神的基础之上的,所以我们要咬定"青山",不放松!

自从改革开放以来,打破束缚思想的精神枷锁、尊重人民群众的幸福追求、激发中华儿女的爱国激情、重振社会主义的理想信念,都是推动爱国主义发展的强大精神动力;吃苦耐劳、坚忍不拔的传统美德,勤学好思、居安思危的古老智慧,加上大胆尝试、勇敢闯关的现代意识,是成就改革创新的宝贵精神品质。

习近平总书记咬定广义爱国主义,开启中华民族期盼已久的人民富强的梦想——中国梦,引领国人起航。让中国人民有梦想,有机会,有奋斗,尽自己之所能,创造一切美好的东西。

李克强总理咬定改革创新,调整经济增长方式,促成中国经济新局面。让中国人民共同享有人生出彩的机会,共同享有梦想成真的机会,共同享有同祖国和时代一起成长与进步的机会。

王岐山书记毅然咬定改革,坚决反腐,"该受惩罚的,不管是谁,一律受惩罚",避免了"反,亡党;不反,亡国"(影视:《建国大业》)的悲剧。让中国人民看到了国家繁荣昌盛,人民安居乐业的希望,坚定了民族自信心,为祖国的进一步发展打下了坚实的人事基础。

伟大的人之所以伟大,就在于他们能够真正做到咬定"青山"不放松,坚持自己的操守和原则,保证现代个体人格不受污染。

反之,如果不能咬定"青山",就会如法国中华励志网所说"放弃信念,无异死亡",落得个亡身的下场。

唐玄宗,从开元盛世到安史之乱,究其原因就是没能咬定"青山",将奋斗坚持到底;宋神宗,从尝试变法到变法失败,究其原因就是没能咬定"青山",将改革进行到底;徐才厚,从军委副主席到阶下囚,究其原因就是没能咬定"青山",保持爱国之心的纯洁。

正所谓"书不记,熟读可记;义不精,细思可精;惟有志不立,直是无着力处",人生便是如此,必须要咬定"青山",才有可能前进、成功,甚至辉煌。假若每一个人都不能咬定"青山",不仅是个体素质和人格,将成为一句空谈,甚至是国家的前进和发展都将是一场虚幻的濒临破碎的梦,让成千上万革命家的成就毁于一旦!

正如我们的学习,如果不咬定"青山",没有自己的理想和追求,没有自己的奋斗和努力,那我们就必然"泯然众人矣"。也正如国家的发展,如果不咬定"青山",没有爱国信念和国家意识,没有改革思想和创新思维,那"国恒亡"也不再是只言片语的警告,而将是必然的结果!

因此,不论是在个人生活中,还是在国家的发展中,我们都要奋发进取,不可以松懈倦怠,不可以忘记出发的目的,时刻提醒自己:咬定青山不放松。(段考高分作文)

守正出新

高三(24)　杨玺可

2014 年一首《小苹果》落地开花,瞬间以席卷之势红遍全国,问鼎点歌台,雄霸广场舞,成为唱遍大街小巷的神曲。其主唱者筷子兄弟也凭借风格独特的《小苹果》登上了音乐事业的又一个高峰。

可面对全国跟唱的局面,刘欢老师却为我们打了一支镇静剂:"音乐不能总去克隆这种成功。"

诚然,《小苹果》正是凭借其朗朗上口,质朴直白的独特个性获得成功的。可个性之所以是个性,就是因为它往往与众不同,独一无二。当个性被疯狂模仿,泛滥成灾,个性也就不是个性了。失去了独特价值,也就难以获得成功了。

所以,想要获得成功,往往要有个性,能"出新",能有个人风格,能有不同凡响。

20 世纪,轻松活泼,通俗易懂的现代主义音乐凭借其有别于传统的个性而流行于世界。摇滚、爵士、蓝调吸引了无数听众;披头士乐队、猫王普拉斯利更是音乐史上的明星。但是新时代的音乐所张扬的个性与反叛精神并非一种无病呻吟,哗众取宠。它的和声起源于传统的欧洲音乐,黑人音乐;它的精神追求根植于动荡的国际环境,社会现实。它是音乐对经济、政治的反映,符合审美的范畴和社会的要求,充分做到了"守正出新"。

反观 21 世纪的中国,在主流之外也萌发了一种"新"——非主流。

它的初始其实亦是"守正"的。它是中国新一代面对"独生子女政策"、经济高速发展、思想文化更新等一系列社会现实的认知、诉求的表达。

高层次的非主流以网络文学最盛,诞生了韩寒、七堇年、安妮宝贝等一大批文学新秀,揭示了当代中国新一代所经历的生存压力、体制弊端压迫和内心深处的惶恐难安。

然而随着早期非主流旗手的相继成功,非主流却越来越成为"主流"。一方面,它叛逆的形式成为博人眼球的必杀技,另一方面,它的经济价值成为商业文化的主力军。

很多标榜"改变世界"的勇士渐渐在追名逐利的市场上一去不返;更多渴望

成名得利的人慢慢在"非主流"上堕入了极端。

到现在,"非主流"几乎成了颓废的病态的代名词。颓废的创作心理,病态的审美心理,为常人之不敢为,变常人之不敢变,为"出新"而与"守正"拉开了距离,却忘却了"行歧路之不至"。以至于大众越来越对非主流那"明媚的忧伤"汗颜,对它影响出的"乡村杀马特"诟病。

唉,当"非主流"成为"主流",个性不复存在,昔日的辉煌也化作了落日的余晖……

可见,无论做什么,想要成功就必须做到"守正出新"。谨慎的遵守本质规律,充分的汲取前人精华,创新地成就独特个性,才能衔华佩实,自成一家。(此文载《铜仁日报》20150426)

陌上花开,请缓缓行

高三(24)　杨玺可

"必须舍弃一切琐碎的心思,他损毁我们的生活。他让我们因为任何新东西而忘形,让我们追逐时髦话题,以致恒常焦虑,等着看明天又有什么事情发生。"

终于,我遇见了塔可夫斯基的这句话宛如"一棒"使我惊怯以至无路可退,"当头"将我从繁杂琐事中唤醒。

面对节奏急促,信息冗杂的年代,我无时无刻不紧攥着手机浏阅资讯,避免对八卦一无所知而遭人揶揄;我随随便便扫过名著简介以求能侃侃而谈满足荒谬的虚荣心;我年年岁岁"更新换代"只怕变成"out man"被时代抛弃?而现在才发现,每一个如复制品的我,不过是淹没于人海的一丝喘息。当简短的微博代替了精辟的《论语》,当夜晚的荧屏代替了满天的繁星,当百度一下代替了亲自思考,我不知道我究竟是谁,又有什么意义?

才明白从没有谁会被时代抛弃,所有的仓皇疾驰不过是不敢坚守自己,以至于陷入纪伯伦所言之境地:"我们已经走得太远,以至于忘记为什么出发。"

自古以来功名浮华无不隐隐然沉寂,难道我们就不能在名缰利锁中做一个脱巾独步的隐士,在兵荒马乱里做一个守心无悔的轻骑?且让我们褪去世事浓妆,褪去岁月烟尘,掬一捧生命之水,佐以安然,与时代对饮,每一杯都醉成自己的模样。

当现在,我终于寻找到了自己心之安所,宛如深山中的绿杉野屋,在清籁中自有虫鸣婉转细碎,月洒银辉满地,风过满袖盈香,才真正领悟白落梅笔下的"素心天然、清简空灵"。仿若那瓷瓶里的瘦柳,摇曳一世碧廖,在这偏佳冷处,另生枝芽,不是人间富贵花。

所以,请还在琐事凡尘中挣扎的你,关掉电脑,抛去手机,打开汽车门,走在陌上花开的地方,让太阳终于能找到你。

相信我,也相信你自己,你只消——用指尖触触阳光,让阳光找到一丝缝隙,投射到你心里,于陌上花开,缓缓而行。(模拟考高分作文)

迎春,探春,惜春

高二(17)　田　芳

近几天来,一直下着小雨,心中有些惆怅,有些郁闷。好不容易等雨停了,便想着到外头走走。雨后的空气中布满湿暖的气息,混着一丝泥土的清香。轻踮起脚,跳过地上的小水洼,便想着:春天,或许已经来了吧。

迎春:"天街小雨润如酥,草色遥看近却无。"春天到了,大地一片生机勃勃的景象。一朵朵花儿成为迎春使者,开得火红火红的,仿佛在昭示着春天的到来。因为花开的声音,冬天也会远离,因为阳光的脚步,温暖走向大地。田野上,小草长出嫩芽,大地更上新衣,小溪又活泼地游动起来,从这流向大海。广场上,心犹如萌芽般膨胀起来,融融春色之中,到处是柳树桃花的倩影,满天飞舞的小鸟,各式各样的风筝在湛蓝的天空翱翔。屋檐下,几只小燕子在嬉戏,它们是春天纯真的笔调,是春天歌谱中灵动跳跃的音符。百花齐放,万物更新。森林里的鸟儿跳起了迎接春天的舞蹈,田野中蟋蟀为春天到来而欢快地鸣叫。

探春:"清明时节雨纷纷,路上行人欲断魂。"春天常常给人一种心旷神怡的感觉,如果你到大自然里去品味春的气息,会给你增添无穷的力量。我喜欢在布满香气的春天里行走,感受春天咫尺的美丽,用纯洁的虔诚守望生命,我看到了许多粉红色的花瓣正与春闲谈,一颗一颗的希望正沿着柔和的春光攀升。我们一头扎入大自然的怀抱,呼吸着清新的空气,浸入心脾,倾听着万物苏醒,小草抽芽的声音。贪婪地享受着春的味道。全身轻松了许多,心情出奇地愉悦。

我爱春天那种荡漾在春风中的温馨,我爱春天里缤纷色彩冲击视野的感觉,绿水青山间品尝各种具有田园芬芳的美味……我们寻找春味,寻找开心,寻找……分享踏青,分享快乐!

惜春:"人间四月芳菲尽,山寺桃花始盛开"。春天是隐蔽的,藏在人的心灵,酝酿着美丽的芬芳。想想,这隐蔽的,不管是忧郁的、深沉的,还是热烈的、开朗的,也不管是舒心的还是痛苦的,打开看看,都有着金子般的光芒。所以,当体味春天的时候,需要把心贴近春天的胸膛,听那颗忘我搏动的心声。春天一向坚强向上,生长萌芽。他不断地新生,向着蓝天伸展无尽的绿意,盛放浑身的力量创造奇异的花开。当士大夫屈原冒死进谏,决心以己之力献上血红的春花时,他怀揣着满满的春光:国泰民安,国运昌盛,春和景明,就是他心中最浓丽的春天。为了这么一个无与伦比的春天,他的心灵时刻奋进拼冲,他拥有心灵之春的景气和精神。

生活正向春天一样,哪能没有风雨,哪能不经历沧桑呢?而我们需要的正是那种无畏风雨的精神,勇敢面对,在伤感的时候,说不定还会有意想不到的收获。何况,细雨会替你洗净伤口,春风会为你将皱纹抚平。春天,是希望纷飞的季节。大雁饱含憧憬地向着北国的乐土结伴航行,一路载歌载舞,排踏出春天的韵律传递着春的喜讯;出行的人们背负着行囊,迈开希望之旅,走向春意盎然的南北东西,走进浮光跃金的大千世界,播种自己心底的希望。学校里的一间间教室,伴着这美好的春光,小学生在专注地背书,初中生在认真地写字,高中生在勤奋地钻研,大学生在安静地上自习。我想,我们也是这美丽的春天,永不逝去的春天——祖国美丽的春天!（载《铜仁日报》20150318)

走,让我们去春游吧!

高二(17)　杨　蒙

当春雨染绿了野草,
走,我们去春游吧。
我们去梵净山看那满山青翠,
让高中定格在大自然中。

当春雷惊醒了青蛙，
走,我们去春游吧。
我们在锦江河畔架起烧烤架，
让青春在炭火中吱吱作响。

当世界变得五颜六色，
走,我们去春游吧。
我们去那盛开油菜花的田畔，
让笑声落在每朵花上。

当小鸟开始唱歌，
走,我们去春游吧。
我们去那遍布小鸟的森林里，
让他们纯真的歌声洗涤心灵。

当高考离我们还有四百天，
走,我们去春游吧。
多呼吸点负离子后回来更加努力潜行，
让我们的梦想落地生花。("春之恋"征文一等奖)

06

众说纷纭

　　时光荏苒如白驹过隙,伟人也好,英雄也罢,任后人众说纷纭,清者自清,浊者自浊。成长的字典里没有失败,青春的记事本上没有错误,休管他人评说,我成长我快乐。

你说、我说、他说

高二(24)　柏青青

一些人乐于表达,但不一定言之有物;一些人苦于表达,但可能思维丰富;一些人疲于表达,他们只用行动说话。

有时候,不容易看出一个人的性格和品质,因为他不善于表达,但可以通过行为来观察。有时候,说又能体现很多内容。简·奥斯汀的《傲慢与偏见》和《理智与情感》,两篇都在内容里面突出了信息的作用,而且两篇的男主角都是沉默寡言但睿智聪慧的,他们在书里面并没有太多的语言,然而却总是在关键时候起着重要作用,扮演着重要角色。而女主角女配角们都是善于言辞的,她们往往把她们对某一事物的看法或者她们的感觉描述得很详尽,从中可以窥探到她们的思想。所以"说"有时候不那么重要,更重要的是行为的体现,有时候又很重要,可以看出你的品格好坏。

如今的时代,是个信息充斥的时代,各种说法观点,良莠不齐混杂其间,繁杂的信息需要我们正确地挑选接受,于己有益,则洗耳恭听,于己有害,则闭之不闻。最近一起安倍参拜靖国神社闹得沸沸扬扬,东亚局势再度陷入紧张状态,中方派外交官秦刚出席记者招待会,批评之言一次比一次激烈,谴责程度渐渐加深,我们谴责日方不能够正视历史,日方则认为这次参拜是祭拜战争先烈是理所应当的,而东亚一些国家则强烈抗议日方这次行为,并且有民众游行示威,反对日本这次参拜。一时间,各种指责声音铺天盖地而来,然而日方的态度仍然很强硬,不为舆论所动摇,上演的这一幕幕你说,我说,他说,大家说的精彩的辩论,我们该何去何从,我们该听谁的,我们又该怎样说,怎样做? 当然,在这样的情况下我们当然是站在自己国家的立场,维护国家的利益。所以"说"有角度和立场的不同。

针对这次参拜,中国究竟该怎样处理? 几个人发表了不同的看法。

甲说,"日本这次参拜是故意为之,目的就要挑起东亚各国的愤怒,这样做也许会有益于安倍获得更多的支持,同时也是日本右翼势力抬头的表现,因此中国应该做出实际行动,用行动震慑日本。"

乙说,"日本断断续续参拜那么多次,早就麻木了,管他参不参拜,关我什么事,我只要过好我的小日子,就足够了,要我说,中国谴责了那么多次,日本还不是照样这么干,要我说,干脆不回应,他爱干吗就干吗吧,见没人理他了,他自然就会消停了。"

丙说,"日方参拜,中方应该冷静应对,事实胜于雄辩,再怎么狡辩,日方终究是没理的一方。中国应该表现得既不为日方左右情绪,同时又应该坚决的维护国家的荣耀,维护民族的自尊心,不容许外族欺辱我们的民族。"

不知道身为中国人民的你们,在这样的关头,会选择怎样站出来为民族说话,不管你赞同还是反对上述的某一观点,或是认为有可取之处但尚不完整,你都应该说出来,表达你对国家的一份心,像屈原一样拥有一份强烈的爱国主义。

但同时,日本在很多方面又与中国有很大的渊源,不论是文化上,还是历史地理上都与中国有着密切的关系。它们中,你不得不承认,的确有值得我们学习和借鉴的地方,有其精彩的地方,所以有时候我们在说的同时不要太极端,否定一切,应该放宽眼界,多角度看世界,这样你的"说",才更有说服力。

说有很多种,有不敢说,有不会说,有被迫说,有说违心话,有说场面话,有说客套话,有不知所云,有一鸣惊人,有正言不讳,如此等等,如此一说,说还真是值得我们讨论和研究的话题。

莎士比亚悲喜剧中有这样一段,一个仆人说"老爷,我们主人请您务必赏光。"老爷答"我倒希望他赏我一耳光。"这里既体现了语言的趣味,又暗示了那位老爷与主人之间的关系。故意将仆人的话曲解,达到了意想不到的效果。如此的你说东、我言西,实则还是有联系的,达到了说的目的,体现了说的技巧,这就是我们需要学习如何说得好,说得有法了。

一千个人眼中有一千个哈姆雷特,每个人的意见往往是得不到完全的统一的,主要原因是世界观、人生观、价值观不同,我们不需要思想专制,总是说一样的话,那样不仅生活无趣味,而且体现不出人的独特性。所以,不妨有你自己的思考和见解,这样说出来的话才能让别人耳目一新。

另外,在说之前还要有严谨的考证求实,尽量使你的"说"更真实具体。

说,可以表达情感,说,可以传递信息,说,可以推销自己。我们不需要做个出色的演说家,但也要学会说话的技巧,在说的同时,能够不伤害他人,在说的同时能达到自己的目的,在说的同时与他人达成共识。你说、我说、他说,不管说什么,让我们将我们所思所想畅所欲言!(第十九届中华圣陶杯作文大赛校级一等奖)

你说,我说,他说

高二(24)　曹玉珠

那分明是一个神志不清的人。

人们都这样说,于是我更加确信他是个疯子,便对身边的家人和同学说:"你们一天还是注意点那个疯子,看见他就走远点。"

城里最热闹的步行街上铺放着错落有致的石凳,每天上学经过那总会有很多人在那汇集又流动,但凡天气好点那儿每每是挤得水泄不通。老人和妇女总爱带着小孩在那享受冬日的温暖。在街中心的一个石凳旁有一个垃圾筒,那人从冬到夏,从早到晚都在那儿掏垃圾,仿佛里面有无穷的宝藏,时时穿着脏兮兮的衣服,瘸着一只脚抱着一堆东西在街上看着人疯笑,有时还做出吓人的动作,这的确是一个如假包换的疯子。

虽然老人和小孩似乎都不怕他,可很多人的确被他"恐吓"过,被他吓到后有人选择跑,于是他会疯狂地追,场面挺吓人,有人吓得大叫然后谩骂他,他仍会疯笑,看着让人心生恐惧。那时看着他的瘸脚我鄙弃道:"肯定是被人打瘸的,真是活该!"

每天在路上我总会四周环视,如若看到他定会绕过几十米远再去学校。虽然说如果我们不去惹他,他对我们构不成威胁,可总让人觉得有潜在的危险,毕竟人们都说他是疯子,还是避开着走安全点。我曾一度在想,城管天天追赶卖菜的大爷大妈,为什么不来管管这疯子! 一直延续在心头的想法却在不久前发生翻天覆地的改变。

下了晚自习已是晚上十点过了,走出教室,一阵寒风袭来,吹得大家都畏头畏脑,身上裹着庞大的棉衣还觉得冷,都想快点回家去。校门外,马路对面的香樟树下站着好多家长,都是来接自家孩子的,看到来接我的姐姐后我们便一起同路上的很多学生顺着路灯发出橘黄色的光朝家走。我们刚好到下步行街梯子那儿,我听到一阵木棍咚咚敲地的声音,顺着声音,转身,右边两个人的身影映入我眼帘,他们相互搀扶着,前面的人手里拿着木棍,后面的人双手搭在他肩上,两人竟都是盲人! 他们没能摸索到路上来,走到了一处没路的地方,那儿是步行街和马路的一个拐角,白天有人卖小吃类似一条小巷,但只有一米多宽,五米深左右,晚上门面是关着的。旁边是一家银行,里面亮着白晃晃的灯。我顿下脚来看他们朝着没路的地方摸索着前进,他们离路只有一步之遥,却走错了。我所在的路与步行街相连,两步便可以走下去,我本打算过去叫一下他们,脚步刚一挪,看到盲人的同时,也看到了疯子,顿时两种情绪交织,出于对他的恐惧,我便止住了脚步。路上好几多个学生都驻足看他俩,似乎都想告诉他们走错路了,脸上对他们充满怜悯之情,脸上挂着担心,面面相觑,与同伴小声说着"他们走错了,要不要提醒他们一下?"两个盲人显然不知道他们走错路了,亦不知道此刻有很多人在看着他们,想帮他们一下。棍子仍是两人的眼,在手中握着在地上左右敲击,发出清脆的声音。可我们毕竟只是看着,只在嘴边议论,每人大声叫他们,也没人动身。

这时,银行门口的那个疯子又疯癫地笑着,看着那两个盲人,手指着上我们那条路的梯子,连续发出"噢噢"的声音,他竟然不会说话,像哑巴发出的声音那样,想表达什么,却没人能听懂,但可以确信他定是在给他们指路,他也知道他们走错了,但他吐出的不清不楚的话显然没能使盲人听懂,他们或许不知道有人在对他们讲话,他也显然不知道他们看不见。见他们仍用木棍在地上敲着,他放下手中的一堆废品,一瘸一拐地走到他们身边,拽着他们从"小巷"里出来,仍疯笑着,口中仍发出"噢噢"的声音,手仍指着上路的梯子,两人在疯子的帮助下终于上到路上。

旁看的同学们悬着的心终于放下来了,都无言离开了,但都多了一份轻松。

时间前后只有一两分钟,但在我看来却很长。

那个我最惧怕,每天都会避而远之的人竟会做出这般举动,使我惊愕不已,心中顿生感慨。他神志肯定是有问题的,可他却有一颗乐于助人的心,我为周围的人感到羞愧,更为自己感到羞愧。我们在盲人最需要帮助的时候没能伸出援助之手,反而是一个在众人眼中都是疯子的人站出来帮助了他们,帮他们引上大路,找到回家的方向。

平时将口号喊得十分响亮,但却没有付诸实际行动,说的时候口若悬河,做的时候难于登天。平时只会说那人是疯子,关键时刻我们却连疯子都不如,又有什么资格去说他呢?

回家的路上多了一份思考与感动,少了几分担心与畏惧。对智障的人多了尊敬和同情,少了歧视和谩骂。

两位盲人仍在黑暗中摸索他们回家的路,但他们心中定是亮起了一盏温暖而明亮的灯,会照着他们安全回家。

大家都回家了,议论的声音在各自心中会荡,或许久而久之便会改变对那人的看法。

寒风凛冽,

步行街上,

空空一人。

(第十九届中华圣陶杯作文大赛校级一等奖)

你说　我说　他说

高二(24)　陈桂红

缓缓睁开蒙胧的睡眼,向东方的鱼肚白投去一丝浅浅的微笑,轻轻舞动薄如细纱的青衣,恬静地倚立在石岩的缝隙间。屏声凝息,迎接新一天的到来!

你说,我是悬崖峭壁上的一抹浓绿;

他说,我是茫茫雪原上的一丝春意;

我说,我是羊肠小道边的一点晕红。

没有天使送来灌溉生命的琼浆,没有黝黑肥沃的温床,没有路人赞美的目光。唯有这一根一茎,一叶一花,一双炯炯有神的眼睛,一对聪慧灵敏的耳朵,孤身一人伫立在世间万物之中,聆听着风的声音,感悟着雨的吟诵,静看着这繁华如梦的城市流光。

你说,家花不如野花香;

他说,一枝独秀不敌春色满园;

我说,一花一世界,一叶一菩提。

一朵花,一群花。差别不过是区区一个计量单位的字眼,多出的不过是寥寥几个数目。多少是谓一群,多少是谓一簇?亘古不变的是花的本质和内涵,一朵花与一群花,在本质上是平等的,那又何来一枝独秀不敌春色满园之说,这种芸芸众生皆是平等之论,贯穿于整个宇宙世界。正如庄子与惠子游于濠梁之上,辩论的"子非鱼,安知鱼之乐""子非我,安知我不知鱼之乐"。我们这些世间的凡夫俗子是难以理解花的世界。花,不会因为你怒它不香而自怨自艾,放弃绽放,也不会因为你嫌它一枝独秀,不够完美而停止生长。就花本身而言,它的绽放无碍,与事事无碍,它是宇宙间独立的个体,它的生命流动不会为谁暂停。这种圆融的处事智慧实现了它生命中的圆满。然而我们在欣赏一朵花时，往往漫不经心，见异思迁，抑或掠影浮光，仅仅只限于眼观上的感受，体会不到一枝花的妙处。或赞赏她的美丽，或叹息它的不足，痴心的妄想如若不是单单一枝，而是一群，一簇……会不会更好，想象着看见百花齐放，姹紫嫣红的花园时令人惊讶的场景，虚构着身置遍地花开，芳香四溢的花海时的浪漫，殊不知，真正的美丽就在眼前，你眼中这唯一的一朵才是最真实的，它淡淡的清香，扑鼻而来，含羞待放的花骨朵儿，盈盈欲滴。

你说，残花败柳，落花流水是花悲惨的收场；

他说，春红已谢，碾入芳泥是花永久的宿命；

我说，既然生，就生如夏花之绚烂，淡然死，就死如秋叶之静美。

岁月无限，生命短暂。或许你今天眼中含笑绽放的花朵，明天就会黯然凋谢，恍如昙花一现，顿然使人感慨"朝看水东流，暮看日西沉"光阴易逝，岂容我待？纵然燕子去了，有再来的时候；杨柳枯了，有再青的时候，花儿谢了，有再开的时候。但一想到"无可奈何花落去，似曾相识燕归来"又不禁惆怅起来，花的凋落，春的消逝，时光的流逝，却是不可抗拒的自然规律，虽惋惜但也无济于事，即便这些美好的事物，明年又开春重现，也不再是原封不动，那时那刻的她了。这些剪不断理还乱的愁绪夹杂着难言的苦涩与酸楚，烛花摇曳，一眼万年。生命终将暂停在呼吸薄弱的边缘，但花不会就此了却一生，它会勇敢的"化作春泥更护花"奉献她的美丽，她的智慧，她的力量。融入尘埃之中，化为一方净土。

生，如夏花之绚烂。你看，那欲燃烧整个山峦的映山红，红得似火，火光照人。那欲轻摇曼舞，层层绿浪的白荷，亭亭玉立，田田莲叶；那欲十里飘香，沁人心脾的金桂，星星点点，若隐若现。

死，若秋叶之静美。你听，待花含苞欲放之时，"咔咔"作响的剪刀在根茎间挥舞，她们成为人们手中，书桌上，客厅中一道亮丽多彩的风景。花，不会因为人们的贪婪而愤恨，虽然被残忍地剪下，但仍以最美丽动人的微笑回馈世人。花，也不会因为人们的无情而埋怨，虽然被随意扔之一边，但仍以最宽容无私的胸襟包容世人。

花，是美丽的代名词。她的美，显于外在，融于内涵。她以美的姿态展现在世人面前，又以美的原则规范自己，无论是生是死，都是美的外化。如若一朵花真的可以演绎出整个宇宙，那么，她将是照亮人性的一面明镜，启迪心灵的一个锦囊，衡量平等公正的一杆石秤。你说，我说，他说，无论我们的观点多么的有理有据，在一切我们未知的事物面前，都显得那么微不足道。一朵花好比一个境界,我们无法完全设身处地地站在花的角度看待这个世界,在一定意义上说也就无法真正理解花的本质含义。唯有对万事万物怀有一颗敬畏之心,才能做到包容谦逊平等地看待万物。

敬畏,首先就是一种平等。唯有心存平等之心,人与人之间,人与自然万物之间,才能存在理解,才能平和的互相对待;才不会傲视一切,藐视一切,践踏毁坏一切。才会懂得:人,其实并非万物的主宰者。天地万物,相交,相映,相依,共存。比如一朵花,一条鱼,一只蚂蚁……这一切,都是大自然的赋予,任何人都无权剥夺。倘若你失去了对自然的敬畏之心,不能将自然万物虚化为一个世界,一个意境,不能将他们一视同仁,加以同等的尊重,那么你将失去温文尔雅,平易近人的修养,海纳百川,有容乃大的胸襟。(载《铜仁日报》20140502,获北京大学"创新作文大赛"一等奖)

你说,我说,他说

高二(24)　黄健铭

主持人:没有烦恼,没有忧愁,由梅游集团冠名播出的《非考勿扰》又与大家见面了。欢迎电视机前的观众朋友准时收看我们的节目,同时也欢迎现场的朋友来到我们的演播现场。接下来,有请评委嘉宾你老师、我教授、他博士上场,大家欢迎!(音乐起,嘉宾上场,观众鼓掌欢迎)现在,进入第一环节——Show - time! 我们有请一号参赛选手——语文!(音乐起,语文走上舞台,观众鼓掌欢迎)

语文:(向观众挥手示意)大家好,鄙人姓语,名文,字国文。来自古老的中华文化城。

主持人:欢迎你,国文,预祝你能顺利晋级。请准备——能力 Show - time!

语文:我是语文,很荣幸能在这里见到各位嘉宾和朋友。作为社会精神文明的产物,人类文化的载体,印证了我在人类生活中举足轻重的地位。在我的成长过程中,虽然充满了各种不同的声音,却正是这些吵吵闹闹,才铸就了我的生命力、可用性和我的价值。在这里,我要向他们表示郑重感谢!(鞠躬)

有人说,我是衡量人才知识与素质的标准之一,实在是谬赞了。在当今竞争日益激烈的 21 世纪,处处充满了机遇与挑战,你不必再苦于"英雄无用武之地"，也不必再抱怨英雄日暮，而是在于你是否能毛遂自荐，孔雀开屏般自我展现一番。诚然，三寸不烂之舌再加上一副铁齿铜牙一定会招来别人的明眸善睐，相信任何人都乐意在大庭广众之下滔滔不绝，引经据典，口吐连珠妙语。

也有人说，我是一名质朴的导师，帮助学生学好其他学科，提高学生正确理解、运用语言文字的水平，培养学生发现、探究、解决问题的能力；还有人说，我是一个特别的助理，提升大家适应实际需要的现代文阅读能力、写作能力和口语交际能力。面对如此殊荣，我实在愧不敢当，但仍然要感谢你们的鼓励与支持。（鞠躬）

主持人：没想到，大家对你的评价如此之高，令人惊讶。不过，荣誉只属于过去，你的去留，最终决定权还是在于三位评委，继续努力吧。

语文：我相信自己的实力，也相信评委们的眼光。（鞠躬，下场休息）

主持人：（主持人笑）第一位就是怎么有实力的选手，那接下来又会有什么呢？有请二号参赛选手——英语！（音乐起，英语走上舞台，观众鼓掌欢迎）

英语：亲爱的观众朋友们，我想死你们了（手捏兰花指，指向观众，观众哄笑）。我的中文名字叫英语，我的英文名字叫 English。我来自一个美丽的日不落帝国，无论是风景名胜还是人文艺术，我的故乡都是世界一流的。所以，我希望朋友们都可以通过梅游旅游公司去我的家乡玩玩，到时我一定盛情款待。

主持人：还给自己老家做起宣传了，这太不像话了。（观众大笑）好了，话不多说，舞台交给你，能力 Show – time！

英语：随着社会生活的信息化和经济的全球化，我也携带着各种信息逐渐成名，覆盖大家生活的各个领域。在教育领域，我拥有自己独特的优势，比如，作为外邦人，我能够提高学生跨文化意识，培养学生综合语言运用能力，帮助学生了解他国的学习方式和生活习俗等，为学生走向世界奠定坚实的基础。

我敢坦言，若是你将我当作朋友，那我定为你两肋插刀，帮你实现多元学习与价值的目标，助你登上人生事业的巅峰，成全你迎娶白富美的心愿。谢谢！

主持人：又是一个信心满满的家伙，可是你的对手语文，声誉很高啊。

英语：声誉什么的都不重要，重要的是实际能力，现在的有些声誉还真的不是很实在。

主持人：（主持人笑）这句话倒是真的，只是不知道评委们对你的感觉怎么样。那么接下来，我们进入第二环节——评选时间！各位评委和观众将有 1 分钟的评选时间，选出最终能够留在舞台上的选手。

（一分钟过后，评选完毕。你老师选择语文，我教授选择英语，他博士选择

语文。观众投票:语文 91 票,英语 84 票)

主持人:好的,现在结果已经出来了。让我们倒数第五个数,一起揭开答案。(五、四、三、二、一)请选手自己看结果。(语文和英语转过身,看着大屏幕上的结果)很遗憾,英语……

英语:没关系的,失败是成功之母嘛,虽然我的价值在这里没有得到完全展现,但我相信我一定会在另一个地方找到属于自己的天地。

主持人:嗯,不得不说,过程很精彩,可是结果总是无情的。在这里,我想问一下评委,为什么你们会有这样的选择呢?

你老师:我个人觉得,在我国,大家在生活中并不能天天接触到英语,也不能真正地使用英语交流,毕竟汉语是我们的母语,更方便我们在生活中的交际。

我教授:不过,你老师,你是否有发现,英语在我们生活中或许没有语文实用,可是如果想成为一个真正的尖端人才,你就必须要学会使用英语,否则,将寸步难行。

他博士:你老师和我教授说的都有道理。在现实生活中,英语确实能拓宽我们的视野以走进新世界。但是,我们也不能因此在英语上花费太多精力,却丢弃承载中华优秀文化的母语,这是不利于国家长远发展的。

主持人:确实,同时面对两位优秀的选手,观众和评委们做出一个选择真的是很不容易。这样的结果或许不是最好的,但却是符合大众需求的。很明显,今天《非考勿扰》的胜出者是——语文!!(观众鼓掌)随着胜出者的产生,我们的节目也要与观众们说再见了,希望大家继续关注我们的节目,再见!(第十九届中华圣陶杯作文大赛校级一等奖)

你说、我说、他说

高二(24) 黎 坚

12 月的某日,一条关于"中国大妈讹诈外国小伙"的新闻在社会上疯狂地传播,门户网站、微博、电视节目争相报道。消息如潮水般席卷了人们的日常生活。各大新闻媒体的报道、网民的评论、微博的转发标签表述着中国人的态度,这次绝大多数中国人"同仇敌忾",对"讹人大妈"一顿破口大骂。但是一天过后,真相浮出水面:讹人大妈实为受害者,撞人小伙确为行凶人。事态如此急转直下，着实让人感到震惊。不过，更令我震惊的是国人们"你说、我说、他说"展露出来的扭曲的现实。

回顾2013年的网络，它那"格外的喧嚣"引人注目，大量官员因腐败经网络曝光被迅速拿下；李某某轮奸案、海南校长带小学生开房等民间事件经网络传播造成极大轰动；网络谣言风生水起无端引发国人内心的恐慌；实名"大V"成为意见领袖，左右网民态度，"一语"能惊起"千层浪"；政府部门出面严打网络谣言终使网络回归平静……在我看来，近年的网络较前几年相比，像是服了兴奋剂的病人一般"唰"地活跃起来。这种反常的活跃，引发人们强烈的批判。

"网络传播大量谣言，网络混淆人们的视线，网络成为少数人兴风作浪、从中获利的工具，网络有罪！"他们如是说。

网络到底怎样？让我们用事实说话：2008年，"蛆橘事件"首先作为短信在人群中传播，随后经网络大规模散布开来，造成全国柑橘严重滞销，仅湖北省损失就高达15亿元；2011年，响水县关于化工厂爆炸的谣言在网络传播，引发人们的恐慌，当地居民慌忙奔逃，结果引发多起车祸，造成4人死亡多人受伤；2013年"中国大妈讹诈外国小伙"事件一天逆转，给当事中国公民造成严重的精神伤害，更给中国人的形象覆上巨大的阴影……各种谣言在网络上的盛行，着实让人看着目瞪口呆。印象中，更早些时候的网络并没有如此浮躁与不负责任。那么，给网络注入"兴奋剂"的，到底是何方神圣呢？

不可忽视的一个因素是网络工具的普及。特别是随着智能手机的普及以及微博、微信等应用的创立、完善，近年来人们将自己接入网络的方式发生了革命性的变化。过去只能坐在房间里，使用笨重的台式电脑，接入速度缓慢的网络，而如今，任意一部安装有相应应用的智能手机、平板都能让人在网络世界中畅快地"高谈论阔"，随意地表达自身的想法。另外，日益增长的普通人的生活压力、精神诉求与为数不多的表达渠道，是把人推向网络的又一举足轻重的力量。随着中国的不断发展，人们的生活节奏开足了马力，不断地加速着，人们有如此多的精神压力，人们有如此多的思想冲突，人们有如此多的情感诉求，但人们没有足够多的倾诉条件。人们缺少与他人静下心当面交谈的时间，人们缺少与家人怀真情促膝长谈的精力，人们缺少同智者放轻松探讨人生的机会，于是，人们涌向简单、快捷、轻松、无责的网络，两者相见恨晚，一拍即合。

大量人群涌入网络的原因似已明了，那为何网民们在网上会有如此不理智的表现呢？

最主要的原因要数网民素质的低下。尽管中国公民的素质正在逐渐地提升,但不可否认的是如今仍然存在大量权责意识不到位的人,这些人若是身处于网络这样一个虚拟的环境,自然容易抱有"反正在网上说话也不用负责"、"反正没人能查得到我"这样不现实的侥幸心理,从而出现种种不负责任的行为。除此以外,诸如社会不公平、阶级差距扩大、官员腐败等社会问题,再加上随着社会物质上飞速发展而日趋浮躁的人的内心,诸多因素混杂起来,造成了网民们格外"易怒"的特点以及对他人的仇视心理,这也是我们能在各种网络环境中看到网民动不动就摆出骂腔的原因。少数网络名人的不正当行为也是不可忽视的因素之一,他们出于利益考虑,利用自己手握大量粉丝的优势,同一些居心叵测的人联合起来,刻意在网络上掀起"不存在的风暴",损害他人的利益。最后,监管部门之前的监管不力也是一个重要原因,对于网络违法行为的勘察、处罚力度不够,不能维持网络环境的相对纯洁,从而导致网络环境滑向混乱的深渊。

网络的优势不言而喻,它那高效、便捷、简单的特点使得它成为人们交流的优秀平台。在这个平台上,你说,我说,他说,大家能够各抒己见,但现实是网络已经暴露出许许多多的问题,我们不能放任网络如此发展下去,我们不能放任如此"你说,我说,他说"的模式,我们需要改变。网络是一个大家都在参与其中的场所,因此少数人的觉醒与改变是不能给网络带来实质性变化的,我们需要的,是所有网民的责任意识的觉醒。这意味着不仅网络的权贵——各路兴风作浪的大 V 们,还有千千万万的普通网民们都需要理智地参与网络活动,不盲传谣言,不盲信他人,不盲目跟风,真正"负责任地说话"。这个网民素质提升的过程必将是一个漫长的过程,因此政府在这一过程中的监察与督促将显得格外重要。政府应该给人民提供更多的倾诉渠道,把网民从"在网络上抱怨",拉回"在现实中倾诉",并且努力解决突出的民生问题,把不断给人民注入"兴奋剂"的"针管"拔除,逐渐让人民减少怒气,回归理性。与此同时,国家要加强关于网络的立法工作,让网络执法有法可依;政府要严厉打击各种网络违法行为,树立"网络守法"的社会意识,营造纯净的网络环境。各方共同努力,通过种种途径,实现网络的"自律、自治、他律",让网络发挥它真正的作用,进而推广到整个现实社会,让人们能够合理、正确地实现自己与生俱来的言论自由。

每个自然人都有不可剥夺的发言权,你、我、他,都在社会中不断进行着自己的论述,这本无可厚非。不过,当人们怀着略显浮躁的内心、带着不甚理性的视线、怀着不负责任的态度畅所欲言时,舆论将会一片混乱吧。所以,不论是现实还是网络,不论是你、我还是他,说话都得理性。毕竟,话,可得负责任地说。

(第十九届中华圣陶杯作文大赛全国二等奖)

你说，我说，他说

高二（24） 李 婷

我只是有点忧伤

我是马路边众多普通树中的一员，每天进行着自己的职责，净化空气，增添一点绿。怀着对人类世界的向往，看着看着来来往往的车辆和行人，及他们在我面前上演的各种故事。

那天似乎有些不寻常，感觉在空气中都透着些许的烦闷。我看见骑着机车的外国年轻人撞倒了一个大妈，大妈却遭到了辱骂与众人的围观和指责。我觉得疑惑不已，结果为什么会演变成这样呢？人类不是总在倡导和谐共处，互相尊重、友好吗？我看不懂他们，难道是因为人类的思维和我们树是不一样的吗？

风是我的好朋友，他总是那么见多识广。我向他述说心中的疑惑，他让我别想太多，却也没有回答我的疑惑，只是说他见过太多这种事，早已习惯。我更加不明白了，低下头，沉默着，不再去想，只是不知为什么，觉得有点忧伤。

风叹息一声，走了。我又恢复了原来的生活，却不再怀有对人类世界的向往。

我只是自然中的一阵风

我是自然中的一阵风，从我有意识开始，便一直飘行于这个世界，不知从哪来，不知到哪去，漫无目的地飘行着，直到他们——人类的出现。

我好奇于他们的存在，更好奇于他们的能力，他们总是能做出许多不可思议的事，能把自己和周围弄得很美，他们的社会是如此的有趣，我的生活也不再乏味。我爱上了特别的人类，总习惯于关注他们的生活。直到有一天——

这个世界不再像是原来那么的美丽，各种毁灭性的灾难频发，很多我走过的地方被破坏得惨不忍睹，而这一切的源头都是我喜爱的人类。让我惊讶的是人类的变化，我看着人类从出生到成长再到老去，看着他们从弱小变到强大，看着他们互相尊重，互相帮助。但现在，一切都悄然发生了变化。我看着老去的人类摔倒了，不再有人扶，我想去扶却有力无心，有人去扶的反被指责、诬陷。我看到的不再是人类的互相信任、友爱，而是互相猜忌、推卸。

朋友树向我述说的那件事我也看到了，只是他的疑惑我却不知如何回答，只能劝说他不要为这样的事而烦恼。确实,这样的事我这几年看到了不知多少,各种形式的,每一次都让我觉得离开了这么久的人类越来越远只是时间久了,也就麻木了,不再去苦恼地想那么多。

叹了一口气,我离开了树,自己却也陷入沉默,我吹出的冷风,竟比不上心中的冷,我无法使我爱着的人类做出改变,我只是自然界中一阵风,飘行于这世界,不知明天。或许明天的明天,人类是否会有所改变,这改变又是我所期待的吗?

明天,在爱的期待中到来。

我是普通高中的一个普通学生。远离着城市的喧嚣,抱着对外面世界的美好幻想,投身于自己的学业中。每天通过电视和各种时尚杂志了解着外面的世界。

只是不知何时起,各种新闻媒体开始争相报道关于这个世界的"丑闻":老太太摔倒诬陷小学生撞人事件,外国小伙撞倒大妈反诬陷事件,好心人扶起摔倒老人反被诬陷索取赔偿事件……众人不分青红皂白,便开始一味指责,待事情真相清楚时又开始指责另一方,而不是首先进行自我反省。于是,在下一个类似事件出现时,又开始乏味的重复。我惊异于这个世界的改变,只是自己无法对这个世界做出任何改变,唯一能做的就是坚持自己。

一次,在翻看《格言》时,看到了一条新闻:沈阳一位骑电机车的男子在行驶过程中撞倒了一位老人。老人称有医保,而实际上并无医保。这条新闻让这寒冷的冬天透出了淡淡的温暖。最让我感动的是男子在问大爷有没有不舒服时,老人说:"我有医保,你走吧!雪天不好刹车,算了,相互理解一下,我没啥大事。"突然明白,其实这个世界并不是像表面那样的冰冷,只是我们习惯执着于那些令人愤慨的事,而忽略了点滴温暖。

但愿人长久,千里共婵娟。我们共同生活在地球这个大家庭,本就是一家人,为何不能把美扩大,把丑化为玉帛?

人人献出一点爱来点缀家园。明天,在爱的期待中到来。

(第十九届中华圣陶杯作文大赛校级一等奖)

你说我说他说

高二(24) 刘彦君

一

恩和觉得自己是村子里最奇怪的人。

天还是浅灰的,冬夜往往太过隆重,凌晨里总要花点时间被曙色慢慢溶解,那截截的鱼肚白才慢悠悠露出来。

可恩和不能再睡了,外面窸窸窣窣的动静早就被放大,如今已是乒乒乓乓了——院里,路上,塘前,两个木盆子挤碰,大铁碗悬空掉落,或者土盒触地沉重的低响,夹杂着男人女人粗昂尖锐的吵嚷叫骂。

厚发要回来了,天要下圣雨了,大家准备接收福泽了——可要多争取些。

恩和自然是不管这些的,他只担心去福邪洞的小路被堵死,就不能给示申送早饭了。示申是个瘦老头,一个坏脾气的看洞人,具体多少岁,也没个人晓得,一脸乱糟糟的花白胡子挡住了大半张脸,唯独一双眸子露在外面,闪着鹰光,把人瘆的慌。许是从不打理自己,一身麻布旧衣泛黄得厉害,裤脚须了很多线头,向上微微翻卷;袖口则该是抹布,一点一团深色,并不知什么东西染的,何时染上去的——恩和也不知在自己给他送饭之前他都吃些什么,怎么生活。不过多半是闲心,哪有人离人就活不下去的道理?

"倒是可以绕远路,不过他会饿肚子吧?"翻了身把头埋进枕头,恩和闷闷念叨,随后便掀开被子麻利地套好衣服,跑进厨房捏捏蒸笼里昨日剩下的两个大馒头,"还没冻住呢,真好!"

油纸是事先准备的,他把馒头掏出来包好揣进怀里,一溜烟便出了门。

二

外面排了长龙了,大大小小的圆的方的容器,标着各家记号的,都张大了口,变成深不可测的洞,就是福邪洞那般的,叫人看了只有大惊大叹一句:"福邪?"

恩和突然想起自己小时候,那是上一次迎接圣雨的早晨,母亲抱着他坐在自家房顶上,看村邻上下忙碌,便幽幽地喘气,时而又兴奋一会儿,叫他父亲的名字,一遍,一遍,然后缄默。

母亲的脸不清晰了，又觉得身下密密麻麻的盆碗都在狞笑，似乎等着什么？对了，是等着他掉下去！他浑身一颤躲进母亲怀里，不肯再往下看。

而现在是恩和一个人。

顾不上许多，他低头小心寻找落脚的地方，一秒也不敢耽搁，移动愈发机械。终于崩断了一根神经，才发现出村很远了。

"母亲为什么不收集圣雨呢？是为了照顾我腾不开手？后来呢？"恩和肯定自己忘记了一些事，像被人生生扼住了咽喉。

天空露出一块鱼肚白。

三

恩和绝对想不到半路上会出现一个陌生的女孩！

"哥哥，你帮帮我好不好，"小女孩在树下缩成一团，脸色和这里的冬天一样，阴白的，上不去血色，"我被弄丢了，"她看着恩和犹豫地慢慢走近，整个人才恢复了一点生气，"昨天下午路过好几个叔叔阿姨，可他们都不理我，我在这蹲了一夜，一定快要死掉了。"说到这儿，她轻飘飘的声音不禁带了哭腔。

恩和一下子慌了手脚。

"我……我，我家就在前面的村子里，你暂时去那儿缓缓吧。就是村西的木房，临河的，只有两间，很好认，"他面对着蹲下，嘴里结结巴巴，手上倒是轻巧地给小女孩挪按双脚，然后慢慢扶她起来，"村里的人很和善，但今天是大日子，恐怕顾不上你。这会儿正路该进不去了，我们得绕西边的小路，你试试走两步？"

"好，谢谢你哥哥！"她一时破涕为笑，眉眼弯弯。

恩和的两颊飞快爬过调皮的嫣红，嗫嚅道："我叫恩和。"

"我是安琪！"

四

等恩和到了福邪洞，也不知是多久以后的事了，他有些粗喘，头上浸出一层薄汗，累弯了腰，双手支在大腿上，垂着头换气儿。

示申也不理睬，一心理扯自己的棉褂——它太大了，又是无袖的，斜斜挂在身上，肩下便留出两个大洞。单裤仍然皱卷，叫人看得滑稽。

"我就说穿不得你父亲的东西，喊！"他瞪圆眼，嘴角一撇，索性蹲到恩和跟前伸手掏馒头，再走到一边背对着自顾吃起来。被体温作用，一个多来回馒头竟松软了。

"你把她带回家了吧。"示申吃得满意，皱起眉蓄一口气，悠悠长长吐出，眉峰也舒展开，连带胡子颤颤抖动，应该是笑了。一遍，一遍，明明不亦乐乎，偏偏清淡出声。

"你什么都知道!"恩和缓过劲,低低失笑。

"是啊。"示申不再动作,眼珠溜溜滚转,迸放奇怪的光芒——

薤上露,

何易晞,

露晞明朝更复落,

人死一去何时归。

他压住嗓子唱一首挽歌,像一把重锤节律地敲击棺木。恩和突然觉得脚底泛起一阵麻,继而破上直入,难受得弓起身子。

"尸骸都是不干净的,村子也不干净。没有棺木镇得住,大火熊熊呵!无形化为灰烬,遗弃在孕育的田地里,做善的囚禁于泥土下,世世轮轮不见天日,厘厘毫毫抽离本体,失去养分,无法萎缩!作恶的重生猖狂,长根茁壮,菜青的烂叶腐朽脓化的青,鲜翠欲滴,农人采摘去,熟烹入肠曲。滋养哟,滋养哟!人精吃了人生果!得永生咯!"

他又手舞足蹈地说,最后怪笑吹哨,仿佛天大的乐趣。

恩和刷白了脸,如初见的安琪,喃喃接语:"撒骨灰的癔症,不接受外来孩童的禁令,真是疯魔了。"

圣雨如期而至,天幕里凭空多出飘飘转转金黄灿烂的水珠,触到厚实的大地的皮肤瞬间破绽,不留一丝水痕。

"我听见容器里硬冷的器壁接住雨滴的声音了,有黄金花爬出来,坚硬的,不同的!"示申顿了顿,"原来厚发一直惦念的福财就是这般。"

五

傍晚的村子恢复如常,圣雨仪式下午完全结束。示申跟回村来参加厚发的表功会,却独自一人前去集聚地,定要恩和回家叫上安琪,任凭发问不给缘由。

不是威慑,莫非真是注定?恩和也奇怪为什么自己反抗不了示申无理的奇怪要求。

大概还因为他是村子里唯一一个比恩和更奇怪的人吧。

西边的天空从缱绻的云层散出几片玫瑰色的单霞,分外清丽。飘浮的空气渐渐柔和,透亮,湿润,不复燥冷。

可恩和的后脊梁骨还冷飕飕的,抬头呆望遥远温暖的景致,母亲的侧脸缓缓浮现,一半轮廓了了,一半融进暗影,总算足够心安。

有些事不必探究太清楚,对吗?

只是无法控制。他觉得心思和脚步一样停不下来，福邪洞的传说，第一个勇士，现在的厚发，哪个不是故事啊？

暮色更深，令人无端生出况味。不知不觉已走到河边，跨过小桥就到家了。

"流水潺潺，嬉闹西边……"恩和自然地哼唱起幼时熟悉的童谣，没注意桥洞下一个手拿断枝的女人。

六

厚发回来了！踏着皎凉的夜色，乘着满载黄金的巨轮！难以想象，在浅浅的河水中，船只畅行无阻！恩和看聚集的人们虔诚躬身垂头，黑压压变成地上的夜幕，望不见安琪和示申的神情，怀着满肚惊疑。

永远奇怪的孩子呀！

"天赐恩泽！"船稳稳停在集地正前方，厚发被光芒笼罩，开始发言。

"隐藏在黑暗洞穴里无限荣耀的宝藏！多少人心心念念，多少人无畏闯荡，福邪？福邪！真正的勇士，清醒打破幻想，福邪！多少年走出地下迷宫的伟大者，带来勇气与激进的圣雨，赋予我们向上的力量！手无寸铁的搏斗，叫那猖狂的野兽屈服！终点光明的大门，惶恐自觉打开，光荣，光荣！匍匐迎送！"

厚发果然变了，独身站在甲板上自若呼谈，负手而立。原本无力的小眼现在耀耀生辉，加深的肤色使臃肿的身材硬生几分硬朗。神色庄重，严肃，恩和几乎想不起当初那个凶恶的屠夫面对各人或讥冷或诌媚的面容了。

"而昨天，我带领年轻热血的力量传承者，再次踏入神秘的洞门，以顽强的意志，灵活的干劲，穿越茫茫海上狂风巨浪。今天，我寻回福财，祈得金雨降临！明天，会是更好的生活！被幻想所缚的人们终将死去，清醒的勇士，如伟大者，如我，才能坚定到达理想的彼岸……"

七

"啧啧，果然只有他回来了。"示申静悄悄靠近恩和，身后跟着一言不发竟满头大汗的安琪。

"死在自己无望的幻想里吗？"恩和有些难过，他知道父亲是同伟大者一起进入福邪洞探秘时去世的。

"是饿死的，"示申抿起嘴笑得怪异，"他们的幻境都是迷宫，高高的隔墙，无望的出口，日益耗尽的口粮，无处可寻的食物。直到伟大者遇见一只野兽，将其降服作为食源，于是得以幸存，出来时还带着一截兽肢哩。"

安琪听到这猛一抬头，几颗汗珠愈滚愈大跌落地上，然后紧紧环臂蹲下。

"你怎么了？"恩和恍惚着，过了一会儿才注意到安琪的异态，示申倒淡淡扫过一眼,似乎无事发生:"厚发和六个小伙觉得自己进入一片汪洋,不远处就是灿灿的金岛,红了眼使足劲把船开过去,装完了整座岛,十分顺利。可惜超重了,怎么回来呢? 诶,福财定不能浪费啊!"

鲜艳的红血从安琪的蝴蝶骨后汩汩流出,浸透衣衫,淌到脚下画成了一双欲飞的翅膀。

"后来,一个疯女人从伟大者手中抢走了最后的兽肢,号啕大哭,黑发狰狞地长长,完全覆盖她的脸庞,那骨头,也变成了一根断枝。"示申说完最后一句话,看恩和惨白了脸晕厥过去。

八

恩和第二日发现自己在家中醒来,天还是浅灰色,厚重难解。过去的一切有如一场荒唐的梦。安琪静静躺在另一头,乖巧的,好像初见时一般,唯独不跟他说话,不跟他笑了。他只剩下一个执拗的念头,"我要进洞去!"

弯长的小路不知何时变得极短,天际刚刚翻现一块鱼肚白,恩和就看见示申坐在洞门口等他了。

他知道他会来。示申是看洞人呀,无所不知的看洞人!

"决定了吗? 其实里面什么都没有。"他历经岁月的脸上露出少见的柔光,轻声询问恩和。

"总得去看看,自己看看啊,"恩和沉着嗓子,嗓音低涩,"伟大者说那是证明勇气与价值的地下迷宫,厚发说那有无边的大海和无尽的财富,而你说那儿空空如也。我想由我来说,由我找寻洞里的力量,由我甘心真相啊。"

"去吧孩子,去吧。"示申轻叹着望向他前进的身影,在一片清明的曙光中渐渐消灭了形体。

天亮了。

九

洞内漆黑一片,恩和把自己投入死寂,一路踩下只有浅浅的呼吸声与心跳的震动。

他想象的怪石嶙峋,他想象的暗棘丛生,他想象的毒蛇凶兽,不过都是想象。

黑暗里充斥的是寂寞、未知。

他知道外面的世界也是黑暗的,比如黎明的村庄,一些心脏。每个人都有秘密的幻想,那福邪洞便是幻想释放的地方吧,无拘,无束,赤裸,疯狂。脱下面具光溜溜的婴儿,圣洁的,丑恶的,都掩盖住了。

洞里的视线一点点清晰起来,泥土微风的芳香,叮咚滴答的水响,终于迎来一片奇石清水,绿意盈盈。

绿中有一面巨大的镜子,柔和交映波光。恩和站上前,把自己送到里面的世界,看见一颗鲜红的心脏有力搏动,长出一朵温暖的半开的花,飘到脚下。

伟大者与厚发爱世界的欲望,示申爱世界的虚无,如此多的村民爱世界的存在与顺从。

恩和爱,爱世界的伤痛,爱世界的浑浊,爱世界的温暖,爱世界的美丽。

他爱,一切。

他弯下腰,小心翼翼将花拾起。

十

恩和回到家,把花放在床头,阳光透过窗户撒在安琪身上,慢慢润红她的脸颊。

她缓缓睁眼醒来,"早上好,恩和!"微笑着扑闪睫毛。

"早上好,天使。"恩和也笑了。

一时间流碎的光芒跳跃聚集,在安琪身后汇出金色的翅膀。花瓣完全绽放,满屋飘荡粉色的香气。

"这是爱的力量。"一个女人来到门前,手里捧着的断枝在动人的颜色味道里化为一截断臂,又渐渐透明变幻,勾勒出父亲的形体。

"爸爸妈妈,早上好!"(第十九届中华圣陶杯作文大赛全国三等奖)

你说、我说、他说

高二(24)　刘雨晴

眼瞅着就要过年了,小朋友、中年人和老人家的代表以及动植物们围在大圆桌边上开会讨论这个年究竟该怎么过。

最沉不住气的当然是小朋友,扎着两个小辫子,穿着喜气洋洋的红棉袄,与红扑扑的脸蛋相得益彰,奶声奶气地咋呼开了:"过年嘛,别的不打紧,红包必须得多多的有啊,马年就得马上有红包! 放爆竹也是我们的最爱,可是每年过年总会因为燃放烟花爆竹出事故,炸死炸伤或是烧山毁林,现在妈妈都不让我们玩儿了。过年的时候最冷,往年总是可以跟小伙伴们打雪仗堆雪人,好不快活,今年却是艳阳天,这大太阳呀把年味儿都给晒没了,真讨厌!"

听到这话,植物们首先是最不乐意的,大樟树利落地抖了抖枝干,"这以往的冬天冷,我们很少能挨过去,好不容易盼着个暖冬,你们有什么不乐意的? 再者说,燃放烟花爆竹害死了我们多少兄弟姐妹,我们只能站着看你们玩闹就够可怜的了,放完烟花以后的烟尘弄得全世界都灰蒙蒙的,晚上白天一个样子,接着全都粘在我们身上来,你们人类过年穿新衣戴新帽那么快活,为什么我们就得帮你们处理烂摊子? 平日里砍树没脑子,空气质量差了倒是想着要靠我们了。"说完又抖了抖枝干,似乎被灰尘弄得极为不适。

"咳咳,大家先停一下",看着气氛不对劲赶紧出来打圆场的是位老太太,绾着南方女人标准的发髻,脸上的褶子里都涌动着笑意,"我们这些人哪,老了就最是怕冷,今年出点太阳最好,晒晒心里也舒坦。这烟花啊爆竹啊少放点就少放点吧,大半夜的到处都在没完没了的炸,没法好好休息。我们哪,最盼望的就是团圆了,操劳一生,不就是为了一大家子过得好,每年过年的时候能开开心心地团聚吗? 要说这年味儿,跟我们以前那可真是没法比。以前我们农村,一到过年,家家户户都杀猪,平日里吃不到的鸡鸭鱼肉排骨猪脚全都端上桌来,哪一家到了饭点就村上村下地招呼着来吃,可热闹了。哪像现在,生活条件好了,什么吃的都能买,都不稀奇,哪怕是到了过年的时候,也还是人手一部手机摆弄着,邻里坊间互不相识,全是和网上的朋友热络,却和家人冷清。这年啊,越来越没有年的样子了。"

"过年就非得大鱼大肉吗?"动物们也发话了,"这个世界真是太不公平,你们生来就能吃我们,我们生来就得被你们吃。冬天到了你们要吃狗肉取暖,你们现在有火炉有空调有暖气还有厚实得不能再厚实的大棉袄,不吃狗肉也冻不死你们。一到过年的时候你们就杀猪杀鸡杀鱼,你们团圆了要吃好喝好,却破坏了我们的家庭啊,谁不是生命呢,谁不想团聚呢? 如果你们想用这个世界本来就是这样不公平,就是这样弱肉强食,那现在开这个会又有什么意义呢?"猪小弟在一旁发出"呵呵"的声音。

会场变得喧闹起来。植物们把身上的灰尘用劲抖落在大圆桌上,要求取缔烟花爆竹;动物们在会场上蹦下跳,小狗们冲着人汪汪大叫,小猪们用鼻子去拱小孩儿的小腿,小鸡小鸭们跳起来啄小孩儿的帽子,要求取缔大鱼大肉;老人们想起凄清的年味儿一阵唏嘘,要求取缔手机的使用;小孩儿呢,小孩儿们被这一幕彻底吓坏了,泣不成声。

局面太过混乱,可这个世界终究属于正值壮年的中年人,他们沉稳而睿智,懂得权衡与妥协。他们只需要用响亮而镇定的声音发言："红包代表长辈对下一代的祝愿，不能少，但是数目不是最重要的，重要的是情意与传承。燃放烟花爆竹是我们中国人发明火药以来的传统，也不能少，但也不能多，放爆竹除旧岁迎新年本来是喜庆的事情，不能搞成了完全的污染和奢侈浪费。手机是现代人重要的通信工具，也不能少，但过年时与家人共同分享快乐更重要，把手机放在一边，你知道这个世界少了你的不断关注也会一直正常的运转。大鱼大肉固然是传统，但现在我们平日里条件好，过年时也没必要那么丰盛，多吃些绿色蔬菜对身体更好。"随着发言的进行，会场逐渐安静下来，大家默默地点头，在末尾处不约而同地响起了掌声。

是的，这个年该怎样过？

就应该过一个热闹而祥和、节约而健康、喜庆而干净、温暖而温情的中国年。（第十九届中华圣陶杯作文大赛全国二等奖）

你说，我说，他说

高二(24)　田仁睿

　　"我透过生平的各种错误倾向，才终于弄清楚自己真正该去做的事"

—— 题记

某月某日　星期日　晴

做一名心理咨询师也好多年了，每天都勤勤恳恳兢兢业业克己奉公。一直都蛮不错的，每天坐办公室陪人聊天还有钱拿，这个工作我就不多说什么了，虽然只是勉强够混饭吃，但对于我这样的普通人来说，生活也算有滋有味了。

不过今天我却很难高兴起来，摆在我面前的是一个难题，也许我的人生与事业都会栽在这个问题上。

就在我用温暖的言语如春风化雨般轻柔地化解了又一个因为高考临近压力太大而自暴自弃厌世想自杀的学生后，一个艰难的选择摆在了我面前，面对那个红光灿灿的东西，我不由得迟疑了起来。如果换做以前，我肯定毫不犹豫地就拒绝了，但是最近高考临近，我女儿又每天挑灯夜战，想起她那日益消瘦的脸颊和那至少几千块一盒的补脑保健品，不得不说，我，动摇了。以现在我的能力,在买完房和车之后多年积蓄早已寥寥无几,女儿的大学四年学费还没有着落……

就在我内心交战之际,那个大腹便便手戴金戒指的家长突然说:"大夫你就收下吧,俺没什么文化,不知道怎么劝娃娃,在家他因为高考都划了几次手腕子咧,骂也止不住,打也止不住,想用钱把他砸进学校他还不干,你说这猴孩子怎么这么倔,非要自己考,唉。还好有你啊大夫,几句话就把他劝回来了,这几千块钱就当给你家孩子买礼物了,俺是从挖煤工做起的,现在当了老板,在城里也混过几年了,还是不知道你们城里人喜欢啥子咧,你就不要客气了,就当为了娃娃嘛。"

听到他提到孩子,我的内心不由得一疼,一种叫歉疚的情绪在疯狂地滋长,我手臂略有些颤抖地接过了那个红包,内心默念着:一切为了孩子……

某月某日　星期五　阴天有雨

听着窗外的雨声,更有些烦了。自从接了那个红包后就一直睡不安稳。尤其是院长今天拍了拍我肩膀后的那意味深长的一眼,更让我心底像是火烧火燎的,我不由得问自己:为了孩子,可是孩子知道自己是这样的人之后会怎么想?会不会给她树立一个坏榜样?会不会不认我这个父亲?……

总之,我又失眠了。

某月某日　星期六　多云转晴

孩子,我不知道你看见我放在你床头的日记以后反应会怎样,在这里我想向你道歉,今天我没去上班,我把我们曾经说好的给你上大一的学费取了出来,我一时被冲昏了头犯了错误,现在我想弥补,我今天跑遍了全城的煤矿企业,终于找到了那个老板,把钱还给了他。我终于放下了心里面的一块大石头,但是同时却又充满了对你的愧疚,我违背了我们的约定,没有树立一个好榜样给你。那些补品快吃吧,现在是父亲自己掏钱给你买的了,你别舍不得。至于你的学费,我今天把车子卖了,你专心学习,不要老是操心家里的事了,考一个好大学,父亲就算是卖血也供你。最后,希望你能理解父亲,父亲有错,但现在已经改了,正所谓知错能改,善莫大焉。不要再和我冷战了。

——从未放弃爱你的父亲

某月某日　星期日　晴空万里

父亲，女儿其实不是因为你没有钱而生你的气，而是给你送饭的时候看见你接了那个人的红包，一时间不能接受，也不知道怎样去面对你。最后我决定去找院长告诉他你的事，我希望他能帮你改正这个错误，但院长却把这次当成一次升职考试，院长想把你提拔成副院长，但是你却出了那样的事。院长想看看你会不会改正，毕竟人非圣贤，孰能无过。而现在，女儿终于真正认清楚了自己的父亲，父亲，你是我的骄傲，我永远为你而骄傲！高考我会尽自己最大的努力，而你也不用太累，你女儿早就长大了，我高中寒暑假打零工挣的钱虽然不多，但还是够我大学学费了。如果你真的想为了我，那么请你不要太累了，毕竟，你爱护自己比你爱护我更让我高兴。——永远爱着你的女儿。（第十九届中华圣陶杯作文大赛校级一等奖）

你说，我说，他说

高二(24)　吴　一

大江东去，浪淘尽，千古风流人物。

中国最伟大的爱国诗人——屈原，与日月可争光，名垂千古。

你说："举世皆浊我独清，众人皆醉我独醒。"

因为志存高远，因为纯洁高尚，所以在面对世人同流合污，小人谣诼时，面对渔夫"何故怀瑾握瑜，而自令见放为"的好意规劝时，你激昂大呼曰："宁赴常流而葬乎江鱼腹中耳。又安能以皓皓之白，而蒙世之温蠖乎?"你绝不扭曲自己正直的道路，绝不允许自己高洁的灵魂受到世俗的玷污，始终不渝地坚持心中的信仰，坚守自己心灵的洁净。

我说："唯君还存有言芳行洁的高贵品质。"

他唱道："沧浪之水清兮，可以濯我缨;沧浪之水浊兮，可以濯我足。"

你说："长叹息以掩涕兮，哀民生之多艰。"

处于销烟弥漫、变幻莫测的战国时代，贤士们"朝秦暮楚"已然成为司空见惯的现象。然而面对怀王不知忠奸之分而将你疏远甚至驱逐你至汉水的愚昧以及多次"羌中道而回畔兮，反既有此他也"的"背叛"，你依旧矢志不渝，忠心耿耿，不计前嫌，在国家、在人民、在怀王最需要你的时候挺身而出。只因你心中怀有对楚国始终如一的热爱,心系对楚国百姓生死安危的担忧。

我说:"君为真正意义上的爱国主义者。"

他说:"若有来世,朕不会再为小人所欺,愿履行曾与你一起立下的'约定'"。

你说:"鸟飞反故乡兮,狐死必首丘。"

天色灰暗,阴雨绵绵,你披散着头发,形容枯槁,漫无目的地游走于汨罗江岸,嘴里吟咏着"路漫漫其修远兮,吾将上下而求索。"你停下了脚步,把绝望的目光定格在郢都所在的西北方向,内心愁绪万千:纵然有心报国,却又心有余而力不足;即便想为百姓排忧解难,却又无能为力。终只有抱起那满载着愤恨与幽怨的沉石,面对心中无限向往的西北方,纵身一跃,用死亡来了结自己当下的痛楚。

我说:"你以死表明了自己永远坚持的志向。"

他说:"日月同光。伤心来笑一场,笑你个三闾强,为甚不身心放。沧浪污你?你污沧浪?"

汨罗江水面如镜,一切静静地在历史的河流中悄悄流淌。(第十九届中华圣陶杯作文大赛校级一等奖、北京大学"创新作文大赛"三等奖)

你说,我说,他说

高二(24) 喻 言

项王气盖世,横行起江东

历史是一条滚滚洪流,携带众生的哀与怨,苦与乐奔涌而来。那哀、怨、苦、乐转瞬间就被搅了一个粉碎,没了踪影。溯游而上,在那乌江河畔,垓下边,只你一身戎装,残阳如血,一道剑光闪过,时间就被定格成了伟大的悲剧,

翻开书卷,你的身影在历史朦胧的薄雾中渐渐显露。

我说,经历世间千千万,犹记英姿少年时。

谁人忍将韶光弃?你的眉宇间自是一股立志天下的勃发之气,纵是布衣粗食,也未曾减弱少年的你那眼中迸发的豪情。你说:"只学文,将来也不过一身酸儒之气,上不得堂面;只学武,更只是山村野夫!"你的心中自有大计,当秦始皇的车驾缓缓经过你面前的时候,众人皆只眼馋那丝绸的帷帐隐隐约约透出的

珠宝华贵的光晕，只有你神情镇定，你盯的是嬴政手中掌握天下苍生性命的权力。

你信誓旦旦地说，彼可取而代之。

只这一句，就将整个大秦王朝震撼了，将后世千千万万个你我他震撼了，在面对以铁血铸就赫赫的秦始皇，你竟然丝毫不感胆怯，反而更加热血上涌，那一刻，我便看见了你的未来——你是西楚霸王项羽。

秦二世元年，当大泽乡奋起反秦之时，你早已按捺不住，随着你的叔父以顺应天下之名，诛无道之暴秦。你带领江东子弟，冲入太守府中，独自一人率先斩杀太守殷通百余名侍卫，大喝一声，似要将胸中翻滚的豪情一吐为快，摄人三分。经此一战，你的威名如撞钟回声，一遍又一遍的被人争相传递，振臂一挥，天下豪杰云集。

你最得意的，便是那巨鹿之战。史书记载："项羽引兵渡河，皆沉船破釜，烧庐舍，持三月粮，以示士卒必死，无一还心，九战，大破之。"你斩杀昏庸无用的大将军宋义，逼迫楚怀王将大任托付与你，楚军在你的带领下，神勇非常，一时间，杀声震天，你身披铠甲，白袍猎猎舞动，你的眼神坚毅果敢，你的利剑出鞘直击长天，冲锋陷阵的铁蹄声滚滚而来，携带着楚军一往无前的气势，逼得秦军疲惫应战，一败再败。以往骄傲的诸侯此刻也只能颓然低下他们的头颅。"羽之神勇，千古无二"这八个大字，是你用鲜血一滴一滴书写在时间的墙壁上，经久不衰。

然后，你遇到了刘邦，有了一场鸿门宴。

他说，可叹你妇人之仁，不若如此，天下可尽在你手。

可是谁又知道，当你看见眼前这个强笑着与你共举杯盏，眼神流露出焦急惊恐的男子，心中升起的竟不是快意，而是无限的悲凉。在抗秦大业的道路上，你竟找不到一个能被你称作对手的人，也许你隐隐约约地感觉到了，这个名为刘邦的男子总有一天会与你兵戎相见。因着这个隐秘的念头，你决定放他一条生路。只是你开始了结局，却没有能笑到最后。后世之人为你定下"霸王"之名，真是入木三分，"霸王"只能称霸一时，无法称帝一世。你的真性情，又怎能敌得过刘邦这等狡猾的政治家。

他说，霸王别姬，你是末路英雄。

该下，四面楚歌，倾城剑舞，血染残阳。

乌江畔，英雄末路，悲凉！悲凉！悲凉！

你看着眼前浩浩荡荡的乌江，你说："天要亡我，我何渡为！且籍与江东子弟八千人渡江而西,今无一人还,纵江东父兄怜而王我,我何面目见之？纵彼不言,籍独不愧于心乎?"横剑一挥,已然身死。

他说,这就是历史。

你的生命在这一刻结束,却又在书页中开始。我透过历史的烟云看着精神抖擞的你,眼神鲜活且真实,你不似唐太宗、康熙之流,他们在朝堂之上接受万人膜拜,年老之时被时间打磨成了圆滑狠辣的政治家,眼前一片浑浊,不复少年郎。而你,依旧保持着你的霸气和义气,你有你的梦想,来自底层的你,更加了解天下苍生。你的杀伐与善良会继续矛盾又和谐的存在下去,在历史的画卷中定格成美丽的一笔。

我说,犹记项王年少时。

那乌江的水,一流,便是千年。

（第十九届中华圣陶杯作文大赛校级一等奖）

你说我说他说

高二（24） 钟振涛

世界上有外貌相同的人,身高,体重,甚至是长相都一模一样。那么要怎么样来区分这样相似的两个人呢？但是造物主很贴心地为我们想到了这种情况,他为每一个外貌相同或不同的人赋予了不同的思想,让每个人都能发出不同的声音。

"每个人都忠于自己的思想"这一点是毋庸置疑的,正因为作为智慧生物的这一特点,这个世界允许存在不同的思想。

你说我说他说,当所有的声音交织在一起时,或相和而成一首华美的乐章;又或相悖而成一段尖锐的噪声。相和的,双方都会因相同的诉求而合作;相悖的,双方则会因不同的目的而敌对。从客观上讲,每个人由于种种不同的情况,思想上的不同是一定存在的,更何况在人人平等的今天,要否定一个人的话语权是不合情理也是不可能的。这一切都表明对于不同的声音,我们应该持一种理性的态度,充分听取他人的意见,其中的良莠之言就要靠自己来甄别了。

而决定这一切的先决条件,则是话语权。话语权代表着一个团体甚至是一个阶级的表达诉求的方式。在每一个时代,总有一些人为了大众的话语权而斗争,甚至献出自己的生命。在尚不民主的封建时代,人民群众都是如此注重话语权,更不用说在社会相对很公平的现在,人民对表达自己的意志一定是会更加强烈。从人的天性来说,都是希望自己能够被他人赞同与接受,而表达自己的思想是令他人能够接受自己的一种重要方式,同时也是达成自己诉求的一种方式。这也就是为什么话语权在任何一个时代都会被每一个阶级的人民所追求,这对于自己与对立方来说都是十分重要的。

在人权方面,让所有人都拥有话语权是当代所有人的意愿;在政权方面,大多数国家都认为应该让发展中国家获得更多的话语权。可以说,现在社会的每一个单独的个体,集合的团体都在力图保证自己说话的权利。然而,想象中"你说我说他说"的局面并没有出现,反而是各个政权的钩心斗角,因为不同的价值观而追寻着自己的利益。这其中强国可以依靠自己强大的实力来让那些处于弱势,并且对于本国利益不利的国家闭上嘴。那些在国际舞台上丧失了话语权的国家会因为自己的诉求不得倾诉从而阻碍本国的发展,在时代中处于劣势地位,更有甚者会被颠覆政权,完完全全地成为历史。除此之外还有另一类国家,他们较之强国不强,较之弱国不弱,在国际事务中能够起到的实际作用很小,同样的他们所说的话也通常不会有很多人去聆听,他们的话语权则是空有其名,未有其实。

尽管实力是衡量话语权的最佳标准,但我还是想要呼吁:不管是从主观还是客观,人权还是人性,都不应该去剥夺每一个个体的话语权,尊重别人的发言就是在尊重别人的思想,这是我们能够作为高等生物存活的基础之一。

你说我说他说,这样的和谐最重要的就是一点:要让人能够忠于本心地说。

(第十九届中华圣陶杯作文大赛校级一等奖)

不争就是最大的争

高二(24) 黎 坚

德士古与彭泽尔争夺格蒂石油公司的时候,定不是以自戕为初衷的。

许是世间多纷争,才引得红尘滚滚。从前朝城池的火海,数到战场上黄沙掩埋的白骨枯哀;从九子夺嫡的血肉相残,数到如今商政深海的尔虞我诈。有多少如愿以偿,有多少镜花水月?

我想到山崖上一束野百合,自朝阳的温润下,躲到落日的余晖里,也是不疯不笑的,唯有涧边浮香;我想到深海玩乐的一只白鲸,在鲨鱼掠食强行的时候,向天际抛出一条金色弧线,自爱天籁之音。

不一心深陷争夺泥潭,便往往多出一些选择,而令你出众引你成功的道路,也并未减少。花香浓,鲸低唱着精灵般遁去;不争,耀眼,快活。

不争,是一种胸怀。

"羽扇纶巾,谈笑间,樯橹灰飞烟灭。"周瑜当年,也是雄姿英发的得意儿郎,平江东,败曹仁,只叹,分外好强。那赤壁下变幻的风云,本是瑜亮二人共同翻纵,一番合谋,十分默契,若携此以往,何愁曹魏不破?可惜周郎愤语:"既生瑜,何生亮?"胸怀未开,必要一争高下,处处风头处处强,也免不了落个青丝郁卒。

何必时时争?承认别人的劳动、奋斗、思考、学习的价值,是胸怀的偌大;不争,莫斗量。

不争,是一种自信。

美国苹果公司从不打压行业的竞争对手,不做市场调查,不招收顾问,只是努力做好自己的事情。是呀,当自己的产品精致到伟大,自然令其他竞争对手黯然失色,哪里须刻意地特殊手段?

我足够完美,我不必争夺;我足够强大,我不怕被人拿走。我,自信十足。

不争,不是碌碌,不是无为;不争,是避其锋芒,是柔和、从容、坚强融为一体的力量。

不争,是"菩提本无树,明镜亦非台、本来无一物,何处惹尘埃";

不争,是"俏也不争春,只把春来报,待到山花烂漫时,她在丛中笑";

不争,就是最大的争。

德士古公司若不苦苦相争,如今也该前景万丈。

深野里的百合摇曳芬芳,一只跃海的白鲸歌声清亮⋯⋯

(段考考场高分作文)

行为的巨人

高二(24)　杨雪梨

没有可以用来攀爬的前臂,也没有可以飞翔的翅膀,依然可以顺利上

岸。——题记

企鹅，外表看似笨拙。很多人听到这两个字大概第一反应都是：憨憨胖胖的。真可爱！可少有人去了解过他们平凡外表后的生存之道。

沉潜

在将要上岸时，企鹅猛地抬头，从海面扎入海中，拼力沉潜。看到这里，你也许会不自觉的笑，认为动物终究是动物，就这么笨。事实上，企鹅是聪明的，是对的，它潜到水中去，只为蓄力而发。我认为，许多人是赶不上企鹅的，赶不上企鹅的踏实，更赶不上企鹅那份愿意付出的精神。人们都知道，两点间线段距离最短。然而，在成功的道路上直线的距离未必是最近的，有时候选择一些绕道的路反而能更快成功。试想一下，如果企鹅不从水中过，而是往冰面上过，也许它不仅不能过岸，而且有可能为此付出更大的代价。所以，"绕道而行"也许更能解决问题，即使方法有些不可思议。

蓄力

它们潜得越深，海水所产生的压力和浮力越大，企鹅一直潜到适当的深度，再摆动双足，迅猛向上。这一刻，你就会明白企鹅为什么这么"笨"，你也许还会心生敬畏感。这一点，人是应该学习的。不仅要看清自己所处的高度，更要找到适合自己的方法，哪怕再多阻碍，再多困难，只要能离成功近一步，就是值得的。我们应该有这个信念：心即使在冰冻三尺之下也不会凉。民间流行"瑞雪兆丰年"一说，雪愈大，年愈丰。更不要忘记"宝剑锋从磨砺出，梅花香自苦寒来"。古语有云："水滴石穿"，水，乃至柔之物，却偏能以柔克刚。因为它懂得坚韧，懂得持久，更重要的是它懂得方法，再陡峭高峻的重山，它也能九曲十八弯绕出群山环抱，在弯曲中求得生存，在弯曲中发展壮大。所以，一定要拼一拼，搏一搏，千万不要站在岸上，自视清高，丧失了大好时机。

窜跃

然后，它们犹如离弦之箭蹿出水面，腾空而起，落于冰面之上，划出一道完美的弧线。这一刻，它们经历的所有困难已过去，它们战胜的，是自己，所以他们得到了自己想要的。这个时候，所有人都不会看不起它们，相反，它们会成为每个人心中的榜样。所以，当你失意时，愤怒后，你会做什么？是马上报复，以牙还牙；还是暗自争气，让羞辱你的人无地自容，对你刮目相看？我认为，应用百倍努力证明自我，相信付出便会有收获。（载《铜仁日报》20131127）

什么是承诺

高二(24)　姜明丽

　　"承诺"是什么?

　　"承诺"二字,很简单,也很深奥;轻如鸿毛,也重于泰山;既融合在舍生取义的大智大勇中,也柔碎在点点滴滴的俗事中。让有的人付出时间金钱甚至全部生命去遵循,也让有的人嗤之以鼻。

　　"承诺"是子路的"允哉,允哉",弟子三千的孔子他独对子路称赞有加,是因为他是儒家孝道的模范,是尊师敬道的楷模,也是因为他是诚信的典范。"千乘之国,不信其盟,而独信仲子,"正是因他的信守承诺,一言而折狱者,言在言行,人自信之故也,这是一种人格的魅力。

　　"承诺"是梁山伯与祝英台的化蝶无悔。当他与她相遇、相识、相知,彼此认定,家族的逼迫,第三者的威胁,怎能阻挡他们"山无棱,江水竭,天地合,乃敢与君绝"的誓言。即使生不能携手,死亦要比翼双飞。这是对爱情的追求,永恒的眷恋,上穷碧落下黄泉的无悔。

　　"承诺"是对待人生的态度。八旬老人因父亲当年欠债,承诺要一一还清,风雨无阻几十年,挨家挨户寻找当年债主,送上早已被遗忘的欠款。用几十年的行动告诉人们,他的言出必行。这是一种执着的人生态度。

　　"承诺"二字内涵亘古不变,但在不同的时期,却被赋予不同的注解,诠释不同的意义。

　　"承诺"是廉价的借口,人人都任用的东西。当孩子受到责罚时"我承诺下次再也不敢了";当罪犯罪行被揭露时,"我承诺我一定痛改前非",只要再给我一次机会;当恋人分别时"我承诺我一定会回来,等我",太多的借口,而"承诺"给了他们最好的理由和借口。然而当罪犯得到救赎,第一件事却是报复当初的揭露者;而孩子也在重复着同样的错误;痴人守着当初的海誓山盟等到沧海桑田,容颜不再,对方却醉卧佳人怀,笑看绕道消逝。当初的承诺,只换来一声嗤笑,借口终究只是借口。

　　"承诺"也是名词。现今社会,某某官员承诺要新建希望小学并大肆宣扬,却迟迟未见有所行动;某某明星承诺要为地震灾区捐款多少多少,炒得风风火火,却只是雷声大雨点小;某某企业承诺要进一步提高产品质量吸引消费者眼球;某某领导承诺要为人民服务,以人民利益为重……让人不禁想问:某某,你们到底把承诺当成什么? 这满口的荒唐言,难道是升官的表面政绩,是炒作的工具、走红的地毯,或是直接的经济效益? 我想承诺对于某某来说,只是你的承诺。这简单的名词,不需修饰,不具内涵的名词。

承诺可以是诗意般的唯美,是滋润心灵的鸡汤,是百折不挠的永恒追逐。也是虚荣者获取名利的途径,是懒惰者逃避努力的借口,是无为者虚度一生的温床。

诚者,不留诺,所以全其信也。

不诚者,数诺,其不信也。(第二十届中华圣陶杯作文大赛校级一等奖)

观与悟

高二(24)　刘彦君

观,形入眼七分,性入心三分。

悟,性入心九分,形入眼一分。

如此一来,人大致可分为两类,一是喜观者,另是爱悟者。而谈起差别,无非是对事物认识的先后顺序,有关表里。

可这就存在一个莫名其妙的现象了,隐隐之中,喜观人被划分到了爱悟人的层次之下,日之,表为虚,里为实。先表后里的"浅薄",先里后表的"涵养",两顶有色之帽严严实实地扣在了人们头上,为显公平,特意给"浅薄"帽加重,"涵养"帽减轻,以达到喜观人与爱悟人身思总重平等。然而这样一来,前者头重脚轻,后者锦上添花,若一同过街,摇摇晃晃步伐不稳的,定遭到了一片白眼,稳稳当当大步流星地,定博了一番好感,由此,爱悟人位居喜观人之上。

且把这称之为表里效应。

为什么说是莫名其妙呢? 自然也有依据。

《坛经》里,五祖弘忍欲择一弟于付已衣钵,禀为六代,便唤门人尽来,各作一偈,求能悟大意者。神秀当时为上首弟子,门前作之,"身是菩提树,心如明镜台,时时勤拂拭,匆使惹尘埃",却未能见性。慧能听闻,立悟"菩提本无树,明镜亦非台,本来无一物,何处惹尘埃",众人皆惊,后为禅宗六祖。

197

似是神秀逊,其不然。我还需说,主张"拂尘看净"的他,后成了北京一派的开山祖,其"渐修派",与慧能的"顿悟派",对立且各成一家。再细读,便发现只是两位大师的所见不同罢了。

尘在外,心在内,常拂之,心净无尘。

尘在内,心在外,常剥之,无尘无心。

心中有尘,尘本是心,先表后里,先里后表,有何妨?表与里,本就是并列的关系,对比在其次。严谨的逻辑,重要的现实意义,两者都具,不是吗?

若解的不通透,尽可再看一则;

二僧论风幡义,一说风动,一说幡动,议论不已。慧能进曰:"不是风动,不是幡动,仁者心动。"

同样出自《坛经》。

有风不动无风动,不动无风动有风,由表及里,是唯物主义之显,代表一类喜观人。意识依赖物质而存在,也是一种合理之解,毕竟万物共生,意识物质同在,谁确切知道它们出现的缘由与先后呢?

非同类,并而存,哪里能辨出什么高低啊!表里效应,实在一开始就摆错了态度,表轻里重,是没道理的,主观之言证明不了什么。

七三合为十,九一合为十,十已圆满,对事物的认识也已圆满,喜观人,爱悟人,要强说特点,只有偏感性与偏理性。也切勿五五相分,以此作为衡量标准,否则两极相抵融合为中,表里混沌无从可辨。世人看此山是此山,看此水是此水,铺平一律,了了世界无意义。(第二十届中华圣陶杯作文大赛校级一等奖)

信则诺,诺则承

高二(24) 黄健铭

何谓承诺?诺,意为"是",承,意为"承担";承诺,则是"你答应别人的事就一定要尽力做到,即受人之托,忠人之事。"当你说下那一声"是"时,你就要为自己的言行承担相应的责任,这就是所谓的承诺!

只是,兑现承诺的历程,平凡而伟大。"我幸福,因为我无愧于我的承诺。"

"你放心,只要我还有一口气,这钱就一定还。"面对老板的无耻欺骗,面对村民的不满指责,欠着28,757.00元加工费的李异宏一遍遍拍着胸脯许下这个承诺。

　　随后,他便选择了最为艰难的还债之路,打柴。选择打柴而不选择外出谋财,也是为了让债主们放心,让债主们相信自己不会因债而逃。

　　于是,那条砍柴的小道,李异宏一走就是21年。在这21年间,他凭借"不要紧,苦日子总会过去,将来一定会好起来的"的坚定信念自励,最终完成了他的还债之旅。他的做法也感动了债主们,当李异宏将欠款送上门时,有的债主表示"算了",也有的表示只要整数不收零头。但是李异宏似乎是"迂腐至极"了,一定要一分一角算得清清楚楚。为此,他还找了一个"荒谬"的理由:"只有这样,我才心安,我才无愧于我的承诺。"

　　高尔基曾说过"走正直诚实的生活道路,定会有一个问心无愧的归宿。"难道李异宏的经历和行为不正是在阐述这个真理吗?

　　富兰克林曾言,"失足,你可能马上恢复站立;失信,你也许永难挽回。"该观点似乎绝对,但也有理可循。

　　据《郁离子》记载,在济阳有一位商人过河时船沉了,他抓住一根大麻杆大声呼救。有一位渔夫闻声而至,商人急喊道:"我是济阳最大的富翁,你若能救我,我就给你100两金子。"待被救上岸后,商人却翻脸不认账,只给了渔夫10两金子。渔夫责怪他不守信用,出尔反尔,富翁却理直气壮地说:"你一个打鱼的,一生都挣不了几个钱,突然得十两金子还不满足吗?"当时,渔夫只得怏怏而去。

　　不料到,富翁又一次在原地翻船,并又一次喊着同样的口号:"我是济阳最大的富翁,你若能救我,我就给你100两金子"。闻言,有人欲救,这时,那个曾被骗过的渔夫说:"他就是那个言而无信的人!"最终,富翁淹死了,带着他的金子。

　　关乎生死的求救,即使没有金钱的驱使,拥有良知的人也会奋不顾身地去救。可是,言出必践,既然你已经许下承诺,那就必须得践行!因为这是你许下承诺的代价。

　　如今,我也选择了"以天下为己任"的方向,但在行动上却有一些对不起自己的承诺,该锻炼不好好去锻炼,该学习不认真学习,该竞争却不全力以赴……深思过后,我立志从现在起,用行动兑现自己的承诺,志远行近,动人以行不以言,锻炼自己,栽培自己!

　　何为承诺?承诺是珍珠,它的莹润是蚌痛苦的代价,也是蚌的荣耀;承诺是宝剑,它的锋利是钢铁饱受磨砺的结晶,也是钢铁的追求;承诺是雪莲,只可以怒放在山顶，让世人仰视它的容颜。此，或为人们所认知的承诺。

但对于我来说，承诺，像是机器人体内的运行程序，使自己明白该做什么，不该做什么；承诺，也像是电风扇转动所需要的电能，充当我艰苦奋斗的动力；承诺，更像是万吨巨轮的舵手，引领着我走向更加辉煌的明天。

《资治通鉴》有言：夫信者，人君之大宝也。国保于民，民保于信。非信无以使民，非民无以守国。故曰："信则诺，诺则承，承则恒。"（中华圣陶杯作文大赛全国三等奖）

己所欲，慎施于人

高二（24）　谌　彤

我们总站在富足的地方悯惜贫穷，总躺在安全的地方怒斥邪恶，总在五十步笑百步后呼唤远离冷漠，总在血痕淡去后才忙着计算生命的价值。

于是，我们俯身怜悯的姿态伤害了别人的自尊。这是否能够理解成对遇挫者的不尊重？

当我们走在大街上，身体有缺陷的人朝我们走过，那畸形的四肢令我们心生同情，于是我们的目光投射在他身上，像一把枪又快又准地击中他的痛处。我们把自己的同情理解为一种善良，而他，把这理解成一种羞辱。自尊心被我们的善良恶狠狠地捅伤后，他们生活下去的欲望就这样一点一点变渺茫。

我们总是用自己沸腾的热血，烫伤了他人的自尊。

每次灾难过后，很多救援队都众志成城赶到受灾现场，他们竭尽全力在废墟中救出一条条虚弱的生命，这些微弱的生命，有的浑身是血，有的腿已经被压断，有的甚至快要奄奄一息，可往往这个时候，热心的志愿者总会手拿摄像机采访这些刚救出来的生命，他们关注地问道，现在感觉怎么样，被救过后的感受等等。每每在电视荧幕上看到这些场景，我都感到啼笑皆非，试问，对于那些身体失去完整，已不知亲人的现状，家也已经支离破碎的不幸者而言，他们的感觉能是什么样呢？难道此时此刻还要大叹感受到了温暖如春风般的救援，还要说两句感恩热心的社会？当他们不完整的身体还需面对众多的镜头时，他们的心也变得支离破碎，他们的自尊心也被践踏着无处可逃，这些沸腾的热血，烧灼他们的自尊，无疑，这些行为使他们受到"第二次"创伤，抚慰变成了利剑。

我们总是用一时澎湃的心，冲刷了他人的自尊。

很多夫妇，因为一心想做慈善，于是一时冲动。便热心草率地去孤儿院领养了孩子，一段时间过后，他们发现自己的家庭与这个孩子并不适合，交流起来十分麻烦，遇到了很多挫折，于是最后决定，将孤儿重新放回孤儿院。这些可怜的孩子，当初他们迫切地渴望拥有自己的家，在孤儿院里一天天地等着直到突然有一天，梦想实现了，自己终于被领走了，飘落的蒲公英有了方向有了居所。可是，不知为什么，他们又一次遭到了抛弃，又一次从云端跌落到井底，这一次，孤儿院的朋友们嘲笑他，自尊向嘲讽低下头去，又是一轮一轮地等待，那样的空虚与低落，在孤儿院里，自尊被抽空的他们如敏感的小兽，稍不留意，便又是创伤。

那善良的姿态啊，竟在无意中让人重生，又让人再次毁灭，失去自尊的苦涩，苦涩的重蹈覆辙。

"人之初,性本善"。人本是一群善良而热切的生物体，当我们怀着一颗真挚而滚烫的心，想要为处于人生低潮的人作一些奉献时，我们需要更多的思索，需要站在别人的角度理性而全面地看待问题，避免那些变味的善良。

别用你沸腾的热血，烫伤了他人的自尊。

继承悠远浩荡之中华文脉，奠基高雅厚重之诗意人生。（载《铜仁日报》20131223）

己之所欲　亦勿施于人

高二（24）　田瑾婷

当你欣于所遇,暂得于己,勿忘他人与你之异,勿施于人毫厘。

天空中流星划过，微光刹那，你雀跃，伸出手好像能抓住那花火的瞬息。可有人却在月下喟叹，逝去的人儿是一颗陨落的明星。

星只有那一颗星，于你是天赐的惊喜，可对他人来说却可能是一段痛苦的回忆。

所以当孔子仰望星辰时，他说："己所不欲,勿施于人;己所欲,亦勿施于人。"

大唐的皇帝将荣华富贵施于李白。金银财宝与酒池肉林是皇帝的最爱，殊不知,眼前的李白是摇曳在风中自由而孤傲的青莲子。贵妃磨墨,力士脱靴,他不屑。仰天大笑出门去,他说:"安能摧眉折腰事权贵,使我不得开心颜!"

美国人将救济粮施于朱自清。本以为自己的"友好"与"大气"能感动朱自清,可面对民族骨气,朱自清挺直脊梁。五斗之米,岂可坏了他如梅如竹般的君子傲气。美国人永远不懂,他们抛出的橄榄枝为何被舍弃,他们不懂"清者自清"。

球迷们将"第二个乔丹"的美誉施于詹姆斯。把一个新生代球星与篮球世界里的皇帝相比,是詹姆斯莫大的荣幸吗?不,他说他从不是第二个谁,而是第一个自己。风云变幻,新的皇帝已经登基。江山代有才人出,新的球星又产生了。

孔子从不将自己的想法强加于他人。他总是引导学生思考,与学生讨论并探究面对的事情。最终,弟子三千,贤者七十二人。深谙"勿施于人"的道理,他成为万世师表供后人仰望与谨记。

有时候,己之所欲,亦勿施于人才能更好地理解他人,完善自己。大海里的鱼以咸水为生却无法生活在淡水之中,而溪水的小鱼却不能在汪洋大海中游弋。

南方温润湿润的气候养育了甘甜的柑橘,而移到凉爽的北方就成了苦涩的枳,环境变了而结果也就变了。人亦然,换位思考能知他人之所欲,己所欲与他所欲有机结合,方能互利共生。己所欲亦勿施于人能予以自己与他人一片天地。(载《铜仁日报》20131229)

有灵之光不可熄灭

高二(24)　刘彦君

钩帘归乳燕,穴牖出痴蝇。

爱鼠常留饭,怜蛾不点灯。

——苏轼

东坡的诗总带有豪放的大气,意象丰富壮丽而有重量,每每读来,令人凭生一种荡气回肠醋畅淋漓之感。若不是偶然间翻阅《格言》,我是绝不知他竟写过如此简单之诗的。

乳燕，痴蝇，鼠，蛾，在那个有农情乡语小屋临溪，或是精绝高榭后庭花园的年代里，如此常见，之所以罕见于文，多因其普通而甚难登大雅之堂。这般浊物，哪里入得了清高文人的眼？

可东坡不是，他是大家。

他说，常常钩着窗帘，不敢轻易放下啊，是为了外出觅食的乳燕能自如归来，免得那外面的风寒透进羽翼，可怜的小家伙却回不到温暖的源头，看到屋内的苍蝇一次次冲撞窗户，几乎偏执成愚，赶紧打开窗门放出，若伤到了，多不好呀；担心家里的老鼠有时寻不得食物，只好时常留心，为它们备下一点饭来；夜里暗深沉，也宁愿勿点灯，唯恐乱飞的蛾一心取暖，扑得自己灰飞烟灭。

于平淡的生活里，我看到一有名之光，微弱地闪，却忽地烙疼了情心。

现在的一些人啊，住的是高厦，行的是宽路，连走姿，都是大幅摆手昂首挺胸，有几时舍得低头望望那些被自己标视为低等的东西呢？乳燕、鼠，确是没有了，尽管看见了痴蝇与蛾，也仅仅是看见。他们大多有知识，有涵养，十分懂得人际间的周旋，雪中送炭锦上添花，时时表现人之情爱，该默无言该赞开口，处处体现于他人的尊重，可是，若能窥透他们的心，你会发现，唯独缺了那束有名之光。

此光，唤为真正意义的尊重，于人，也于万物。

一切只在人与人之间的交往，都是狭隘的，一切只在人与人之间的情感交流，都是单调的。幸而，这光早已萌生，未曾熄灭。

当春天唱起秋天的思念，那白莲等在季节里的容颜开开又落落。夏日一缕映射叶掌上，透亮荷露玲珑的身姿；尖上有蜻蜓沾温的脚纹，池里是鱼儿田田绕东西的嬉戏，荷荫下，相恋的鸳鸯交颈弄羽。盛情的采莲大会上，一才人缓缓至兼柔吟："莲华莲叶满池塘，不但花香水也香。姊妹折时休折尽，留花几朵护鸳鸯。"

当深泉从叠叶里层层渗透，追寻树隙漏下的斑斑点点暖热了身子，蜿蜒轻动聚成一流跳下山涧，叮吟的落潭音唤起了一个世界。雪淄和着刚携来芬芳的细风照出整幅山荣峻茂，窸窣的有山被娇羞的换衣声。雏鸟丰满的翼毛，不再白的柔弱，抒开了稚嫩的歌喉，与遥远的宫内庭里笼里画眉，是一样的醉人，不一样的心绪。有人知雏鸟不懂画眉的忧："百啭"千声随意移，山花红紫自高低。始如锁向金笼听，不及园林自在啼。

……

然而,这些心中有光的旧人,已随着一个又一个日升月落,慢慢地被历史隐去,从泼墨山水深处,软语呢喃浓里。

亲爱的人们,别任由那有名之光一点点微弱下去好吗?维护它!传递它!就算住在高厦,就算行在宽路,只要愿意低头,只是愿意看见,哪里的光不可以填补你的心房?它令你圆满,令你感悟平淡生活里的神圣。

每一只被束缚在玻璃瓶中的流萤,都拼命挤在瓶中;

每一只折断翅膀的蜂虫,都固执地不顾痛苦尝试飞翔;

每一朵盛放在沙漠里的依卡,都为短暂的绚丽献出日夜等待;

每一片从枝丫坠下的残腐老叶,都静静躺回根的怀里……

生命的伟大,足以超越人的情爱——那人,与人之间的,那狭隘的,那单调的。

我希望有那么一天,世上每个角落都传出这样的声音"万物皆被容于尊重,有名之光不可熄灭!"那么,便与东坡的诗相配了。(载《铜仁日报》20131218)

绽放承诺之花

高二(24) 李璐遥

承诺,我在白纸上郑重写下这个题目。

风儿吹过,是他对树叶起舞的承诺。

鸟儿飞过,是他对天空蔚蓝的承诺。

野马奔过,是他对草原绿浪的承诺。

这里,肆无忌惮的西风卷起一堆堆雪,雄鹰也被这冷空气击溃不知躲到哪里。在一片白皑皑中,一抹绿意在艰难地移动着,他们,就是高原兵。也许你会疑问,他们为什么不在边防站守卫祖国,跑到这冰天雪地干什么?每个人的脸上都流着豆大汗珠,那两抹浓浓的高原红却不是他们健康的标志。在越来越深的雪地里,他们走得更加艰难却又更加焦急了!因为,在前方,一辆援藏的物资车被这恶劣的天气给堵住了,车内有新鲜的蔬菜和水果,那是给藏族同胞们送去的。眼看太阳就要落山,他们又加快了步伐。

"一二——一二——",刚刚到达车辆的被困地点,士兵们就开始了援助,五六个稚气未脱的兵用尽全身力气一遍又一遍的推动这个庞然大物,就这样,反反复复几十次，倒下再站起来，车辆终于再次启动。司机不好意思地直说谢谢，士兵们也长吁了一口气。

他们本应是这如花的年龄，应该在大学里感受青春如花般的绽放，可是，他们响应国家青年应征入伍，把最最美好的青春奉献给了祖国和人民；把沸腾的热血力量都挥洒在这天寒地冻之中。

只应入伍时的那一句句承诺，"我是一个兵"、"我为祖国守边疆，我为人民送温暖!""党和人民时刻需要我!"他们为了这承诺付出了太多太多，放弃了太多太多，那承诺，又怎能不美?

只不过他们承诺的青春，夹杂着汗水，泪水，雨水，雪水，最后都化作那冰山上朵朵雪莲，在寒风中飒爽!

承诺之花于是美丽于是动人于是永恒!

这浩渺如烟的生活呀! 又何尝不是充斥着大大小小的承诺，对自己也对他人。生命又是何其简单与艰难! 因为承诺的过程是简单的，而实现承诺却是需要用尽力气的!

你也需要把自己化作冰山上的一朵雪莲，让这承诺开花，结果。

到了很久后的一天，不管你在哪做什么，心中都能让这承诺之花永远圣洁，美丽! 人生就会像一条弯弯曲曲的清流，缓缓向你诉说你曾绽放的承诺之花!

（第二十届中华圣陶杯作文大赛全国一等奖）

春

高二（24） 肖 波

一花一叶一世界

几天前的春雪，似乎变得比冬雪更加洁白、朵大、疏朗，更加地富有热情和生命力。在风中路过，一片片雪花落在衣服上，飘进帽子里，落到手中的书本上，顷刻间化为水，带着丝丝凉意。从摇曳的树叶上拾起一把雪，去体悟人生的味道，突然发现自己已经好久没有聆听自然的音符了。是自己太久没有心在焉吗? 也许吧。这场春雪是冬的延续，还是它的落幕、春上映的前奏呢? 现在我还不知道。只是在雪水中，想起屋檐下滴的水声是久违了，那些会溅起小小的涟漪的水滴，它们不正是春天的先行者吗? 只是这里已经寻觅不到他的踪影了,他去哪儿了?也许是时间把他们从冬天里带走了,还会回来吗?会的,在春天会回来的。我会让风儿将我的呼唤带走,让风儿能追上时间的脚步。让他把一些东西留下,包括春的先行者,不要让他们只留在记忆里。春天来了吗?让风儿在梦中告诉我吧。

今日听闻小弟告及,我所种下的树和花已经在与春天一起散步了,心中方才十分放心和欣慰。天气虽然也开始好转,但河水依然板着一张嘴脸、不肯妥协,依旧刺骨。校门口的樱花树已经完全在绽放了,坐在树下,手搭在栏杆上。抬头仰望满树的花,难道花香也有重量吗?一阵阵的掉下来,混合着浓浓的香味,几乎要让我的鼻子失去嗅觉了,实在是太香了。阳光逃过花儿一次次的阻拦,变成一些碎片,掉到地上,飘到我的脸上、身上。当风路过的时候,花影似乎在与阳光调皮嬉戏,东跑西跳。但我总觉得是不是少了一些东西,没错,就是绿叶。少了春天的叶芽为花做些点缀,难道花儿不会觉得太孤单吗?难道你不会觉得世界太单调吗?我想,会的。不知道绿叶肯什么时候出来装点世界,为冷色调的世界加点料。难道风儿没有将绿色带回来吗?春天到了吗?我希望他早点回来。

记得年前有几天,一整天的阳光都蓝蓝的在世间游荡。不觉兴起,进山。遇见许许多多绿的青翠欲滴似的野兰花,夹杂着几片泛黄的新叶。还有几朵花骨朵,都像一个个养在深闺的少女羞答答的。让人心里藏不住阵阵爱惜之意。似乎在昭示,春天真的来了。但几天前的春雪,好像一个意外的小插曲。这打乱了演奏的序列吗?今日起床,飘着一股股淡淡的兰花清香,讶异于它带给我的惊喜,昨晚的它悄悄地绽放了。但更多的是对春的惊讶。对,春天已经来了,那场春雪没有打乱序列,春天已经登台表演了,而夏天正在准备。春天到了吗?幽幽的兰花告诉我,它在我身边。

虽然,春天到了,但我们依旧蜷缩在厚厚的衣服里。我们依旧在冬的梦中,没有感知。我想,只有燕子的惊叫才会把人们惊醒,告诉人们,春到了。

一花一叶一世界,一心一意一禅意。("春之恋"征文一等奖)

和假期综合征 Say Goodbye

高二(24)　李璐遥

积雪已经开始融化,万物都在整装待发迎接春天。我们过了一个寒冬却还是像冬眠一样浑浑噩噩的,但新学期的哨声已经吹响,一睡睡到自然醒、轻松闲适任意安排时间的日子已经一去不复返了。我们将要面临的是每天快节奏的学习生活,要丢掉那个慵懒的自己,很快地勤奋起来又如何能做到呢?

由于我们在假期整天玩耍、看电视、看电影,身体得不到充分的休息;有时忙于同学聚会,大鱼大肉、暴饮暴食,打破了原来的身体规律。突然从玩乐中回到平静,放松的神经又紧绷起来,身体难免会出现这样或那样的问题,比如睡眠紊乱、恐惧上班或上学、神经衰弱、厌食等等。此时,你不要害怕也不要慌张,只要耐心地调整自己,一切会马上恢复正常。不妨试试下面这几招:

一、制定出合理的作息计划。合理安排起居,让自己的身体有规律。早睡早起是一个不错的选择,按时吃饭也十分有利于身体。

二、用食物来辅助自己。首先要先为肠胃排排毒,饮食多以清淡为主,新鲜蔬菜和面条搭配为自己清清火。其次可以利用水果补充一些维生素,苹果、梨、香蕉也会让"内火"慢慢降下来。

三、放松心情、保持好的心态。一下子把人从悠闲中拉到高压的状态是不容易接受,这时可以适时听听舒缓的音乐、做一些有氧运动保持心情顺畅。在上学的前几天不去参加容易让人兴奋的活动和聚会,可以看看课外书、与朋友聊聊天让自己的心静下来。

四、要有坚定的信心和毅力。假期综合征的突然出现会对我们的身体和心理带来影响,脾气暴躁、做事无法专注、头昏脑涨、心闷都需要我们用坚强的意志力去控制。只要我们下定决心把它赶走、加强自我调节,烦恼都会消失。

假期综合征并不可怕,只要你能心平气和的对待它。万事开头难,我们只需要以百分百的精神去面对它,一切都会迎刃而解。前路虽然坎坷,但不要轻言放弃。虽布满荆棘,但不要随意畏惧。拥有一颗勇敢的心去拥抱春天和假期说再见吧!（载《铜仁日报20140220》）

器满则溢，人满则丧

高二（24）　李明慧子

　　不少人被鱼刺卡住咽、喉、食管，便用喝醋的办法，希望以此"化掉"鱼刺。此法不可取。因为人的咽喉和食管同胃是相通的，喝进去的醋只会与鱼刺接触，醋的脱钙作用无法进行。因此，任你喝醋再多，也无济于事。有些人则采用吞馒头或饭团的办法，这种做法更是不妥，因为这会使鱼刺扎得更深，造成挟取困难。我们之所以会陷入此误区，是因为我们听说此法可行，便认为此法真的可行，觉得自己真的懂了。满盈者，不损何为？慎之！慎之！

　　网络发达，可以搜到很多信息，浏览很多文章，这表面看起来是好事，其实害处也很大，使很多基本功没练好的青少年胡乱吞咽了一些信息快餐后，就自以为很有学问啦，动不动就"豁然开朗"，然后就去趾高气扬地教训别人。其实就是分不清"信息"和"知识"。

　　百度搜索"杜月笙"记记他的生卒年，看看他的生平事，便觉自己懂了，算是了解他了，到处说与别人听。而自己口中所述也不过是照搬套作网上之说辞，自己也不知是真或假。

　　每只蚂蚁都有眼睛鼻子，它美不美丽，相差有没有一毫厘？

　　2月7日晚，江苏卫视科学真人秀节目《最强大脑》中，来自开封的挑战者李勇引起了众多网友的兴趣。他的项目"微观辨蛋"看似奇怪，实则"难度惊人"。现场一条长架上，放置着300个鸡蛋，编号分别为1到300。主持人介绍说，这300个鸡蛋是经过精心挑选过的，无论在外形、外壳花纹还是重量，都尽量避免相差太多。而李勇要做的，是从这300个鸡蛋中找出观察员所选的那个鸡蛋。李勇凭借他自己的观察力完成了挑战。

　　树叶间容纳宇宙，花瓣里别有洞天。一花一世界，一叶一如来。非亲临其境，道不得此语。只要还有什么东西不知道，就应当永远学习。有一分谦逊，便有一分受益处；有一分矜持，便有一分挫折来。人皆知以食饥，念莫知以学愈愚。对待学问万不能得过且过，我们应当敬畏学习。（段考考场高分作文）

和"假期综合征"Say Goodbye

高二(24)　李明慧子

只觉得自己心都死了。对任何事再无热情可言。

——致开学日

理想中的寒假生活

1. 被英语听力狠狠地抢了一巴掌,每天早上 7:00 起床第一件事就是练 2 个小时的英语听力。

2. 英语总共学了 6 本书,每本书由 5 个单元组成。一天复习一个单元,并把以前压书柜的练习册拿出来把它们做干净。

3. 完形填空、阅读理解永远都不是吃素的。一定要驾驭它们!每天做 1 篇完形填空,4 篇阅读理解。

4. 数学是三大龙头的领导者,必须强大起来!做!做!做!除了做练习别无他法。

5. 地理每次拉分把我的心都快拉凉了。每天花半小时看地理图册。时间久了地理肯定能抬得起头。

6. 政治高一没认真学于是我暗自发誓必须补起来!

7. 自主学习下半学期的 6 门功课。(事实证明这是一个伟大的项目,浩大的工程)

现实的我是这样生活

说好一放假千万不能放松,因为我很清楚我自己,一旦放松我就会像充足的气的皮球被扎了一个洞结果一泻到底。脑海中另一个声音马上想起:累了那么久就休息一天吧。我的身体服从了后者的命令。后来的我从说好的休息一天到休息一个星期,再到休息到开学前 10 天,如今的我整整休息了一个寒假。说好的 7:00 起床变成了中午 11 或者 12 点甚至有时更晚。寒假之所以短暂就在于没有早上。

现在的我只觉得开学时间是悲伤的事情,仿佛一下子就要离开,独自远行,我舍不得爸爸妈妈,舍不得家里的一切。想哭却又哭不出来,十分难受,压抑极了。

自己也有点害怕开学，因为一个寒假都没有认真学习，害怕掉队，不可否认这也是不想开学的一个重要原因。

然而这一切的根源都在于：假期生活和自己理想的生活有着天壤之别。如果我没有拖延症是不是如今的结果会不一样。如果我在假期已经赶上那些走在前面的同学，是不是渴望开学和他们一较高下。然而没有如果，开学迫在眉睫，没错，就是明天。如今的我除了面对这个残忍的事实，别无他法。

成功的人总是害怕什么就专拣什么做，连害怕的事情都克服了，还有什么理由不成功？如果因为害怕就不去做那是一定不会成功的，永远只会停留在原地。人都有自己的弱点关键在于你是否重视，并努力去克服它。选择远方还是当下，前行还是停留，我想前者更适合即将高考的我们。"长风破浪已有时，直挂云帆济沧海"。

"今天很痛苦，明天更痛苦，后天会很美好，很多人死在明天晚上，看不到后天的太阳。"

（"和'假期综合征'Say Goodbye"征文一等奖）

飞逝的时光

高二（24）　杨玺可

我是真真切切地觉得，时光飞逝。

我，一个懵懂女孩，明明刚才还拿着录取通知书在铜仁一中门口胆怯地徘徊，可随着左脚一跨进校门，就好像是不小心踩到了快进键，熟悉又陌生的场景飞速变换，一个个由不认识到认识的人，随着时光列车呼啸而去，只留下记忆中的残影，和留不住的叹息。

如今，已在新班级里度过了一年的我，却依然如同当初。寻不到一丝熟悉后的归属感，只有被动的习惯。整日恍恍惚惚，我被时光的洪流冲散到各个我该到的角落，完成一天又一天的轮回。

我从不知道我喜欢什么，所以任人摆布，毫无主见。因为现阶段，没有无可挽回的过失，就无所谓落空，没有值得妥协的利益，就无所谓痛失。既然什么都无所谓，那任人摆布又有什么所谓，还能不走弯路，不撞南墙，安安全全的长大呢！

不过也有过一次偏执，出在文理分科上。

说来也好笑，语言组织能力和思想深刻度渣到惨不忍睹的我，究竟哪来的自信非要选文科呢？妈妈更是后悔，不时嚷嚷着："怎么就出于常年摆布你的愧疚，而同意了你这傻丫头的笨选择呢？"

我想飞。不是世俗的飞——求功名利禄，加官晋爵，而是像鸟儿扇动翅膀，穿越阳光，像蒲公英飘飘扬扬，游荡天涯的飞。自由自在，腾空的双脚不沾一丁点儿泥泞地飞。

这不可能！但对我来说，可能，因为我在两个世界里行走，天堂在左，肉身在右。肉身的世界，熙熙攘攘，人来人往，我笑着行走。天堂的世界温暖无声，寂寞安静，我孤单一人，也笑着行走。两个世界的目的地都在上方，前者却只能用爬，攀着书本或钱权，撒着汗水，踩着脚下的人，一点一点，向上爬。而后者，用飞！带着一颗真实的心，历经一些动情的事，洒下些许悲喜的泪，就能飞！

所以，为了能飞，为了天堂世界，为了能体味深入骨髓或痛彻心扉的喜悲，而不是仅仅留在柴米油盐酱醋茶的世界隔岸观火，我选择了文科。

可悲哀的是，我不过是一个不知自己喜好的人。所以，哪怕亲自选择的路，我也只做被逼得最紧的事，按部就班，也一事无成。

可更悲哀的是，我清楚地知道这——只是借口。无论被逼与否，想飞，就得爬！"腾空的双脚不沾一丁点儿泥泞地飞"，这不可能。

所以，我总是急功近利的想弥补什么，但每一个方案都在没有付诸行动之前被另一个方案所取代，我总在后悔所以只能从不后悔。我害怕的怀疑，或许，从未有心，为付诸行动而努力，而那腐坏的部分，才是真正的自己。

因此，怀着这样一份悲观的自知和被殃及地对他人的认识，面对着和我有着霄壤之别的班长时，按常理本只有份羡慕的我却出奇的嫉妒且同情，这个优秀的人，这颗闪亮却孤寂的星，究竟是如何做到了——痛苦得这么欢愉。

还记得去年卢阳春，那首无心插柳的《那些年》，带动了全校的情绪，先是惊讶，再是心照不宣的跟唱。这些同样年轻的人，或许和我一样，只是命运面前强说愁的笨蛋，而那时的共鸣与悸动，或许也不过是未经世事的独白。

可《那些年》之所以有着忧伤无奈，就是因为它已经不再。

就像现在的我，无理取闹却不受惩罚的时光已经走到了尽头，而以上的胡言乱语不过是最后一场狂欢。

身后推搡着我前进的时光洪流终将蜕变，盛开成一辈子的伏笔，散落一地。

而这最后一年的自由也只剩不自由的弯腰整理。

我依旧害怕，当再次举头，不知道那飞逝的时光又将带我到了哪里？（"告别高二"征文一等奖）

公益，重行更重心

高二（24） 吴云佳

从中国公益研究院发布的 2013 年"中国捐赠百杰榜"上看到前总理朱镕基名字的那一瞬间，我的心有些微微触动，记忆里这位前总理似乎已经退休 10 年之久，他的身影也逐渐从人们的视线中淡化。虽已退出政坛，处江湖之远，本应安然度过垂暮晚年，含饴弄孙，然朱老却仍不忘他心心念念的人民，在古稀之年用他的全部著书版税捐赠两千万成立实事助学基金会。尽管不居高位，却毅然投身于公益事业，其一片慈善之心，实则令人感慨万分。

想想我们自身，是否也能从前朱总理身上领悟些什么呢？不过一片炽热的向善之心罢了，或许有人会说，我们不过一介寒窗苦读的学子，衣食所需全靠父母供给，既没有什么大本事，也不是什么所谓的官二代富二代，哪有什么资本做什么慈善做什么公益事业呢？但是，谁说公益就一定需要大笔的钱，一定和钱挂钩呢？我们不一定非要做到报纸新闻上报道的那些动辄就捐赠几百几千万的有钱人那样，才算是慈善，才算是公益。慈善有大有小，捐一千万是慈善，捐一分钱亦是慈善，心意最重要。

我们身为祖国未来的接班人，于公益上就更应该义不容辞。在课后闲暇时，我们可以去拜访附近的养老院，同儿女不在身边的老人们聊聊天，说会儿话；或者带上一些我们的旧书本去看福利院的孩子们，同他们玩耍。我们还可以做很多力所能及的事，公益其实并不远，只要我们愿意行动起来，于我们不过举手之劳的事情，于需要关怀的人们却是一片碧海蓝天。

公益，重行更重心，即使此时此刻不能凭一己之力做到有所行动，只要心在焉，胸中总有一份强烈的社会责任意识，有一份向善之心，总有能够付诸行动的一天，贡献出自己的力量。（"公益之我见"征文一等奖）

何为知？

高二(24)　杨雪梨

"知之为知之,不知为不知,是知也。"这是最近刚学的,也是早有耳闻的一句话。它出自《论语·为政》一书,意思是说,懂了就是懂了,不懂就是不懂,这才是真正的智慧。这句话充分体现了孔子的生存智慧,他告诉我们要正视自己的无知,要坦然承认自己的无知,只有这样,我们才能学到更多的知识。

生活,是生命中最有智慧的一门艺术。它就像清流小溪里的一颗颗鹅卵石,小巧而富有灵气;它又像缤纷花园里的一片片绿叶,静默却不可或缺;它还像那大树上的一粒粒果实？而这所有,都是以谦谨为基础的。

有一对在林中漫步的父子。父亲在弯道处停下问儿子,除了听到鸟叫声,他还听到了什么。

儿子回答:"我听到了马车的声音。"

父亲说:"对,是一辆空马车。"

儿子问父亲,他并没有看到,又是怎么知道的。父亲回答说:"从声音就能轻易分辨出是不是空马车。马车越空,噪声就越大。"最后一句话让儿子牢记了一生,也受用了一生。

人的能力就正如这马车。空马车一上路便可听出,因为它没有"重量",所以发出的声音会很大且嘈杂;而当马车里装满了"东西"的时候,由于它有"真材实料",纵使道路再颠簸,也不会再轻易"飞"起来,自己"伤"了自己。看看圣人孔子:他的弟子子贡赞誉他,说他的才德是不可逾越的日月,任何人都无法企及。可他又是怎样评价自己的呢？他这样说:说到圣和仁,我怎么担当得起呢？我只不过是朝着那个方向努力而从不满足、乐于教诲别人而不知疲倦罢了。再看看爱迪生:当别人给他"天才"这样高度评价的称号时,他却说:"我哪是什么天才？就算是,也不过是百分之一的灵感加百分之九十九的汗水吧。"……最后,他们都终于用自己谦谨取得了成功,成为了历史长河中那永不褪色的星。

"满壶水不响,半壶响叮当。"这句俗语用来形容类似父亲与儿子对话的场景再适合不过,它不仅揭示了问题的根源,更告诉我们犯过后就应该"把水装满"。所以说,当你的才华还撑不起你的野心时,你应该去学习。(载《铜仁日报》20141207)

雷锋礼赞

高二(24)　黄健铭

三五令时雷还魂,二一申辰锋拥棱。

黑板墙报表敬意,期刊网络现尊崇。

气宇消散慎不许,旧年惠及同龄露。

仁爱战之魄沧桑,似水长流万里目。

雷锋志,梦中国,多坎坷,须坚守。

民族振兴丁酉时,国家福星封海祚。

(注释:【三五】代指三月五日雷锋纪念日。【二一】雷锋牺牲时正值21岁。【祚】帝祚,皇位。)

("雷锋精神之我见"征文一等奖)

雷锋已逝?

高二(24)　刘雨晴

看到四处又张罗着贴上写着"向雷锋同志学习"的红布的时候,我知道又到了三月。

不知怎的,想到雷锋,我的脑海中瞬间就浮现出一个戴着盛着雪的绿军帽,穿着沾着雪的军大衣,站在昏黄的灯光前虔诚敬礼的新兵,就是如此,窘迫,但有信仰。

传说"雷锋出差一千里,好事做了一火车",他的名字总是与"为人民服务""钉子精神"这样的词联系在一起,用自己微薄的薪金给丢失火车票的大姐买车票,用零零碎碎的时间刻苦学习,用休息时间帮助建设学校,放下自己的事帮老太太找儿子,22年的生命里,似乎只有服务于人四个字。

近年来有很多人对于"雷锋"这个圣人一般的形象提出质疑,在他的所有故事里,没有亲情、友情、爱情的镜头,这简直不是一个正常的生命,无法可想。而他自己也在日记中写道:"人的生命是有限的,可是,为人民服务是无限的。我愿把有限的生命投入到无限的为人民服务之中去。"他确实是这样做的,并且做得完美。新时代的人之所以对"雷锋"的存在提出疑问,不过是因为我们自己并没有生活在那个革命热情高涨的年代,这就像我们无法想象大跃进时期的人们怎么可能在濒临饿死的情况下依然频传"高产捷报"一样简单。

至于这个形象,究竟是政府特意美化塑造,还是真正的人间圣者?我想这其实无可厚非,为了时代需要。我们这个时代,依然需要雷锋,可是似乎雷锋已逝。

"遇到摔倒的人扶不扶"在社会上引起了长期而广泛的热议,一个高唱着"雷锋精神永垂不朽"的民族竟然在这个问题上犯了难,这个社会究竟怎么了?是的,不是不想扶,只是不敢扶。网络上流传着一个笑话,"想炫富吗?去扶老人吧。"虽说是笑话,可从中我们看到了同胞与同胞之间的疏离与不信任。趋利避害是所有动物的一种天性,人终究是没法逃过的。一方想着:"摔倒了却能大捞一把,这样的事傻子才不干呢!";另一方却想:"帮别人万一被坑了呢,傻子才干,反正也不是我亲人。"我们每年都在向雷锋同志学习,除了助人为乐,还应当有诚实守信。

写文章的时候刚看到新闻说昆明火车站遭暴力袭击事件,29 人死亡,130多人受伤,又想到前不久贵阳火烧公交车事件造成的 6 人死亡,一条条鲜活的生命只能变成了简单而又沉重的遇难者数字。无论是分裂分子搞恐怖袭击,还是疑妻情变纵火泄愤,这些报复社会上最平凡最普通的人的做法,只能表现他们内心对于生命的不敬畏甚至是漠视。雷锋带给人最多的感触在于他对待所有人所有事的高度热情,把所有人当作自己的同志一样友好尊重,也许你不是共产党员,你不用恪守全心全意为人民服务,可你必须知道每一个生命体都是平等且特殊的。

学习雷锋,不是要学做圣人,而是像雷锋一样热爱生活、关爱他人、执着本真,于自己或于社会,你我他都有益无害。又到了三月,无论是否相信雷锋,可无法否认,雷锋精神有它现世的紧迫意义,会通过你我他践行而发扬光大,雷锋永不会逝去。("雷锋精神之我见"征文一等奖)

品一壶宽容之茶

高二(24)　陆明婧

宽容，一种衍生于人类心灵深处的神奇魔法，当你用它装饰世界的时，世界亦还你一片耀眼阳光。

——题记

生活有时无异于一锅大杂烩，总能让你品尝到各式各样的滋味，或苦涩、或酸甜、或辛辣。然而要使它尝起来更美味，我想，"宽容"是一剂必不可少的调味品。

宽容他人，能广纳贤才，增长才干，使自己变得更加智慧；宽容他人，能历练勇气，开阔胸襟，使自己变得更加大气；宽容他人，能提升气质，修养人格使自己变得更加豁达。不得不承认，放过他人即是放过自己。

假若我们将审视的目光放久远些，会发现，历史上的仁人志士，无一不是怀着一颗宽容之心去对待身边的一切的。

赵国的蔺相如完璧归赵，立功拜为上卿，位在大将军廉颇之上，廉颇心有不服，扬言要羞辱他，而蔺相如却以大局为重不与其计较，以宽容的心对待廉颇。于是，廉颇也深感愧疚，便有了"负荆请罪"这样一段佳话。再看印度的民族英雄甘地，以"非暴力不合作"思想闻名于世，因受宗教、家庭等等因素的影响，他以"仁爱"精神为主旨，宣扬用和平的方式斗争，坚信真理。甚至在被极端分子枪击后的瞬间，还以手势表示宽容凶手并刺死他的人祝福，这般伟大的心胸也使爱因斯坦说出："后代的子孙将无法相信世界上曾经活生生的出现过这样的人物。"

然而，宽容又是人人都能做到的吗？多少人把宽容误解成了一味地迎合、一味地原谅，他们丢了做人的原则，忘了有些时候对自己所犯下的错误是不可轻易原谅的，所以他们更不会意识到，正是自己三番五次的退让才滋长了对方肆意妄为的本性。切记，莫让宽容变了味，否则，调出来的食物将难以下咽。

当我们行走于这大千世界时，若用心灵感触宽容所带来的美好，不难发现——

宽容是天空,收容每一片云彩,无论美丑,所以广阔无边。

宽容是高山,收容每一块岩石,无论大小,所以雄壮无比。

宽容是大海,收容每一朵浪花,无论清浊,所以浩瀚无垠。

人生就是一次品味,当你的味蕾承受不起太多繁杂情绪时,品一壶宽容之茶,那弥久清香将久存心底。(载《铜仁日报20140501》)

谈中国诗

高三(24)　尹蔚源

每个人都有自己的三观,作为精神世界里的北极星,指引着各自的方向。而我认为,每个中国人都应有第四观,诗歌观,即对一切中国古典诗词歌赋的根本观点。本文谈中国诗,也就是谈我的诗歌观。

一首中国诗,如何称之为好?判断标准是什么?这是诗歌观的核心问题,我的答案是:是否有诗味。何谓诗味?诗味,望文生义,诗的味道。举例言之:"床前明月光,疑是地上霜。举头望明月,低头思故乡。"你看李白这四句二十个字,说平凡不平凡,说奇特却也没那么奇特,可拼接在一起,偏偏产生了一种了不得的化学反应,给人一种说不清道不明的美感和震撼,因此让这首诗传唱千古,让读者难以忘怀。再举一例,是我最近很爱的一首杨万里诗:"只知逐胜忽忘寒,小立春风夕照间。最爱东山晴后雪,软红光里涌银山。"真是妙到了极点,让人越读越有味,简直爱不释口。从这个角度讲,诗味是诗特有的一种美感,是由它其中的词句、声律、节奏、意境等物的交响式集合给人形而上的作用,从而让人得到的一种感受。当你读到"落霞与孤鹜齐飞,秋水共长天一色"时,是什么感受?当你读到"夜阑卧听风吹雨,铁马冰河入梦来"时,是什么感受?当你读到"长风破浪会有时,直挂云帆济沧海"时,是什么感受?不用我一一点出,给出一些标准答案,我知道你一定能感受到。每个人都能感受到诗味,就像每个人都能感受到阳光抚摸皮肤的那种暖洋洋滋味。

谈中国诗,都绕不开诗的平仄格律问题,事实上这也是关于中国诗争议较多的一个问题,有守旧的人士认为,必须严丝合缝地按照古诗的规范来创作,一些新锐派人士却主张完全把它放在一边,自由创作。当然,还有很多和稀泥的折中人士。我的看法可能稍显新派,但与之不同:诗的平仄格律,是中国诗的一大非凡性特征,有其价值,我想这一点无可争议,能够遵从它的诗,也必有裨益。但是在创作中,完全可以大家各走各的路,分道扬镳,你愿意遵守也无妨,不愿意遵守亦不强求。诗歌的平仄格律就像一道菜中的某种佐料,加进去会有特殊滋味,不加却也未必不能下咽,关键还得看诗中的内容,那才是一道菜的关键,拿食材去迎合佐料显然是不对的,这就叫不以辞害意。另一角度讲,这种佐料或许是本菜系的一大特色,但不代表随着时代的发展必须当成一个铁律来遵守,这必然会限制这个菜系发展的活力。其实就我看来,最理想的状态是让这种作料浑成于菜中,成为它本身自然需要的一部分,这就需要创作者的智慧了,而每当有了什么新创造时,这些规矩就可以统统不管。

谈中国诗,就不得不梳理其沿革发展。中国诗起于《诗经》《楚辞》,那是中华文化的萌芽时代,那时的中国诗也只是母腹中躁动的一个婴儿。从秦汉到魏晋,是这个婴孩的成长期,成长中有曲折也有闪光。历经时间的洗礼,终于到了唐。这是中国诗最蓬勃最绚丽的一个时代,初唐有初唐的朝气,中唐有中唐的峥嵘,晚唐也有晚唐的风姿,其间名家辈出,名篇如林,不可胜数。而早熟的代价便是早衰,巅峰之后只能走向衰落,我们不得不承认,自唐以后,中国诗这一整体是在走下坡路了,虽出现了词和曲的变种,终不能与唐争辉。至于新中国成立后,更是进入了历史的低点,我指的是中国古体诗进入了历史的低点,所谓社会主义文化大繁荣,似乎未在中国诗上体现,这又是后话了。从孔子讲他一生的历程看,如果说唐诗是三十而立,宋词四十不惑,元曲五十知天命,明清六十耳顺,那到了近代,毛泽东便是从心所欲,不逾矩。就我个人观点看,毛泽东是中国诗的集大成者,是几千年中国古体诗词的一个总结,是最后的一个高峰,也是孤峰。他熔个人经历,民族命运于一体,诗词兼擅,用笔出神入化,典故信手拈来,风格多变诡异,不拘一格,情感丰富,气势豪迈恢宏。翻开毛泽东诗集,令人拍案的句子随处可见,比肩李杜,绝非虚言。可惜至此之后,再无最顶尖的古体诗人,至少我是不知道的。

从懵懂无知时被我妈摁着背诗,到现在每天不背两句就不舒服,也算是与诗有缘吧。我从最初的旷世名句过目不忘,平凡作品背了又忘,发展到现在什么都背什么都忘,但有一份真意始终不忘,欲辩已忘言。只能以苏轼的一诗作结:庐山烟雨浙江潮,未到千般恨不消。到得还来别无事,庐山烟雨浙江潮。

你说，我说，他说

高二(17)　胡　娟

说，纷扰之源，时有对错，却无明界，你说，我说，他说，此为自然之一道也。

——题记

说，乐

对于同一件事，同一句话或同一个人，每个人的说法，看法都不一定相同，因此，不是常听到"道不同不相为谋"么，倒是谁也不能确定谁是正确的，谁又是错误的。各种话题都有争议，就看说的人怎样说。

有人说，人比人得死，货比货得扔，我不同意这种说法。我觉得人作为社会人，不可能不与其他人发生联系，也不可能不拿自己的境遇和别人作比较，但问题的关键不在于比较如何，而在于如何比较。一种比较恰当的比法是，不比人有己无的，只比人无己有的，就像有人开玩笑说的，你不要和游泳冠军比游泳，你要和他比下棋。也许你会说这样做有点阿Q，但如果这样做能使你保持一颗平常心，能够快乐而安然，阿Q一点又何妨？更何况这样做并不危害他人。

但这只是第一步，在获得安然的心情后，人应该与自己比一下，与一年前，一个季度前哪怕是一周前相比，自己有了哪些进步，还有哪些不足，哪些需要继续，哪些需要转舵？都要问个清楚。须知，今天问不清楚的事情，明天可能就会成为问题。只有经常与自己比，尽可能的不断进步，人才有可能得到更多快乐的资本，快乐才会成为人的一种"习惯"。

也许更重要的是，快乐会造就一种心态，而这种心态会产生一种力量，一种改变命运，获得幸福的力量，心态可以说是发生在我们体内几百万条神经作用的结果，也即在任何时间内的感受，而快乐就是使这"几百万条神经"兴奋起来的火种，一种不熄的火种，廉价而又无价。

说，卑

有人说，自卑的人最可怜，因为他们没有了信心，会沉沦下去，从而人生陷入黑暗，我仍不同意这种说法。生活中，真正的自信者必是有勇气正视自己的人，而这样的自信又往往与对自己的怀疑和不满有着内在联系。事实上，几乎所有的天才，都并非自信的人，相反，倒是有几分自卑，他们知道自己的弱点，为

219

这弱点而苦恼,又不肯毁于弱点,于是奋起自强,有了令人吃惊的成功,但这种人也许只是一部分。

周国平《智慧与人品》中有一句发人深省的话:"我相信,天才骨子里大都有一点自卑,成功的强者内心深处往往埋着一段屈辱的历史。"仔细揣摩这句话,我不能不深受震动,我知道了,因为那份自卑,我认清自己的不完美,所以要发挥长处,知道不如人,所以要奋起,没有过多的鲜花,所以不会迷醉,没有过多的光芒,所以不刺眼。忍受屈辱,越过自卑,是为了再生。自卑与自信,谁因谁果?到底是为了掩饰自卑而自信,还是为了自信而自卑,卑为谁生? 卑者自知。

说,质

人需有鸿鹄之志,但人常说"至香则无香"。太多的目标,也许会没有目标,过多的期望,往往能变成欲望,当志向成为欲望,我们应该勇敢而果断的放弃,面对名利,作放弃的姿势,是我们正确的衡量自己的目标后,做出的最现实的决定,不是怕得不到,而是为了保护自己所想要的一切。人的一生,若只为目标而活,那么他就只剩下起点和终点——生和死。倘若为了心灵的那方净土,带着欣赏风景和酿造好心情的态度去走过一生,那么这一生都是无法言喻的快乐旅程。

"质本洁来还洁去",守护心灵的空间,就是笑对挫折,珍藏真情,淡泊名利;守护你的那方净土,就能活出只属于你的精彩,只属于你的人生。

说,说

置生于这个物欲横流的社会,穿栖在信息交织如网的时代,面对每天如潮涌的言语,我们该相信谁?

有人说,走自己的路,让别人去说吧;有人说,应当耐心的听从别人的道理,谁是对,谁是错,没有明显的界线,因为面对不同的情况,这些说法好像都不是错的。

所谓"一花一世界,一叶一菩提",每个人都有自己的空间,自己的世界,在自己的世界里,自己就是主角,而万物皆是配角。庄子与友人施惠游,惠子曰:"子非鱼,焉知鱼之乐?"对曰:"子非我,焉知我不知鱼之乐?"如此说来,每个人都不能成为别人世界的主角,你说,我说,他说,众说纷纭,千言万语,我们不断阐述着我们自己的看法,不管你是谁,只要让人感到不对,就要被人所批判,但有时需保持意见,因为我们毕竟不是他……(第十九届中华圣陶杯作文大赛校级一等奖)

你说我说他说

高二(17)　李蔚丹

　　夕阳与新月并存,天空是一簇一簇的紫色,华美的不似人间。远方有一抹墨色由天边一点一点蔓延开来,像有人握着画笔,描绘着鬼斧神工的大好河山。此时,命运的齿轮却发生了一丝偏转。

　　热闹的市集上,一女子长裙红艳拖沓,长发飞扬,一双黑眸晶莹明亮,樱桃小口,鹅蛋脸颊。如此好看的一名女子身后却跟着一个衣衫褴褛的市井小混混,他的面庞并不肮脏,五官清晰可认,并不是丑陋之人。只是衣着的天壤之别,走在一起着实有些格格不入。

你说

　　以后漫漫岁月,能跟你种种果树,晒晒太阳,便已足矣。

　　也许很难相信。但确实的,我就是那名红衣翩跹的女子。但我却是二十一世纪的现代人! 我不过是在学校图书馆的梯子上取那本硬皮名著《西游记》时,一不小心摔下来被几十本那种硬皮厚书砸中了后脑勺,然后,然后我就这样穿越了。而现在一直对我寸步不离的这个小混混他说他叫陈炜,据说是因为父母早丧才自甘堕落变成市井混混,只因在下雨天时,我为在雨中淋得瑟瑟发抖的他撑起了一把油纸伞,他便这样赖上了我这个"恩人"。

　　斟酌再三最终我暂住在了他家那座伫立在半山腰上的破旧茅草屋里。因为我,小混混也不再到市集上去惹事鬼混了。身无分文的我这些时间每天跟他在半山腰上风餐露宿啃的全是果子。长时间的相处,我把他破旧不堪的衣裳一针一线地给他补起来,把他茅屋漏风漏雨的地方也给填严实,还给他从山的另一边迁了一棵果树过来,种在他的家门口,方便他没钱吃饭可以自己摘果子吃……小混混好感动哦,用眼睛切切的将我望着:"我想,以后漫漫岁月,能跟你种种果树,晒晒太阳,便足矣。"

我说

　　我想回去,我要回去,我要回家…

　　小混混告诉我,他是因为我才有了那种从未体会过的感觉。他告诉我说,我是喜欢上你了吧,嗯,这就是喜欢。然后他就开始每天锲而不舍的追在我后面,动不动就骚扰我:"我觉得你好可爱哦～又对我那么好,真让我好生感动,啊。我真喜欢你!"我赏了个眼白给他,表示对他的无语。他却更惊喜了:"你翻白眼的样子也好可爱哦……"我炸毛的怒吼:"闭嘴!"实则心底深处却生起一番怜意。陈炜陈炜,你这样子,让我如何下手?

我正在沉思,冷不防他靠过来,手里握着一支眉笔,说:"我帮你画眉吧。"我惊:"怎么突然要这样?"他说:"没有啊,居家的女子不都是丈夫为她们画眉的吗,我寻思着你的眉毛那么好看,我也想帮你画画。"我闭上眼睛坐好,静静感受眉笔轻轻划过眉毛。他喃喃道:"以后我要一生为你画眉呢……"陈炜,你太天真了。我默默地想。我说:"我想回去,我要回去,我要回家……"

他说

要看破红尘,必得先让他去爱。

陈炜还未来得及回答,远处的天际突然轰动起来,九重天雷在凝聚,一束白光从天而降。光芒中,一个人影渐渐清晰,是一和尚。还是一身雪白,出众脱俗。他终于来了。我心中一沉。他对我微微一笑,然后转身看着陈炜,缓缓开口:"施主,你我命定缘分,终为师徒,就此皈依我佛吧。"陈炜伸手将我护在身后,眼神毫无惧意:"我不想出家,这一生我只愿能和她一直在一起,过平凡生活!"我心里一颤。和尚微笑:"背负宿命的转世,天意如此,你终会参透的。""什么意思?""你问问她吧。"陈炜转头向我,眼神带有惊惧。我一步一步后退,终垂下眼眸不忍看他,竟有悲伤一波一波的从心口蔓延到全身,我努力使自己的声音显得平静:"我来,是为了让金蝉子的转世由心生爱,然后,取其心头血为我开启时空之门。让我回家……"我抬起头,看到他眼底变幻的光影,不遗一丝一毫。怨恨,惊痛,绝望,直到最后,只余一片哀凉如水……"原来如此。"他的周身开始散发光芒,恍惚间我看到陈炜,不,现在该叫他,唐玄奘。眼里已是一片模糊的怆然慈悲。我知道,一切已然结束。

早在刚来到这里的时候,我便遇到了这个满眼澄明的和尚。他告诉我,来自未知世界的我,若想要回去,必得取得金蝉子转世并已生爱的心头血,方可开启万物之圣的时空大门,穿越千古。身为金蝉子转世的陈炜,命中注定将来要踏上西天取经的旅途,可要西天向佛,必得参透世间万物,放下一切凡尘羁绊。可未曾得到,又谈何放下。他说。所以,要看破红尘,必得先让他去爱。

……

我把那本古老的名著,重新放回图书馆书架上。然后收起了缥缈的思绪。闭上眼睛,静静感受着现代世界的气息。有谁知道,那已过千年的古老传说里,曾有一个我,那样路过他的命运。(第十九届中华圣陶杯作文大赛全国一等奖)

你说，我说，他说

高二 (17)　梁　慢

2008 年冬，大雪纷纷而下，像是天上撒下的棉花，狂风呼啸而过鞭打着、拉扯着人们的衣裳，店门全都紧紧关上了街上寥寥无几人，偶尔路过的也是全副武装，棉衣棉裤棉鞋棉帽、口罩、围巾、手套。唯有你，衣衫褴褛局促地独立于雪中，嘴唇冻得乌紫，双腿不受控制的打战，眼禁不住合上却又拼尽全力睁开，竟连别家的一条宠物狗也不如。一个年轻人从名车上走下来，眼含怜悯，掏出 100 人民币，你没有接。犹记当初，是谁慷慨激昂地说："生不逢时啊，生不逢时，要是我出生在一个和平公正的年代，一定会有所作为的。"如今你怎么不怨天尤人了呢？

那时候，原本你所在的年代是 1642 年，男尊女卑的战争年代。你便是她，她一介女流之辈，生于那样的年代，注定没有人权。你整日整日的学女红、织布、操持家务，养家糊口。丈夫去了战场，而你未老先衰，生了满头白发。一边劳作一边碎碎念："我怎么就这么命苦，生于这个破天荒的年代就够惨了，还为女流，真是苦啊！倒了八辈子霉。"不厌其烦，孩子也不教养，整日就那么不厌其烦的啰唆两三句，仿佛说出来了便不苦了似的。一直到了 1652 年的冬天，同样的大雪纷飞，同样的寒风凛冽，你的丈夫回来了，只是魂没了。你号啕大哭、捶胸顿足，然后指责上苍，为什么造化弄人？也许上苍也怜悯你。佛现身，问你的愿望，而你双眼放光，只说着要生于一个和平公正年代，要再世为男人，要位高权重，全然忘记了你的儿子，也就是我。佛手一挥，你来到了 2004 年，成了一个大官。而我——你的儿子，这世与你再不有血缘关系，我只是一个学生。2004 年的你，还以为是在旧社会，把你在 1642 年的所见所闻全用上了，收红包、滥用职权、大吃大喝、花天酒地，高档奢华之事来者不拒。谁有钱便帮谁，谁对你不敬，便削谁，你说："我有钱，我怕谁。我有权，你告我呀！说不定连法官也是我的人。"你说："此时不享受，更待何时。"你还说："我有资本挥霍。"政府发下来资助的钱，你眼也不眨地把 80% 扫进了自己的口袋。孩子犯了罪，你说："别怕，有老爸帮你，就算杀了人也没事。"你不屑地一笑，蔑视地看着权威。因为情分，你救了你儿子，你果然像你说得那么厉害，他出来后，你没有说什么，也没有批评他,而他也只是叫了一声"爸爸",然后手插进口袋里吹着口哨吊儿郎当地走了,走时,他似乎还轻说了一句:"以后犯罪,天王老子我也不怕。"看吧!你就是这么令人发笑。你在处理你这世儿子的烂事,而我,你的上世亲生儿子,正在三更灯火五更明的生活中埋头苦干,我说过,我只是一介穷苦学生罢了。几天之后,我又看见了你,从五星级宾馆里大腹便便地走出,然后走向一辆名跑车,而我手里拿着俩干瘪的馒头干咽着。你过着高调生活,我过着清苦生活。我以为我们的世界不会有联系,我以为我们井水会不犯河水,可我还是低估了你。那是2008年的冬天,我坐在图书馆里看书学习,左眼皮一直不停地跳,没过多久便听说了你的状况,贪多了总会出事,一夜之间,家财尽散,你进了监狱,后来的事我,便不得而知了。几个月后,毕业了的我成功地成为一家高薪公司的CEO。再次见你,是我开着名跑车接我女朋友的途中,你怎么如此落寞,我抱着我的宠物狗下了车,站在了你的面前,以前的我一直远远地看着你,什么都不曾说。而现在我也只是拿出了100人民币,我说:"先生,早知今日,何必当初。"你没记起我,也是呵!你向来如此潇洒。你不道谢也不接,只是望着一处,原来是他——你的这世儿子,他正搂着一个女人,和你一样呢?他有说有笑的,目不斜视的直接穿过你,你说:"儿子,是我。"他说:"穷乞丐,别乱说,这神经病。"他又说:"宝贝,我们走。"他走得匆匆,只留一句在风中飘,他说:"来世,即使再苦再贫,也不要生于富贵家,只愿有个慈祥负责的亲人。"你仍然望着他,而我望着你。

佛现,于大雪纷飞中,佛说:"施主,你可还有甚想要?"你说:"我只愿做回1642年的我。"佛笑,手挥。我摇了摇头,只愿待在这世。

1642年冬,大雪纷飞,一个妇人满面慈祥的待在屋里织布。她的儿子他已成年,看着简陋的家,说道:"真是晦气,怎么就投到这个穷人家,要我是达官贵人之子,那该多好呀。"佛笑,现身……(第十九届中华圣陶杯作文大赛全国三等奖)

你说、我说、他说

高二(17) 田 芳

十九年前,我们以一声长啼来到这个世界。从此,在荣荣枯枯的时光栈道上,一路奔放,一路成长。

你是最乐观的——

你说,成长是一路领悟幸福的真谛。

拥有生命,就是莫大的荣幸。又何苦要冷冷清清,悲悲戚戚地将生命荒置于悲伤的原野?况且从乳臭未干到豆蔻年华再到成熟稳重,不知是一个多么美妙的过程!

"花开不是为了花落,而是为了灿烂。"你是笃信不疑的。

你愿意"面朝大海,春暖花开",你相信自己会有一个灿烂的前程;你自信满满,高呼"仰天大笑出门去,我辈岂是蓬蒿人";你有"修身齐家治国平天下"的鸿鹄之志;你从不妄自菲薄,深信"天生我才必有用";你也不愿临渊羡鱼,你乐于靠自己的勤勉去追逐梦想……你一直兢兢业业地准备着未来。

在你想象的世界里,什么都是美好的,时时都是幸福的,就像小时候的梦想,总是很伟大,伟大到不知天高地厚。

或有一晚,皓月千里,你独坐花前,心里才会浮现出浅浅的疑问:花不能常开不败,那么不确定的未来会一直都是坦途吗?

我是悲观的——

我说,成长是一路丢失炽热的理想

光阴像离弦的箭一样,成长的风呼啸而过,席卷了苦心经营多年的心灵绿地,只剩下一片狼藉。似乎是一瞬间,那些关于"前途"、"命运"的叨念开始不停地鼓动着耳膜。青春的双肩,开始不堪重负。

终于明白长大了的世界并不是自己一厢情愿想象的样子,心被失望塞得不留一丝缝隙。难道注定要这样荒芜?

沧海如山,残阳如血。在成长的路上,我渐行渐悲伤。在雨的哀曲里,默默彳亍,像极了断鸿声里哀哀祈归的游子。渴望回到那些最初最美好的日子,那些没有"前途"、"命运"等烦萦于心的日子。

或许,这是成长必须要经历的吧,理应坦然相对。可又要如何才能翻越这道日渐严密的心墙?

他是最睿智的——

他说,成长是痛并快乐着

"痛苦与欢乐,犹如光明与黑暗,彼此交错而行。"他一直奉为真理。

烟花易冷,人事易分。时过境迁后,很多事情难免是要变化的,他劝慰自己不要太过耿耿于怀;面对成长飓风带来的兵荒马乱,他告诉自己不要太过张皇失措。多想想那些洒满了阳光、明媚而温暖的日子,幸福的余温也能让他感受到世界的善意。

　　暮霭沉沉，晓风残月。如此凄凉，可他不愿堕落于这片凄凉。

　　他铭记着"真的猛士，敢于直面惨淡的人生，敢于正视淋漓的鲜血。"哪怕他已蹉跎了太多岁月，荒废了太多理想，他仍愿相信自己"实迷途其未远"，现在努力，还为时不晚。他愿暴霜露，斩荆棘，去实现梦想。就像美国诗人朗费罗说的："不要悲叹过去，它一去不复返。明智地把握现在，它在你的掌握之中。怀着一颗勇敢的心，毫无畏惧，迎接那朦胧的未来。"

　　他不会在幸福的温床里恋恋不起，更不会在痛苦的深渊里自甘沉沦，他一直这样不偏不倚地成长。直到某天在灯火阑珊处蓦然回首，他发现自己已安然走过那些或光辉或晦涩的岁月。

　　不管是你，是我，还是他，我们都走在一条同样的路上，走得很慢，隔得很远，却络绎不绝。

　　这条路，就叫成长。

　　托尔斯泰说："纯粹的、完全的痛苦和纯粹的、完全的欢乐一样，都是不可能的。"真正地成长，其实是无所谓痛苦，无所谓快乐的。

　　很多时候，我们踌躇不前，并非因为外界的阻挡，而是受到了内心的羁绊。被太浓的幸福羁绊，也被太深的痛苦羁绊。

　　这世上的相得相失都是有着缘分的，美好的东西要紧紧地守着。感觉到幸福的时候，谨记"太深的流连会成为一种羁绊，绊住的不仅有双脚，还有未来"；沦陷于困苦的时候，也别忘记"最好的雕像，是挨刀最多的"。就像他一样。

　　希望有一天，你和我，都能成长为他。

　　（第十九届中华圣陶杯作文大赛全国二等奖）

你说，我说，他说

高二（17）　张美美

　　"嘀嘀 嘀 嘀嘀 嘀嘀嘀……"

　　"轰哒，轰哒……"

　　"老面馒头，新鲜豆浆……"

　　……

　　狭小的地面空间承载着熙攘的人们,天色还是人们潜意识里的"过早",可在这片破旧得有些年代,无奈被抹上沉重灰色的区域,依旧喧闹。汽车路过街道被杂物阻挡而不停按下响喇的声音;厚重而冷冰冰的机器废铁因为要拿去卖而被敲打拆开的声音;馒头小贩的高音喇叭里的叫卖声……

　　如此一日一日,反复地述说着关于一座小城的故事,一些人的故事

　　这一早上还有些微弱的阳光稀稀落落打在这副场景上,落下些许色泽,像是给人们穿上一件淡金黄色的衣服,用这样虚假的奢侈来协调他们脸上和心里的坚硬,然后合着这片区域的黑色纱布被包裹,沉埋。

　　而在被光硬性闯入的一个黑暗房间角落里,一双浑浊的双眸于黑暗中露出点点模糊的光亮,那双眸只向有些开裂和潮湿泛黄的天花板看去,面无表情,耳边不断传来属于外面的"热闹",在很多个早晨,都是这般合着闹哄自然醒来。

　　继而他缓慢地收回停滞的目光,把被子拉到一边,起身,下床。手习惯性地从一旁用麻绳高高挂起的竹竿上拉下做工穿的旧衣,上面因工作时附上的浓厚灰尘和干硬的泥块伴随着他穿衣的动作偶尔落下,掉在阁楼地板上,发出极其细微的叹息声。然后穿鞋,洗脸,漱口,一系列准备工作早在多年的重复中而变得利落有序。走到门口,手准备推开时,姿势却又在半空停下,随即只努力咧开一个微笑的幅度,一句"熬过去"响荡在狭窄的空间里,手落下,推门,向远处走去,开始一天的征程。

　　居住地到工地的距离不算太远,若步行却也需半个钟头。赶到工地时遇见当年与他一同到这工作的老张,他习惯性地朝他挥挥手,用一向浑厚的声音打招呼。即使原本是人海中两个截然不同的陌生人,但最终在漫长时光的刻痕和同背井离乡的契合中变成一对患难兄弟。

　　"听说昨天一刚来小伙做工时,被山上滚落的石头砸中了腿,那腿怕是废了"老张深深地叹了口气说。

　　他在一旁默默听着,只是不语。

　　老张看了看他,心中便也明白他所想。随即拍了拍他的肩膀,又说道:"多可惜,还那么年轻"。

　　他依旧不语,心中却泛起多年的感触,记忆翻涌而来。这些年,谁谁谁因不小心弄伤,谁谁谁因为做着卑微的工作而被看不起,谁谁谁又因为在重复的劳累中而看不到前方的希望。这些事,这些人,难道还见得少么? 这些心情,这些无奈,这些苦涩难道这些年还体会得少么。

　　和以往一样,收工后能不逗留他绝不多待一刻,回到那个廉价出租的小阁

楼,即使没有其他人,但也是家的代名词,让心里得到一丝宽慰。

时间总是在不经意间就溜走,留下那些我们来不及细数的过往。一个人在没有家人的异乡,轮回四季。走过春,看嫩芽初露到浓郁粗茂;走过夏,体会炙热难耐到温和怡然;走过秋,从枯黄落叶到秃枝寂寥;走过冬,从漫天白茫到渐而雪融。这其中经历的,流逝的叫时间。

他总是一个劲地说自己不想家,可他自己看不见自己说这话时,眼角隐闪的泪光。

他依旧生活在城市的角落,繁华的背后。世上一些人光鲜亮丽而自信地穿梭于大众场合,世界上一些人即使卑微地存在,卑微地活,却依旧手揣着不平凡的希望。

时间在说着生活里的艰难,经历在说着向前。而他打开窗,看着窗外,嘴角微微向上。心里念着:走下去。(第十九届中华圣陶杯作文大赛全国一等奖)

植树是人类对自己的赎罪

高二(17) 胡 娟

3月12日,是植树节,是为纪念我们人类的朋友——树。同处在蔚蓝色的星球上,是树造就了绿色,使时间变得清新;是树造就了生命使大自然变得丰富多彩。

植树,是一项伟大的工程,世界各国对植树造林都十分重视,植树绿化与人类生存息息相关,许多国家形成别开生面的绿化婚俗,地中海沿岸各国喜爱种植油橄榄,在欧洲斯拉夫人的杜布罗夫民主共和国,有一项法律,规定每一对决定结婚的青年,必须种植70株橄榄树,人称"夫妻树";印度尼西亚爪哇岛有一个地区当局规定恋爱成熟的青年男女,必须在婚前先栽五棵"夫妻树";日本长野县规定,凡新婚夫妻都要在指定地点营造新婚林,每对夫妻种五六棵,并交护林费两万日元,有政府派人专门护林,50年后才能砍伐。

在日益进步和完美的工业化的今天,我们,作为世界上高智慧的人类,却犯了低级的错误,为了金钱和利益不惜伤害我们的朋友!植树节,是为了绿色所设定的节日。现在,仍然有许多敬重自然的人们保持着植树节植树的风俗。但是,也有许多人不知道植树节这个重要的节日到底在哪一天。这是不是对自然的一种不敬重？是的。先不说植树罢,为什么还有那么那么多的人们随意伐树,粉碎水源,浪费煤油,使我们的生存情况受到紧张地威胁？如果自然不是重要的,那为什么全部的国家都设定了植树节？盼望全部粉碎过自然的人,独自地去想一想。人类的故乡不是你我私家的,而是属于统统生物的！岂非人们都是淡漠的吗？岂非肯定要褫夺动植物们生存的权利吗？答案是否认的。

现在,人类终于反省,绿色是大自然的颜色、是地球母亲的颜色,绿色代表着生命与希望,是大自然赠予我们人类的宝贵财富。如果没有绿色,我们人类将无法呼吸、无法生存,如果没有绿色,就没有了生态平衡、没有了我们全人类。热爱生命、热爱绿色,是我们新一代青春的风采,绿化国土,美化家园,更是我们新一代不可推卸的责任。一切都要"顺其自然",让我们一起保护环境,保护树木,保护自己。

("我看植树节"征文一等奖)

植树节随想

高二(17) 田 芳

阳春三月,暖风和煦。阳光开始大片大片地向大地抛撒温暖,尽显慷慨。大地馈赠给我们的,是无限的生机与活力,她给我们一切的一切,都来自于她的无私奉献。

然而,我们对于这位伟大的大地母亲却是极残忍的。我们把含有剧毒的各种废气毫不思索地排放出来,让她难以呼吸;我们把无数的青山绿地无情地垦挖,让她满目疮痍;我们把污黑浑浊的各种废水轻率地排入河流,让她满脸都爬着浑浊无奈的泪;我们甚至把自己赖以生存的森林无情砍伐,导致泥石流、水土流失等自然灾害频繁发生……

地球,这样一个给人类生命,供人类生存的地球,却被人类这样无情伤害！然而是该反省了吧,因为人类这些罪行正以更大的杀伤力不断地吞噬着人类自身——由于生态环境的严重破坏,每天都有不同的珍稀动植物彻底告别这个世界,我们的子孙后代将再也看不到它们的身影;由于全球温室效应的不断加剧,北极冰川融化,海平面正不断上升,许多风光独特美丽的岛国将被大海吞噬;由于气候不断恶化,雾霾笼罩着整个城市的天空,能见度更是出奇的低,人们每天出门都不得不带上口罩。这是一座城市、一个国家的悲哀,也是全世界的悲哀。

为了不让人与自然的悲剧愈演愈烈,我们每个人都有着义不容辞的责任。

3月12日,在这个被称作植树节的日子,让我们怀着一颗虔诚的心,亲手植下一株表达人类自然和谐相处的友好之树。

植下一株幼苗,便能养成一片绿荫。也许一个人的力量是微不足道的,但若是大家都行动起来,手植一树,日后必然会有一片林荫瀚海造福人类。贵州是一个森林覆盖率较低的省份,积极重视森林的保护更是刻不容缓。我们学生也要从生活中力所能及的小事做起,一点一滴,保护自然,保护我们赖以生存的家园。积极参与植树,共同保护地球家园,相信很多年后,我们的身边依然会有树影婆娑,还伴着鸟儿的低唱和花儿的清香。(载《铜仁日报》20140301)

心存一善,日行一善

高二(17)　田　芳

世界文明的丰碑,是靠人们心中对彼此的信任和关爱筑成的。

这个世界,总是会有一些因生活困窘而孤独无望的人,总是会有一些因天生残疾而孤立无援的人,总是会有一些因意外灾难而孤苦无依的人……他们的天空总是被阴霾笼罩,昏暗,晦涩,难见天日。而生活在光明中可以自由享受阳光洗礼的我们,应该给予他们更多的关爱,让他们感受到温暖和希望,感受到世界的善意。

让我们做善良的信使。

歌手丛飞做到了。他倾心歌唱,不辞辛苦频繁演出,却将自己辛勤挣得的演出费毫无保留地捐给了贵州山区的一百多个贫困儿童,供他们上学,给他们买书,买文具。他为那些孩子拨开阴霾,为他们撑起了一片明亮干净的天空,孩子们都亲切地叫他"爸爸"。然而世界并不因为他的善良无私而善待于他,他患了重病。年轻的生命在病痛的折磨中,带着他对那一百多个孩子的牵挂和对公益事业的热忱,早早地离开了这个他倾注了所有关爱的世界。但他的善良是超时空存在的,在孩子们眼中,他的歌声永远是最动听的天籁,他永远是最亲爱的爸爸。

老人白芳礼也做到了。他靠拾荒为生,一张张废纸铺成他的求生之路,一个个废水瓶堆就他对生活的全部希望,他弯腰捡拾的身影时时出现在城市的大街小巷。这样一个年事已高且生活毫无保障的拾荒者,却一心系着社会公益事业。三十多年来,他从牙缝里省出了一笔不菲的资金,资助了多位贫困大学生,使他们得以顺利完成学业。这是一个平凡人对生命做出的不平凡的诠释,他以卑微的方式生存在偌大城市里最不起眼的角落,却发出了城市里最耀眼的人性光芒,照亮了每一个阴暗的角落。

一个人生命的价值,并不一定只取决于某一次大的行动,我认为,更多的时候,取决于他在日常生活中一些小小的善举。

我们无法像大企业家那样轻松捐出百万巨款,也没有像明星大腕那样一呼百应的号召力和感染力,我们是卑微的,但也有我们卑微能力及的事情。

当某个地方发生灾难时,我们可以为灾区的小朋友募集衣物、书本和文具,还可以写信鼓励和安慰他们;当我们周末闲暇时,我们可以去孤儿院或敬老院看望老人和孩子,教小朋友认字,陪老人聊天,给他们亲人般的关心和爱护,让他们不孤单;当周围有同学需要帮助时,我们可以主动伸出友爱的援助之手,给予他们力所能及的帮助……生活中太多太多的人需要我们关注,太多太多的人需要我们伸出援助之手。有时候,一句问候,一声祝福,都足以让人感动,使人暖心,令人难以忘怀。

当你在温暖中享受幸福的时候,不要忘记还有人在寒冷中瑟瑟发抖;当你在事业上如日中天的时候,不要忘记还有人在生活中苦苦支撑。对别人多一点关爱,保持着对这个世界的细微感知,而不要变得冷漠麻木。

一支照亮了别人的蜡烛,其实并没有失去自己。相反地,你对社会的点滴奉献都会凝聚成纯正无私的品格。记住只要你我心存一善,日行一善,就像那永恒的歌唱:"只要人人都献出一点爱,世界将变成美好的明天。"("雷锋精神之我见"征文一等奖)

旧雷锋,新雷锋

高二(17)　田　芳

"如果你是一滴水,你是否滋润了一片土地? 如果你是一线阳光,你是否照亮了一分黑暗? 如果你是一颗粮食,你是否哺育了有用的生命? 如果你是一颗最小的螺丝钉,你是否永远坚持着你生活的岗位。"这是雷锋写在日记里的一段话。

雷锋的一生是奉献的一生,光荣的一生,他用实际行动给出了肯定答案。

在军队宿舍,他任劳任怨,默默无闻的帮大家洗袜子;在售票站,他给把票弄丢了的探夫的妇女买票;在沈阳,他背着大包袱带着老人历经两个小时找到老人的儿子……一桩桩,一件件,足以说明雷锋就是革命事业的一颗螺丝钉、一滴水、一盏路灯。雷锋的感人事迹是对生命价值的最好诠释。

在社会飞速发展的今天,有多少人在回首往事的时候,为自己碌碌无为而悔恨,为曾经虚度年华而悲哀。有多少人能像雷锋一样,永远那么富有爱心,永远那么真诚善良,永远像一颗小小的螺丝钉。

臧克家说"有的人死了,他还活着;有的人活着,他已经死了。"

雷锋同志虽然英年早逝,但他的不朽精神永远活在人们心中。雷锋精神以超越时空的力量成为人类最宝贵的精神财富。

一代一代的"活雷锋"不断涌现:当代活雷锋郭明义大爱无言,默默奉献,无数次献血,无数次捐钱捐物,自己家里却常常分外拮据;最美司机吴斌在被异物击中后的1分16秒里,拯救了24条生命,为社会点亮了一盏温暖的灯;最美老师张丽莉在失控的大客车前用双腿换来了两个学生年轻的生命,自己却永远地告别了奔跑……雷锋不曾离去,他们就是当代最伟大的雷锋!

3月5日,是向雷锋同志学习的纪念日,我们始终没有忘记。我们用最崇敬的心情来怀念他,景仰他,学习他刻苦学习的钉子精神,学习他爱护人、关心人、支持人、理解人的品质。努力让自己也成为越来越多的"雷锋"中的一员!

("雷锋精神之我见"征文一等奖)

学期伊始,带着希望前行

高二(17) 田 芳

远离了新年的爆竹声声,告别了家人无微不至的嘘寒问暖,结束了那些每天都没有闹钟打扰的日子。

我们开学了。

新的学期,我们需要执着于自己的梦想,以全新的姿态迎接新的挑战。义无反顾地,追求新的荣光与骄傲,奋力铸造一场无憾的青春盛宴。

但任何成功都不是一蹴而就的，我们需要制定一个适合自己的学习计划。然后一步一步、脚踏实地实现目标。

时下高考已步步逼近，我们这些"未来高三党"也不禁感觉大限将至，对于语文、数学、英语这些"本命科目"，更是一刻也不敢马虎。所以，在新学期，我们的"主战场"还是在课堂。

如此一来，提高课堂效率显得尤为重要。课前认真预习，上课集中精力，认真做好笔记，是吸收课堂内容最根本的保证；课后消化也不可忽视。及时整理笔记，按时完成课后练习，扎实复习当天所学内容，并归纳总结……这些便是一如既往对自己最基本的要求。

由于每科的具体情况都有所差异，所以我对每科都有着不同的打算：对于语文，则侧重于字词的积累和古文阅读以及写作；在英语方面，则要加强单词的积累和阅读理解的训练；文综各科也要在理解的基础上加以记忆，并辅之以课外练习；而面对我最大的"拦路虎"——数学，就毫无疑问地要花大量的时间去做练习了，也要尽量把每个题目都理解透彻，以期能够达到举一反三的效果。

对时间的规划也要仔细琢磨，只有合理安排好各项计划的时间，才有利于实现计划。

另外，我觉得一份学习计划最成功的地方，便是能把课堂以外的生活安排得有条不紊，并且丰富多彩。

在新的学期里，我首先就要利用课余时间提高阅读量。雨果说："书籍是一种可以改造灵魂的工具。人类所需要的，是富有启发性的养料。而阅读，则正是这种养料。"像余秋雨的《千年一叹》，沈从文的《边城》等便是不可多得的脍炙人口的佳作名篇。对于作品中那些经典的段落和句子，也要细细品味并摘抄下来。相信这样坚持久了，定会有所收获。

另外还打算欣赏一些艺术电影。多于任何另外的艺术形式，电影是竖在社会的多样面貌前的一面镜子。通过欣赏《一个都不能少》《父亲》等优秀电影，能更直接地触动我们心底最柔软的那一部分，更真切地体味世间冷暖，让感动流淌心间。

最后也是最迫切的，就是要锻炼好身体。我打算每天早起晨跑，下午再参加一些羽毛球、乒乓球等球类运动。周末再与室友一起爬上文笔峰，运动流汗。经常保持轻松愉快的心情也有利于健康，不仅对身体，而且对头脑也大有裨益。

亲爱的同学们，让我们共同开启有计划的新学期之旅，使它丰富而饱满。

愿与诸君共勉之。

07

| 温馨港湾 |

　　无论国,无论家,无论富贵,无论贫贱,这一切,我从不后悔。这里,是我成长的乐园,温馨的港湾……

我们应该让父母怎样生活

高二(24) 田 瑞

百善孝为先,作为孩子,孝敬父母是我们的天职。可越来越多的社会现象表明,孩子的职分似乎正与其父母发生颠倒,大概是一种父母无时无刻不在为子女操心的局面。

古有孟母三迁,孟子的母亲为了让孟子有个更好、更利于学习和成长的环境,煞费苦心,两迁三地,给孟子创造了一个良好的教育环境。不得不说慈母用心良苦,"一切为了孩子"她践行得十分彻底;再者今天的例子可就多不胜数了。父母从小就得为了子女着想,教育、医疗、沟通、婚姻、住房,甚至子女的下一代的抚养问题,他们都不得不费心尽力。

我们的父母不累吗?

他们肯定是累的,他们尽心竭力地抚养我们,满怀的希望寄托于我们,他们为我们撑起了家的保护伞。生活压弯了他们的脊梁,可挺立起来的却是孩子的胸膛。

可我们该为父母做些什么?

长大成人的你,该让父母怎样生活?

其一,我认为我们应该给父母充足的物质保障,不过这一点的基础是我们应有自己的物质来源和储蓄。你不一定要富可敌国,可至少要能自食其力,有一定的经济来源,这样你才不会依赖父母的养活,沦为"啃老一族",也不会给父母造成过重的负担。然后在此基础上,你可以有能力赡养父母。总之,我的意思是作为子女,应该给父母足够的物质保障,有了这些保障,父母就能够自由地安排他们自己的生活,我们不会拖累他们,也不必干涉他们。他们不再以子女为中心,而是能够享受自己的生活。

其二,我们还应该给父母愉悦的心理感受。俗话说,笑一笑十年少。常回家看看,多陪陪父母,让他们感到温暖和家的氛围。建议父母多参加社区活动,让他们融入属于他们的圈子。抽时间带父母去外面旅游,放松一下他们的心情;多挖掘、多发现父母的兴趣爱好,让他们半生劳碌的心稍作休息,让他们去发现,去享受属于自己的生活。

简言之,我们应尽最大努力让我们的父母在物质上和精神上的生活愈加丰富。至于我们,还是不要过多干涉他们的生活为好。

("我们应该让父母怎样生活"征文一等奖)

我们应该让父母怎样生活

高二(24)　刘雨晴

我们应该让父母怎样生活?

关于这个问题,在我看来,倒不如换成我们应该怎样生活更加实在。

在人类心中,尤其是在我们中国人心中,传承是尤为重要的。在成家以前,所有人的目标是让自己有更好的生活,而在成家以后,所有人的目标是让后代有更好的生活。这当然是一种爱,而且看似理所应当。既然我们生活得更好是父母的目标,那么我们应该怎样生活呢?

生活是要自己选择的,换句话说,生活是要自己奋斗的。你可能会质疑,有那么多的富 X 代、官 X 代、星 X 代,他们含着金汤匙出生,一切都已做好安排,他们似乎不用选择,更无须奋斗。

你喜欢刺激,你大可选择刺激的生活。你可以不学无术、玩物丧志、打架闹事、酒吧舞池。这生活是刺激,你会说年轻就是要玩心跳,为他人之不敢为,可同时这也意味着你让你的父母过上了终日为你担惊受怕提心吊胆,还要平白无故受街坊邻居指指点点怀疑猜忌的生活。你既然确实承受了他们养育的恩泽,又怎么忍心使他们唯一的愿望落空,更使他们不保晚节? 同样是刺激,你还可以学习投资理财证券股票,与各位精算师斗智斗勇不刺激吗? 手中掌控大额财富不刺激吗? 你满足了刺激的需求,你的父母也看到了他们所期望的有正经工作并且年轻有为的好子女。

或者你喜欢安稳,你也可选择安稳的生活。你可以踏踏实实地上学,踏踏实实地找工作,踏踏实实地工作,哪怕只是在超市当个收银员或是在牛奶站当个送奶小工这样薪资微薄的工作,你也许无法给你父母的生活带来什么更优质的变化,甚至偶尔还要劳烦他们帮忙,但你乐得安稳。这样当然也好,但我想你可以更好。你可以尝试在稳中求进,那么我想你应该在上学时更刻苦些、更努力些,在找工作时更长远些、更明确些,在工作时更认真些、更有野心些,看起来变化不大,却云泥之别。也许你本来只能成为一个售货员,结果你可以成为一个销售主管;也许你本来只能成为一个送奶工,结果你可以成为很多家牛奶店的老板,这是石油大王卡尔的亲身故事。也许你本来只能勉强维持自己的生活,结果你可以时不时给父母置办些物件,送些营养品,或是全家一起去旅游。

怎样让父母过得好,这太容易了。你过得好,他们自然过得好。你也许会说,情感关怀也是一种回馈,自然如此,它能暖心,但你应该也看过太多因物质条件不足造成的"子欲养而亲不待"的悲剧,你生活在现实中而并非童话中,暖身比暖心显得更加重要。当你终于奋斗出自己的衣食无忧的生活,你才能给他们更多关怀以外的东西,帮助他们完成他们想做的事,于父母,这不仅是物质的回报,也是心的慰藉。

毕竟,你,才是他们的愿望。

("我们应该让父母怎样生活"征文一等奖)

我们应该让父母怎样生活?

高二(24) 吴 一

前不久,三岁的小表弟来家里玩。

大人们都喜欢用手揉这张圆嘟嘟的小脸,一双单眼皮的大眼睛炯炯有神,红彤彤的小嘴巴一张开向上扬时便会露出那两排洁白整齐的牙齿,萌态可掬的蘑菇头更是为他平添了几分可爱。

"长大了想做什么啊?"妈妈一边拿糖给他一边笑着问道。"要读小学,读初中高中,还要考大学,挣好多好多钱,然后为爸爸妈妈买车买房子,陪着他们,让他们过好的生活。"大家都哈哈大笑起来:"这小东西还挺实在的啊!"

我呢?我应该让父母过怎样的生活?

以前在转身离开爸爸妈妈之后几颗滚烫的泪珠不知何时已悄然从脸颊滑落的我如今早已适应在外独自求学的日子。寒假再次来临,我重复着以往的生活,拖着行李箱踏上了回家的路。

父母这两天正是忙得不可开交的时候。看着他们忙里忙外,我在一旁想为他们分担点什么都是心有余而力不足。思来想去,发现我能做的只有一些小事情:清晨为他们买好早餐,打扫打扫家里的卫生,给他们做做饭,洗洗袜子,晚上提前替他们开好电热毯,让他们一上床就感到温暖舒适。做这些,只是为了让他们少累些,多轻松一点。

自从上了高二,自己的成绩一落千丈。"要努力啊,千万不能有什么私心杂念,不懂就多问问老师或同学,一定要把成绩提起来。"不管他们有多忙,都会打电话来叮嘱自己。处于这个年龄段的自己,必须要努力学习,既要对自己的未来负责,也要对父母的爱和期盼负责,改变现状。这样做,是为了让他们少操心,让他们过得更加安心。

不管青春期的自己有多少想法、多少烦恼,不管自己的脾气有多大,都不能在父母说自己的时候与他们顶嘴、吵架。须等到大家都心平气和。此时坐下来,在愉快的气氛下一起沟通沟通,谈谈心,倾听他们心里的想法,让彼此都更好地了解对方。这样做,是为了让父母的烦恼少一点,欢乐更多一些。

我应该让父母过怎样的生活?

过去的时间属于死神,我不能浪费现在的时间一直去叹息曾经有多对不起他们;未来的事情变化太多,谁都始料不及,我不想高谈阔论自己要有多大的成就然后让他们过上怎样的生活。我只能把握好属于自己的现在,做好自己该做的事。为他们做自己力所能及的事,做一些实打实的事。

做好自己当下的事,在细微之处关心他们,在能力范围之内帮助他们,少让他们因为自己而烦恼而操心而焦虑,让他们轻松一点,更快乐一点。

这些,就是我现在能为他们做的,就是我想让父母过的生活。

("我们应该让父母怎样生活"征文一等奖)

予父书

高二(24) 姚 倩

牡丹说,清平的菊,何不到我旁边来,让我传给你以芳香?

树说,可怜的鸟儿,何不落在我头上安家,也好避风遮雨?

黄河穿过黄土高原时,急流而过卷走了许多泥沙。

结果,菊选择孤立于东篱,鸟儿选择脱离树的保护,众泥沙堵在黄河中下游的平原成了祸患。

父亲,至此,我想告诉您的是,万物皆有主,每个生命都有选择绽放自己的方式的权利,都应有自己独立的而不受他人过多干涉的生活。如庄子所言,人需要尊生。一则尊重自己的生命,另一方面也要尊重他人的生命,反对把他人的生命工具化。同时,依我陋见,应该还要换位思考,切勿给他人的身心思想套上枷锁。

己所不欲,勿施于人,是一种道德态度。父亲,您最不忍看抗日战争那段历史。您深知,那是一段用血写成的历史,牺牲了太多鲜活的生命,不应再重演。

同时,己所欲,亦勿施于人。儵和忽为了报答混沌,给混沌凿六窍,却最终导致混沌死亡。即便是出自善意,但违背性命之理也一定会导致悲惨结局。羊给狗吃草,狗给羊吃排骨,本是善心善意,结果却弄得个尴尬。因为它们都只站在自己角度想问题办事情。

父亲,近来您总发短信责怪我不体谅你们劳累还对你们冷漠至极。可是,父亲,从小我便和奶奶相依相伴,如今她老人家走了,我的天也黑了下来。一时你又叫我如何接受你这陌生的亲人? 我体谅你的辛苦,你不妨也来我的世界看看吧。

于浩瀚的宇宙里,我只想要一个自由的花园,能够摆脱他人的桎梏,让我勇敢地、自由地放飞灵魂,轻装旅行。

愿您来我的世界里做客,能明白我并不想做"父母家里的生客"。

(“我们应该让父母怎样生活”征文一等奖)

"不熟悉"的爸爸

高二(24) 杨潇潇

你属牛,你也成功地用你牛一样的性格,遮蔽了我的眼睛,欺骗了我的内心。

——写在前面

很小的时候,总听妈妈说:"你爸爸就是一个铁石心肠的人,从我跟他到现在就没看到他哭过。"没错,在我的脑海里爸爸就像牛一样倔,脾气有点暴躁,也从来不会哭。当然,他也不失牛的温和。

小时候的我十分淘气与叛逆,总会被爸爸教训,眼泪中夹杂着丝丝怨恨。

当我的视野变大了,我才发现我并不熟悉你。陌生的背影让我压抑,就这样我渐渐走进你，我才发现"原来是你"。

翻阅你那个时代的书本，我找到了你的笔记本。你的字铿锵有力，所谓，见字如见人，是的，你的心很强大。但你那一篇《夫妻论》让我看到你的柔情。你说"好丈夫是一家之主，是智慧与力量的象征，是信念与意志的旗帜；好妻子是一家之魂，是情爱与母爱的天使，是温馨与柔情的源泉。"你将自己比作山，把妈妈比作水。你还说山要常青，大丈夫要不断用知识能力去充实自己、证明自己，才不愧为妻子和女儿的靠山。我知道因为你爱妈妈也爱我们，责任，承担，一家之主……这类词是你坚强，不辞辛劳工作的动力。

你向我讲述了你年轻时的经历。你告诉我因为家境贫困，你选择了放弃读高中，还了债便携着剩下的90元出门闯荡了。16岁的你，衣衫褴褛，蓬头垢面。此形象也被人误作小偷。可你最终也凭你强大的心给予了妈妈和我们美好幸福的生活。我知道你告诉我这些事想让我勇敢坚强地走好生命的每一天。爸爸，我也向你保证，我会活得像你给我和弟弟取的名字一样，潇潇洒洒！

你和妈妈都说我懂事得早，把该有的叛逆全放在小时候了。长大的我从不会与你们争执，可有的时候我多么希望自己不懂事，这样我也不会那么累。女儿慢慢读懂了爸爸——铁石心肠只是坚强的盾牌。一直认为，有了爸爸，面对任何困境都不怕。但我也知道你内心的压力，最近家里发生了许多事，似乎所有的困难在这一瞬间全都降临。你一直默默奋斗着，什么也不说，我发短信安慰你，鼓励你。你却说生活总会给我们不如意，这点小事算什么。是啊，比起你以前，这微不足道。只是女儿想说我一直在关心着你。我也衷心祝福你和妈妈"山光水色，交相辉映"成为最好的风景。

爸爸，我亲爱的爸爸。你是我熟悉可又陌生的人，你所经历的一切道不完。女儿想跟着你的步伐，走近那些年的时光，让陌生变熟悉。

原来是你——我的爸爸，女儿爱你！！（载《铜仁日报》20131023）

记忆昨天，重拾明天

高二(24)　梅冰冰

风来了。城市的风，从各条巷道里匆匆奔至，厮绕纠缠，一如那街道上拥挤的人和车。

看着父亲渐行渐远的背影，一股思绪涌上心头，有欢声笑语，却又有一段心酸在其中流窜。听妈妈说，在我还没有见到这个世界之前，父亲就兴冲冲地着手操办我的一切必需品，就连牙膏牙刷都有，我的到来就是父亲最大的幸福。可是似乎我不小心把这幸福弄丢了。

翻开那泛黄的记忆，往昔父亲为我所做的一切历历在目。记得那双在腊月寒冬用冰冷刺骨的河水为我洗衣的大手，记得那大清早骑着略显破旧的二手自行车送我上学的身影，记得那每逢放假一起出游时的笑声。一切都是那么温馨，那么刻骨铭心。不用呈45°角仰望天空，心里早已泪流成河。

枫叶红了一年又一年，与父亲也越隔越遥远，曾经美好得让人眼红的日子已成为奢望。也许是青春作祟，作为一个女孩子，总愿意与妈妈更亲近，就渐渐忽略了父亲。也许是长大的悲哀，心里的话不再愿意与父亲诉说，更愿意同陌生人讲述自己心中的故事。时光荏苒，我再也不能回到当初了。

每逢节日，一直在学校不能回家的我，总会给家里打个电话。不知道什么时候起，与父亲说话也变得害羞了，脸贴着听筒，竟不知说点什么，气氛也变得尴尬。每次总是那几句问候，重复了一遍又一遍，心中不免泛起一股心酸。昔日我是父亲的开心果，贴心的小棉袄，趁父亲闲暇时总是爱溺在父亲身边，听父亲讲小故事。如今，看着父亲脸上那岁月留下的痕迹，竟是那么陌生。我的爸爸应该是年轻有活力的，身体健壮的，不是那咳嗽就让人心疼的人。

我想有个哆啦A梦，坐上他的时光机，把那个年轻的爸爸带回来，把那个也我欢笑的爸爸带回来。不曾想起，父亲也会老，父亲也会累，也许是我的想法太天真。岁月不饶人，随着我的长大，父亲也在变老。我不想长大，长大了就会失去他，失去那些美好的日子。

昨天已然逝去，今日依然触手可及。风来了，吹散了那些朦胧的雾，眼前的父亲更清晰了。也许我知道该怎么做了——牵手父亲，春暖花开。（"我们应该让父母怎样生活"征文一等奖）

父亲那双手

高二（24）　肖　波

"一生要强的爸爸,我能为你做些什么。把我这微不足道的关心收下吧!"。

看到了"父亲"这个字眼,心里不住地响起了筷子兄弟的《父亲》,久久地在耳边回绕,唱响我的心灵。

我的父亲,不像李嘉诚那样富有;但他却像朱自清先生的父亲那样,无时无刻不爱我,影响我。虽然他只是中国千千万万农民工的普通一员,但他的爱却不普通。他很普通,也很伟大,就像那泰山之巅一样屹立在我的心中。

今年的暑假,是人生中最难忘的。放假以后,我独自一个人到贵阳,去体验了一下父亲的生活。期间,就是父亲的脸与手陪我度过的。

父亲只是一个普通的木工。一年四季,无论是寒冬酷暑,都要上班、进工地。所以,他很忙。初到贵阳,也是中午,虽然它有"爽爽的贵阳"之称,但八月的它怒气很大。第一次到这里,很陌生,我不认识路;只得让父亲来接我。当我站在车站门口,熙熙攘攘的人群涌进涌出,我一次次地在人群中去寻找我的父亲,却没有发现他的身影。或许,他太普通了。还是他先找到我。在回工地的路上,他在前面。看着已经比我矮半个头的他,他的头发似乎更白了。岁月的流逝和艰辛的工作,在他的脸上、手上留下了一道道伤痕。而当他高兴地将手触到我的脸时,我突然感到一阵心酸。他手似乎变得更厚了,更粗糙了,那是因为十多年的一层层的老茧所积累下来的,里面还布满了血泡,他腿上又多了一些伤痕。后来才知道,那是在工地上被钢筋所扎的。这些就像一把匕首在我的心上划下一道道刀痕。

每个早上,我都会跟随父亲进入工地。

里面堆满了各种各样的材料,导致空气中充满了让人厌恶的味道。这一切,都让我觉得心酸。记得一个下午,太阳似乎很疲倦了,慢慢地挂在了西边。父亲独自一个在楼顶作业。而我正在楼下帮父亲搬"方条"。猛一抬头,感觉头很晕眩,看见了夕阳下的父亲,夕阳将他的影子拉得很长很长。他熟练地抽起木板,用脚将它按在墙上,然后抽出钉子,挥舞着榔头,用力将它钉下去。汗水似乎像在下雨一样,从他背上滑下。父亲那瘦小的身躯仿佛要被夕阳吞噬了一样,显得那样的衰老,无力。每天他都要工作 10 个小时。只是为了我们,为了我们读书……

而我,不知怎样言语。暑假里的生活,充满了辛酸与感动。我的父亲,永远留下了他在夕阳中的背影,留在我的心中。

让《父亲》再一次地响起来吧!（载《铜仁日报》20131010）

歌颂 感谢 祝福

高二（24） 杨兰艳

十月,是你的生日,我的中国。为你欢呼,为你雀跃。

也不知是该说你的子民在见证着你的华丽蜕变,还是应该说你在孕育着正在改变着的我们。总之,你与我同在,你与我共存。

今天,我可以骄傲地呼喊着:我的祖国魅力十足!

在一块雄鸡似的大地上,流淌着千百年来生生不息的历史长河,她穿越了千山万岭滋润着千家万户,甘甜而醇香。世世代代的炎黄子孙依偎着她,分享着她。她仍旧经久不衰,风韵依然。

难以想象鸟瞰着祖国大地是何其壮观。古人智慧的结晶,现代儿女不朽的创作再加之大自然的鬼斧神工共同描绘出一幅无与伦比的中华名画。名胜古迹引人入胜,人文风情远近驰名。在这片土地上,到底还有多少神秘待后人发掘?

今天,我要深情地对她说:谢谢你,我的祖国。

不为别的,仅仅是你给了我一个完整而又温暖的家。因此,我不再彷徨,不再孤寂,不再害怕。鸟儿有了爱巢;落叶有了归宿;流浪的人有了远方的牵挂,他不再是寂寞沙洲里的一颗沙砾;你爱的儿女也有了温馨的家。家中的爸爸妈妈相亲相爱,兄弟姐妹互助互爱。

这一切的一切都得归功于你,我的祖国,中国。

今天,我还要真挚地对她说一声:我的祖国,生辰快乐。

就像儿时一样,依靠在爸爸的怀里听他唱着祝福歌。现在,请允许我为你歌唱:"我们祝福你的生日,我的中国,愿你永远没有忧患永远宁静……"谨此表达一个爱你的子女的心声,虔诚地祝福你,默默地祝福你。

为了你,守护你,歌颂你

需要你,爱你,离不了你。

因为你,祝福你,我的祖国——中国!(载《铜仁日报》20141012)

铿锵前行的祖国

高二(24) 黄健铭

64 年以来,新中国栉风沐雨,逐步走向繁荣昌盛,并创造了辉煌灿烂的、令国人骄傲的、举世瞩目的伟绩!

中国站起来了!

"我宣布,中华人民共和国中央人民政府,今天,正式成立了!"随着毛主席慷慨激昂的声调,随着 30 多万群众欢呼雀跃的疯狂,中国人民站起来了! 从此不再受到外国的侵略,不再受到地主的压迫,不再受到苛政的剥削,不再受到……人民站起来了! 中国人民站起来了! 这一时刻是中国历史上最"狂暴"的时刻,也是世界历史上最"狂暴"的时刻,更是促进中国近代发展的"狂暴"时刻!

中国富起来了!

1978 年,在邓小平的正确领导下,我国突破重重阻力,走上了改革开放,建设中国特色社会主义的正确道路。从此,我国开始富起来了。从贫困到温饱,再从温饱到全面小康,使人民的生活得到了保障;

2005 年,中共中央更加关注"三农"问题并致力于解决问题,从而改善了农村生活生产条件,保持了农民收入持续较快增长,使农民的生活得到了社会的关注,促进了我国经济的持续较快增长;

2013 年,经济专家提出了中国经济转型的经济战略,以进一步加快我国经济向现代型经济转化,而保障人民的生活质量的进一步提高。而且,据统计,中国经济 GDP 总值已达世界第二。所以,在新中国快速发展的今天,我国已经富起来了,不仅是国家富了,更是人民富了!

中国强起来了!

从 1964 年的首枚原子弹试爆成功,到 1967 年的首枚氢弹试爆成功;从 1997 年的香港回归,到 1999 年的澳门回归;从 1970 年的"东方红一号"的成功升空,到 2012 年的"神九"与"天宫一号"的完美对接。我国的军事力量和航天技术逐步提高,而它的提高速度则是得到了世界人民的认可,更使得他们大为震惊。他们都在感叹:中国强起来了。

是的,中国强起来了。从在联合国上毫无地位,到现在在国际中的强大影响了;从一个贫穷落后的经济小国,到现在为解决国际金融危机做出重大贡献。中国正在茁壮成长,正在开枝散叶,使得中国的影响力步步攀升,也使得中国的国际地位步步高升。不论是在经济上,还是政治上甚至是文化上,我国都在变得强大。而且,我们的强大不只是外表的强大,我们的强大是真正地强大——不惧外来威胁,不恐内在矛盾,我们以和平的生产生活方式赢得了世界的认可和赞扬。

铿锵前行的祖国,你的伟绩令所有的中华儿女感到骄傲,感到自豪。(载《铜仁日报》20131002)

母亲,我爱你

高二(24)　柏青青

谈到我的祖国,总会想到高山巍峨,总会想到黄河翻滚澎湃,总会想到长城下豪壮的悲歌。而我们见证了祖国不平凡的历史,我们要将祖国的心声诉说。

其实我的祖国,是一个佝偻的老者,历经沧桑,侵略的印痕深深地烙在他的心窝,曾几何时,这个老者,近乎垂危,这就是我的祖国,经受住了多少蹂躏与压迫,骨血里浸满了无限的屈辱和泪水,艰难与悲歌。

其实我的祖国,是一声沉重的叹息,在这片广袤的土地上留下了太多无奈与遗憾,留下来太多蹉跎,你呼得见它的叹息吗? 我的祖国,以他这一声沉重的叹息唤醒了我,他有太多太多的话要对我说,而我却只能报以他沉默,把对他的爱深藏在冷漠,那是一个极其安全的地方,我会将那声叹息铭记,让时间来证明,那冷漠下燃着熊熊的烈火。

祖国啊! 我亲爱的祖国,你打动别人的不只是你的坚忍,还有你泪痕下的赞歌!

其实我的祖国,是壮志的征夫,风一样的咆哮,铁一样的脊梁。祖国,我愿为你讴歌,为你"怒发冲冠",为你"驾长车,踏破贺兰山阙",让敌人为之震惧,让你重新从屈辱中崛起。

其实我的祖国，是个意气风发的少年，我们也正值青春，我们见证你的辉煌与荣光，我们也能贡献我们的辉煌与荣光，为你尊严的面庞更添一份喜色。祖国，你把一切都给了我，那就从我的血肉之躯上去取得你的富饶，你的荣光，你的自由！

祖国啊，我始终忘不了你呕心沥血的培养，始终忘不了你的胸襟与气魄，始终忘不了那段峥嵘的岁月，有你也有我！祖国啊！我亲爱的祖国！（载《铜仁日报》20141012）

巨龙的经历，我们的中国梦

高二（24） 黎 坚

最近，学校举行了一场的盛况空前的年级合唱比赛，暂且不论同学们那五音不全却勇于一显歌喉的勇气，这种活动，的确给我们带来了一股浓浓的节日气息。没错，国庆节要来了。

国庆给人的感觉就是欢愉和庄严，没错，新中国的生日令全国人民都欢呼雀跃，毕竟咱们国家最近有了长足的发展，咱们国人的民族自豪感似乎也随着中国国力的蒸蒸日上而到达了新的高度。不过我想，国庆带给我们的，恐怕更多的是祖国再度崛起所经历的峥嵘岁月的回忆。

雄壮巨龙，栖于东方

公元前21世纪，在东方大陆上出现了中国第一个国家——夏朝；公元前三世纪，中国出现了第一个封建王朝，秦朝；几百年以后，汉武帝统治下的汉朝国力达到极盛；随后的唐宋元明清时代，中国这一大国俨然屹立在世界的东方。中国的古代史，是大国的历史，更是强国的历史，我们创造了世界上第一个封建国家，我们创造了沟通世界的丝绸之路，我们创造了闻名世界的四大发明，我们创造了长城、故宫等伟大的建筑。东方大地上的巨龙傲视世界，立于世界之巅。中华民族是如此的聪慧，强大，然而，这一切的美好，在历史的演进中，逐渐变得浑浊，接着便是一场翻天覆地的变化。

近代巨浪，巨龙之灾

1940年，英国的坚船利炮震惊了这只东方的巨龙，而巨龙的身体，早已因为统治者的昏庸和人民的麻木变得千疮百孔，这只巨龙丧失了还手之力。接着，各国列强宛如饥饿的野狼，朝着这东方大地上的衰落民族一拥而上，由此，开启了中国屈辱的近代。面对外国列强红了眼一般的侵略，中国人民开始了反抗。太平天国运动、戊戌变法、新文化运动、辛亥革命……一场场运动无不彰显着中华民族坚毅的性情。在经历了无数次的战斗之后，这只东方的巨龙终于发出了怒吼。1949 年 10 月 1 日，中国，再次崛起。

东方巨龙，再次腾飞

新中国在全国上下的欢呼声中宣告了成立，对于咱们中国人来说，这是个历史性的时刻。历史课本上为 10 月 1 日发生的这件事挥墨疾书，写下了长长的一大串文字。我想，只要是中华民族的儿女，想想祖国在经历那样的劫难后重新崛起，内心的感情用那么死板的文字定是无法表达的。新中国成立以后，中国共产党带领着人民开始了新中国的建设，取得了无数辉煌的成绩。从社会主义的建立，到初步实现全面小康；从两弹一星的研制成功，到航母舰载机飞天器的成功制造；人民的生活也从新中国成立初的极度贫乏变为今天的丰足富裕……我们的祖国从一穷二白的农业国家，成功地实现了工业化，现代化。新中国成立后，特别是改革开放以来，中国国力的迅速发展，是每一个中华儿女奋斗的结果，值得每一个中华儿女为其骄傲！

弃陋从精，巨龙圆梦

步入 21 世纪，新中国已经成长为世界舞台上举足轻重的强大国度。中国的快速发展的光鲜之下，也隐藏着很多的问题。经济结构的不合理、创新能力的贫弱、文化软实力的不尽人意、政治结构的不合理、官僚政客的腐败……要想完成中华民族伟大复兴这一"中国梦"，不剔除掉这些不利因素定是无法成功的。党和政府近年也采取了一系列措施，调结构，保增长，深化体制改革，加大反腐力度……对于中国的陋习，党和政府率先做出了行动，我们作为伟大祖国的儿女，自然也要行动起来，为祖国的发展献力献策。我们能够展望，等到中华民族实现"中国梦"的那一天，世界将给予中华民族更大的尊重，中国也定将在自己不断繁荣富强的同时，为世界的前进贡献自己的力量！

在伟大祖国迎来华诞之际，让我们衷心地祝福中华民族能够实现伟大复兴，实现"中国梦"！（"我与祖国"征文一等奖）

请你们走得慢一些

高二（24）　陈英杰

当我们的父母老去，该怎样让他们生活？

毫无疑问，要让他们过得好。就像青年作家蒋方舟所说："我能为我妈买得起爱马仕就绝不会买其他的。"

可细细想来，父母要的是我们的"爱马仕"或者"LV"吗？就像父母曾经把自己给得起的一切捧在我们面前一样，我们把尽自己的力能得到的最好的捧在他们面前，这无可厚非。

但是，我们似乎更应该费心的是——不要让他们感到孤独。

首先我们要要充满耐心去陪伴他们——像他们一遍又一遍教我们发出第一个音节那样；像他们在我们年幼时在床头为我们讲的那一个个奇妙的睡前故事那样；向他们教我们学会爱与责任那样。

人这一生，像一条标准的以原点为坐标的开口向下的抛物线，从婴儿慢慢走向盛年，最后变成老人。其实在我眼里，老人是约等于婴儿的——婴儿因为刚刚降生而懵懂，老人则是因为他与这个世界的联系却慢慢走向枯萎。

当我们走向人生的黄金时期，在自己的圈子里以各种姿态活着，或如鱼得水，或力不从心。我们父母在这个世界上深植的根系，却开始因为时间的流逝带来的衰老与死亡，渐渐枯萎。甚至，他们可以依靠的就只剩下我们了。如果这时我们不能作为他们与这世界仅存的联系，来关心爱护他们。那他们就像是漂浮在孤独的小行星上的点灯人，过得孤独而又麻木。

而孤独和麻木滋味的那种如鲠在喉的滋味，我无法想象有哪一个子女舍得让自己年迈的父母承受。

或许你想要拿青春赌明天，在加薪、升职中碌碌营营，却挤不出时间来陪父母吃一顿饭，甚至打一个电话给他们——这会让你后悔，我保证。

有这么一道著名的计算题——中国人的平均寿命是72岁，如果你和父母分隔两地，这辈子你到底能和父母相处多久？如果父母还有30年，自己平均每年回家1次，那么只剩了30次了。每次5天，抛去和朋友聚会、应酬、吃饭、睡觉等时间，你一年中真正能陪父母的时间大概只有24小时左右，30年总共不及

720 小时,差不多 1 个月。

这数据令人心惊。

小时候看到:"子欲养而亲不待",无法理解其中的沉痛。然而,在外婆去世后,母亲在丧礼上恸哭时;在爷爷去世后,总听见父亲说:"要是爷爷还在的话……"时。我好像隐约明白了。

时光似流水,匆匆不回头。

而这些游走在时光的长廊里的人,是娇贵易败的樱花。你以为他们永远在枝头热闹着、绚烂着。却不知道,那一场突如其来的春雨,已经将他们带走。

莫要蓦然回首时,发现父母已不能陪伴身边,才后悔没有多陪陪他们。这是人生无法承受的重击,但愿你我都不要有这份遗憾。

爸妈,请你们在时光的长廊里走得慢一些,让我慢慢陪你们变老。(载《铜仁日报》20140306)

我的大"家庭"

高二(24)　邓炜琳

小时候的我,记忆里面就有一个大大的家。这个家里面,除了亲戚,还有很多我的小伙伴。

那时候父母每天都忙于工作,于是我便被安置在了外婆的家里。外婆的家是在一个小县城里,这儿的环境远离了喧嚣的城市,也远离了麻木的高楼。那时候的日子很简单,我几乎每天都是早起,然后三下五除二地吃完了早餐就跑到院子里去玩。我的那些小伙伴们早就在院子里面等着我了。我记得当时电脑还没怎么普及,我们所能够玩的,也就是捉迷藏,堆沙堡这一类看似极其无聊的活动。可是我却陶醉于这样的活动中,从来都没有想过如果有一天我离开了这些人,我会怎么样。小孩子,哪懂什么以后呢?玩累了就跑回家拿些东西来填饱肚子,吃得差不多了就会再拿些出来,跑去外面和小伙伴分享。怀着走到哪里都有熟人的心理,我便是天不怕地不怕地闯,即使是惹祸也不怕。那时候我总认为,天塌下来也轮不到我来扛,因为我的个子矮。

这样的日子就这么安逸地过去了。

大概是我 6 岁的时候,因为父母工作调动的缘故,我来到了铜仁。当我走进我新家的那一刻,我的眼睛瞬间就亮了。我的新家粉刷得比外婆家要好看多了,家具以及墙上的画在当时可是称得上高档的货。我是一个很喜欢新鲜感的人,所以对于这些陌生的事物我总是很好奇,总喜欢东摸摸,西转转。但是这样的好奇心倒也流逝地快,没多久我就开始想念那些院子里的小伙伴了,我开始想念那些浑身被泥弄得脏兮兮的日子了。可是我却没办法回去。

几个月后我便开始上小学了,在新的环境里我又认识了很多新伙伴,然后慢慢地便淡忘了曾经的那些日子。没办法,这就是小孩子的天性嘛。记得的东西,总是来得快,去得也快。在小学的这六年生活中,也发生了很多小故事,也认识了一些当时在我看来是好朋友的同学。于是,我也把她们纳入到了我的"大家庭"当中。每天都是欢声笑语,无忧无虑。转眼间六年就过去了,毕业了我才发现好像连彼此的手机号码都没有留。我不知道,这是不是对我们以后的失散的最好的讽刺。

随后就是我三年的初中生活。初中生活的话,我想最让大家印象深刻的应该是初三的下学期。因为我们要直面中考。那段时间作业量猛增,大家都在拼命地做作业,想考上重点中学。好像那时候的欢笑声都少了些许。我最想谈的应该是我们初中所上的最后一节课。我永远不会忘记物理老师上完课之后对我们严肃地说:"这是最后一课,希望大家中考能够考好。我不想再在二中见到你们。"座位上的我们不约而同地笑了,我们知道老师严厉的话语里,其实饱含了对我们的关心。随后是班主任来了,和我们交代了一下中考的注意事项,说完后便允许大家散了。却还未等大家散去,便突然有同学哭了,然后旁边的人也开始跟着哭。那个最先哭的同学说:"我舍不得你们。我舍不得我们的十三班。"

是的,这就是十三班,是那个被全年级甚至是其他学校所传言的最优秀的班级,甚至是云集整个铜仁市最优秀的学生,我们就这样一边背着这样的一个光环,一边挨着老师的骂,就这么稀里糊涂地走过了三年。现在,这个大家庭要散了。走过三年的小伙伴们终于要奔向不同的方向了,我们会去到新的班级,去结交新的小伙伴。这本来是一个让人振奋的新起点,却让大家那么难受。那天我也是在外面徘徊了很久才回家,说实话,心里很空。这种感觉,在高一分班的时候都没有。

写到这儿,我才发现我的高二生活也快走了一半了。经历了班级的一次次整合,我已经习惯了离别。习惯到我已经不再去想念什么,遗憾什么了。直到我的朋友让我好好地整理一下我这十六年来的经历,并且迎接马上就要到来的十七岁生日的时候,我这才意识到我已经过了十六年。

我想起当时和我说一辈子不分离的人,我想起当时和我说喜欢我的人,我想起当时和我说会陪我难过的人,我想起当时和我说要一直压马路直到我们老去,我想起当时和我说对不起的人……她们没有走太远,她们还和我就读同一所高中,甚至是就在隔壁班。可是我们却还是渐行渐远。

在我的心里,我把很多人都纳入到了我的大家庭中。但是我也慢慢地发现,这其中也有很多人一点一点地走出我的生命,走向她们的未来。然后我的大家庭的成员逐渐变少,逐渐变少。

不过虽然如此,但是她们却始终都是活在我的心里,就这么落地生根。于是我在许愿纸上写道:"长大后的我,会有一个更幸福的大家庭陪伴着我。这个家里,除了在我身边的人们,还有那些活在我心里的人们。谢谢你们,陪我走过我的小日子。"("我们应该让父母怎样生活"征文一等奖)

千年萌

高二(24) 刘雨晴

我的生命形成至今所取得的所有胜利之中,意义最为重大的莫过于在母亲肚子里战胜了其他上亿的小伙伴们而终于形成真的"我"。从那时起我就知道,人生中有一个无法回避的问题——怎样与母亲共存。

共存当然不会只是简单的生命存在。

我在很小的时候,饿了要哭闹,痛了要哭闹;冷了要哭闹,热了也要哭闹。总之哭闹之频繁程度使人不明所以,但父母一阵手忙脚乱后总能满足我的要求。他们疲惫,可是满心欢喜。那大概是我生命中最无知无能但幸福感最为纯粹的时候。细细想来,幸福不像痛、饿、冷一样具体,没体会过不幸的我更是无法感知。

逐渐长大的我像是一个自闭症患者,不爱说话,不爱笑也不爱哭。妈妈说她以前每天晚上都在门口的小坝子里给我讲故事,还说我最喜欢听小狐狸好好的故事,一遍又一遍。一轮清月,满院星光,两张小板凳,一个好故事。我无数在一个个散文故事中感受、憧憬这样美妙的夜晚,却根本记不起这曾经也是我生活中的场景。

《父母与孩子之间的爱》里讲,母爱是无条件无要求的,父爱则带我们走进有关制度和理性的世界。那么我的妈妈,她是母爱与父爱的融合。

我永远也无法忘记妈妈当众打我,在我小学一年级的时候,理由是我没有主动叫老师。在我整个童年迷雾一样的回忆里,这片段像是燃着火一般,明亮而灼人。

事实上妈妈每一次打我,我都记得特别清楚,任性、虚荣、心眼小、心气高,所有这些丑陋都暴露在妈妈的眼睛下,当然也就免不了挨打。外人眼里我是个安静乖巧,成绩优秀的好学生,妈妈面前我却是个叛逆爱顶嘴不让人省心的小坏蛋;同样,别人觉得妈妈是位有耐心的好老师,我倒觉得她与常言所说的"慈母"完全不搭边。

这样的情况大概一直持续到我上初三。据我的臆测,她大概是受了什么舶来文化的影响,母爱的光辉突然在她身上炽盛起来,她成为我的伙伴。我们互相分享趣事,谈论轶闻,她和我一起爬山,学打拳,有时候也一起对抗懒惰的爸爸。我可以非常骄傲地告诉我的朋友:"我有一个萌萌的妈妈。"

偶尔她也像一个慈母,当我成绩得意或失意,朋友不合,在外租房感到失落的时候,是绝不能同妈妈讲话的。有一次初中模拟考试我考了第一名,本来非常高兴,妈妈过来夸奖我,我却情不自禁掉下了眼泪。也许是习惯了或争吵或嬉笑的生活,她随便一句安慰鼓励语甚至只是欣慰的笑声都会使我流泪。我们曾谈论早恋,她哭了。这让我茫然失措,还有一点难过,比我自己哭时更深一点的难过。

在这个世界上无论谁跟谁在一起都需要磨合,越是亲密的人所需要的时间越大。但是没有关系,亲情将我们紧紧绑在一起。我学会给父母准备的礼物,也尝试自力更生;我学会更委婉地表达,更耐心地倾听,更努力地奋斗。并且我相信总会有这样一天,我可以懂得他们所有心思,满足他们的所有要求,像他们曾经待我一样。

亲容不改,而温情常在。和睦相处并不困难,我爱她,所以我需要她。时间还很长,我们一直在路上。(载《铜仁日报》20141116)

熟悉但却陌生的母亲

高二(17)　华　夏

爱她——早已成为了习惯,她是我生命中不可分割的一部分,我离不开她,她更离不开我。她心灵手巧、勤俭、温柔,能干,一个典型的东方小女人,我心中的偶像,在她的同龄人中,她因为自信而有活力。不知何时我悄然退去稚嫩的脸庞,我渐渐长大,逐渐成熟,慢慢地,我印象中母亲竟开始慢慢改变,她原来竟不是一个完美的人。

母亲! 是一株等待季节性阵雨的沙漠植物。她竭尽全力,倾注了全部的爱把我拉大,她早已不是当年那个意气风发的少女,她生命中的一切早已成为了我,为了我甘愿辛苦,放弃理想,在我看来她早已成为沙漠中的植物,急需雨水滋润。就在几个星期前,她突然工作忙了起来,竟然连我都顾不上了,忙得没有时间管理我;忙得没有时间为我准备丰盛晚餐,每天早出晚归,我竟感到被忽略的一丝愤怒,我忍受不了每天吃炒饭,回家空无一人的感觉。终于,母亲向我吐露了心声。原来她被调到另一个工作单位管教学工作了,她希望我自觉自立,希望我们母女同甘共苦两年。说到这时,我竟从她脸上看到那么多鲜有的笑容,在我与她工作面前,我居然开始位居第二,我显得黯淡无光。从未看到过这样的她,积极向上,满脸笑容,自信满满职业女性形象。她变了真的变了,或许,她只是找回了原本她那美好的自我,那个拥有自己理想与追求的新兴女性;或许她本来就应该这样。她对我说,她不想再压抑自己了,她现在就要完美释放自己,找回自我,这样的她,让我感到陌生也让我感到骄傲,这样的她显得如此之美。

早已习惯她作为过来人的教诲,早已因袭固定她的模式,口口相传的思想。可随着年龄的增长,思想的成熟,母亲那一辈人圣旨般的指示有一丝可笑。我是一个接受新文化的新青年,我们会自觉遵守规则,而母亲作为一个尝过人生冷暖咸淡老一辈的人,有时却显得固执。就说一件简单的事,过马路。如果我们要在马路边上走,我会很靠路,而她却更靠近路中,再次我都会提心吊胆的提醒她往里靠一点,而她给我的解释是:"难不成那些车子还敢从我身上压过去吗?"每当这时,我都会感到无奈与失望,母亲她毕竟不是一个完人,她有她固有的思想,不可改变,我只能默默接受。

我爱我的母亲,就像她曾经待我如珍宝的爱一般,早已不可动摇。我会好好爱我的母亲,就算母亲一辈子的思想与我们一辈有代沟,她依然是我亲爱的母亲,我仍然深深地爱着她,因为她是上帝派来的!(载《铜仁日报》20150308)

雄狮已醒　中华将兴

高二(17)　田　芳

拿破仑说:"中国是一头沉睡的狮子,千万别叫醒它。"

于是,它沉睡了一百多年。在这一百多年里,她背负着屈辱和不堪,饱受蹂躏和践踏,最后汇成了一部痛彻心扉又催人奋进的血泪史。在那些风雨飘摇的日子里,无数的仁人志士痛定思痛,悲愤地喊出:"落后就要挨打"。于是又有无数的革命先驱抛头颅,洒热血,他们用血汗凝成了祖国的明天,唤醒了沉睡的雄狮。

1949年10月的一个清晨,迎着金秋的第一抹阳光,雄壮的国歌庄严而神圣地响彻于天安门广场,响彻于每一个中华同胞的心灵,鲜艳的五星红旗一路飘扬着升上广场上空,一个伟大的时刻终于来临:伟大的新中国,从此诞生!

从此,中国共产党带领着亿万同胞踏上了中华民族伟大复兴的征程;从此,雄狮睁开了它的双眼,伸展开强健的身姿,雄姿勃发,威风凛凛;从此,中华民族五千年的浩渺画卷变得更加古朴厚重;从此,雄狮挺直腰脊,一路昂首阔步,凯歌高奏。

雄狮已醒,我们走在复兴的路上。

改革开放让神州大地日新月异,科技、经济迅猛发展,祖国也从这时候开始了真正地腾飞。我国航天事业的巨大成就全世界有目共睹;北京奥运会的盛景让世界人民意犹未尽;祖国的奥运健儿摘金夺银,成长为世界体坛劲旅;香港、澳门的顺利回归,让全国人民欢欣鼓舞。中国重生以来的辉煌成就,不胜枚举。这一切,为祖国赢得了巨大的荣光和骄傲。

俱往矣,数风流人物,还看今朝。70余年发展至今,有过阻碍也有过机遇,当下,祖国正处于重要的转型期,关系到党和国家的前途与命运,也与祖国十三亿人民的命运紧密相连。

已到中流击水的时刻,不仅需要革命前辈们指点江山,更需要我们新一代人的不懈努力。我们作为新时代的青少年,要做有民族责任感、敢于担当的人,要做对祖国有用的人。所以,我们要做好当下,积极学习科学文化知识,为中华民族之复兴而不懈奋斗!未来的光辉蓝图正不断展开,相信雄狮已醒,中华将兴!

伟大的祖国,走过风雨后,你前进的步伐一定会更加铿锵有力。在你诞辰之际,十三亿颗心紧紧拥着你:祝你生日快乐!(“我与祖国”征文一等奖)

歌颂祖国

高二(17) 张 晨

一

当一个伟人在天安门城楼上向全世界宣布的时候,

一个国家的重生开始了。

奴隶,封建,战乱,终究归于和平。

经历过风风雨雨,

当祖国迎来六十四华诞的时候,

我用我的文字在此见证,

一个人的成长总是经历挫折,

而一个国家的成熟也必然经历风雨,

非典,看到了国人的勇敢,

地震,感受了国人的坚强,

奥运,听到了国人的热情,

六十四年沧桑风雨化做彩虹,

在向世人展示她逐步走向辉煌,

而我在这里只想轻轻地说句:

祝您生日快乐,中国!

二

祖国母亲,

是您,历经沧桑,

为我们开拓一片天地。

是您,饱含眼泪,

为我们似锦前程忧愁。

是您,掏心掏肺,

让我们中华民族兴盛繁荣。

我们为您骄傲,我们为您自豪,

我们为身为华夏子孙而自豪!("我与祖国"征文一等奖)

我们应该让父母怎样生活?

高二(17) 李 慧

父母,这个词简单,却包含了多少的劳累。

我们还不是父母,不能理解他们的世界。总是对他们感到失望后就选择逃避,选择放弃。认为他们不爱我们,选择伤害他们的方式去面对他们。

我们都是残忍的,他们已经为我们劳累了太多,伤了太多脑筋。

而我们,在今后的路途上却是要靠自己的双手去养活自己,不能总是靠父母,那,我们应怎样去对待父母,让他们过上什么样的生活。

曾经有很多人用钱来感谢父母,也有一些父母喜欢钱的,但更多的父母更喜欢发自内心的爱,就算是一杯白开水都能让她们感动得流泪,每个人都会老,也会需要一些来自心灵上的安慰,一句心里话一分钟的聆听都会让父母感到幸福,小时候父母常给我们讲故事,现在听起来过时的故事,那时却成为我们心里的伟大,可现在的我们又何尝给父母讲过故事,在那些人眼里给父母倒洗脚水是件下脸的事,但他却不知小时候父母给自己洗过多少脚,曾经很喜欢父母带自己去广场,游乐场玩,可现在又有多少人带他们回忆一下曾经的你,你的一句工作忙却成为父母的心疼,你的一声谢谢让他们心里一酸。

他们缺的不是钱,而是时间,一个没有你的时间。

我们都大了,不需要再让父母这么操心了,我们有能力承受很多东西,有些事,我们自己懂就行。

所以,他们会因为我们的长大而轻松很多,可是这份轻松,缺少了你的陪伴。

我们让父母过一个闲适的,有我们陪伴的日子,这样不好吗?("我们应该让父母怎样生活"征文一等奖)

我们应该让父母怎样生活

高二(17) 张　晨

寒假里,我读了一篇文章,叫作《把孝敬父母当作头等大事》。这篇文章含意深刻,令人深思。

文章中主要写了乌鸦另外还有外号,叫"孝鸟"。里面说乌鸦是很孝敬父母的,乌鸦老了,飞不动了,小乌鸦就天天飞来飞去,不怕刮风下雨,不怕大雪纷飞,总是四处寻找食物。食物找到了,自己不舍得吃,就像小时候父母喂它一样。因为乌鸦特别讲究孝敬父母,所以古人就把它叫作"孝鸟"。

俗话说得好:百善孝为先。孝敬父母自古以来是中华民族的传统美德。在人的一生中,对自己思情最深的不会超过父母,父母给了我们生命,辛勤地养育我们长大成人,我们的成长凝结着父母的心血,每一个人都是在父母悉心关怀、百般呵护和辛苦抚养下慢慢长大的。一个人,如果对给予自己生命的辛勤哺育自己、恩重如山的父母都不知道报答,不知孝敬,那就丧失了人生来就该有的良心,那是没有道德可言的。

然而,近年来,我们从报纸上、电视上不断看到关于父母因儿女虐待而不得不诉诸法律的新闻报道。还有"他(她)不管父母,我也有权利不管!"这些话,出于儿女之口,听了实在叫人寒!世界首富比尔;盖茨在接受记者采访时,曾这样说过:"天底下最不能等待的事情莫过于孝敬父母。"

还有些青年人认为,给父母亲吃的、穿的、喝的,或者每个月往家里寄几个钱就是孝敬父母了,其实,这不一定是孝敬父母。最重要的是和颜悦色,说话温和一些,脸上带着微笑。现在有些年轻父母,一抱起自己的孩子,总是眉开眼笑:"我的乖宝宝!"可是他们对待自己的父母,却是另一副面孔,甚至是厉颜厉色。一般来讲,父母对子女的要求不高,并不是非得要好吃好喝的,你把米饭、面条或者几个小菜往餐桌上一放,叫一声"爸爸妈妈,吃饭了!"父母吃起来也是很香的。相反,你把大鱼大肉、山珍海味往餐桌上一摆,一言不发,即便是再好吃的东西,父母也吃不香。

中国有一句古话:"树欲静而风不止,子欲养而亲不待。"意思是说:树想安静,可是,风总是不停地刮,它没法安静下来;儿女想孝敬父母,可是,父母快死了,等不了了。父母在时不孝敬,等他们去世了,又后悔莫及,那还有什么用呢?所以,我们现在就要孝敬父母,否则一切都要来不及的。

孝敬父母从小事做起,从点点滴滴做起,从给父母端茶倒水开始吧!("我们应该让父母怎样生活"征文一等奖)

多多益善

高二(17) 胡 娟

在日常生活中,我们总能看到一些新闻报道的"社会冷漠"事件,如一孕妇摔倒街头,围观两百余人无人扶持;河南某农民因救别人,自己却无人相救而牺牲;青岛一干部因心脏病发作倒在繁华路口,二十一小时无人相救而死。这类事虽常见,但热点事件也常能听到或看到。

北京汽车设备厂分厂的退休工人王镜,退休以后,勤快惯了的他整天在家无事可做,感到不是滋味,看到许多居民丢弃的东西,觉得有些可惜,于是他干起了捡破烂的活。他把在烈日下、在寒风中捡破烂所得的一万多元钱捐给了社会公益事业。他说:"我知道,我破衣烂衫,不太中看,可我的钱来得干净。"

这就要说到两个人,一个是孔繁森,一个是王宝森。他俩同为领导干部,却以不同的胸怀震撼着千千万万个心灵:孔繁森为了党的事业两度进藏,历时十载,他淡泊名利,求真务实,踏险履艰,克尽职守。他爱民胜父,心系藏胞,扶危济困,情暖高原。孔繁森以他的党性修养和人格力量在人们心目中构筑起一座丰碑。而王宝森呢?他身为京官,却为私利和享乐滥用职权,大肆侵吞、挥霍、挪用巨额公款。

作为一名高中生,能让我们接触社会的机会并不多,但我们从没与公益事业分开。高一时,我们青协去了聋哑人学校,在那里,我们看到的不是愁眉苦脸、愤世嫉俗的脸,而是一张张充满阳光,充满朝气蓬勃的脸,他们不为自己的缺陷黯然神伤,反而坦然地接受。那一次的活动让我学到了很多,我们是幸福的,但在我们幸福时也希望别人是幸福的,不要自怨自艾,不要恃强凌弱,多关心关心需要关心的人,多关心关心弱势群体。后来我们也去过敬老院,在阳光的衬托下,几位老人坐在一起谈天说地,发出了柔和且和谐的光芒,温暖人心,同时,作为外联部的一名成员,我们在部长的带领下,学会为学校拉赞助,利人利己;我们在为灾区做贡献时,送上绵薄之力,捐衣物,捐钱……

　　真的,支持公益事业,并不需要像有钱人那样捐出我们达不到的巨额大款,也不需要像有权的人用自己的权利为社会做很大的大事,更不需要像有势的人做"贸易保护"那样保护弱势群体,只要是做好事,大事小事又有什么差别,只要是献出自己的好心,做善事不在乎大,而在于长久。("我看公益"征文一等奖)

08

| 美丽憧憬 |

　　青春有了憧憬,青春美丽。生活有了憧憬,生活幸福。国家、民族有了憧憬,民族兴旺,国家崛起。我们憧憬:数风流人物,还看今朝!

三十年后的今天靠我们

——一位电子商务巨人的退隐带给我们的启示

高一（3） 黎 坚

前些日子,阿里巴巴在杭州举行了十周年的庆祝会。在晚会上,马云进行了一次演讲,宣布从阿里巴巴 CEO 的位置上退了下来。对于这件事,大家众说纷纭,有人说他做作,有人为他惋惜。但在我看来,马云这样一位电子商务巨人的隐退,带给我们的不只是一场演讲,更是一种心的力量!

马云的奋斗历程是让人振奋的。一穷二白,从一个英语教师转业下海,白手起家。是什么让他成就了今天的这样一番伟业? 马云在演讲中给了我们答案。

十年前,当非典在中国最严重的时候,马云和他的员工们选择了相信。他们相信,十年后的中国会更美好;他们选择了信任,相互信任对方会做得更好;他们选择了坚持,坚持自己的理想,坚持自己的信仰! 这是一种振奋人心的精神,一种催人向上的力量。马云说,那个时代的他们是幸运的,他们赶上了新的世纪,赶上了新的产业,赶上了电子商务的兴起。同样,我们又何尝不是幸运的。我们处了一个和平稳定的年代,处在一个百业俱兴的年代,处在一个人人都有愿望,人人都有理想,人人都有为自己的未来而努力、成就自己的人生、有实现自己人生价值的机会的这样一个年代。我们的未来,掌握在自己的手中!

“今天的世界,是一个变化的世界。”马云对这个世界做出了评价。昨天的你,今天的你,明天的你,都是不尽相同的。以前的你,现在的你,未来的你,也绝不会是一成不变的。当你看着如今无数横跨大洲、遍布世界、富可敌国的跨国企业一家家不断地发展,心中是否会感到迷茫“我们还能成功么?”。没有人能够肯定地回答你,但是变化的世界,提供给你无限的机会。世界在无时无刻地变化着,七十多年前,世界上出现了第一台电子计算机,看着那样庞大笨重的“铁石头”、“大脑袋”,没有人会相信七十年后的今天电脑会深入人们的工作,会深入人们的生活,会深入到这个世界的每一个角落;三十多年前,中国的改革开放刚刚拉开序幕,没有人会相信中国会有今天的成就,没有人会相信今天的中国会成为制造业大国! 这样一个变化的时代,教会你看清楚自己有什么、要什么、该放弃什么。所以,不要抱怨,当你在抱怨的时候,别人在努力,这种无异于把机会拱手让人的愚蠢行为,不应该、也不值得你去做! 你所需要的,是坚持,是努力,是不断地望着前方。相信自己,相信这个世界会给你机会,相信终有一日你也能傲视群雄,立于这个广袤世界的上层!

　　人们常说,男人最美丽的时光是中年。马云作为中年人的成功代表,隐退了。接着,青春的一代将登上舞台。"这世界谁也没把握你能红五年,谁也没有可能说你会不败,你会不老,你会不糊涂。解决你不败,不老,不糊涂的唯一办法,相信年轻人!"马云用自己的行动践行了自己的话语。"青出于蓝胜于蓝",中国自古流传的哲理在今天仍然有受用的地方。我们是年轻的一代,是富有活力的一代,是富有创造力的一代,是终将成为世界的支柱的一代! 现在的社会支柱"中年人"们选择了相信我们,我们没有理由不相信自己。我们不希望有朝一日我们会"致我们终将逝去的青春";我们不希望到那一天我们回忆起自己的青年时代,我们会长长地叹息;我们不希望这个世界在我们的手中一代不如一代! 所以,努力吧,年轻人该有年轻人的热情,青春该洒下青春的汗水,而有朝一日,我们的中年一定会有中年的辉煌!

　　"作为一个企业,解决这个社会的问题就是你的责任"马云这样评价道。正是这种社会责任感,成了马云事业的"催化剂"。今天的社会仍然存在许许多多的问题,而这些问题,就是我们的机会,如果没有问题,这个世界就不需要学习的我们。"以天下为己任"是我们每一个人所必要的素质与思想,把完善这个社会当作是自己的使命,当作是自己的理想,当作是自己实现人生价值的手段。"天下兴亡,匹夫有责",我们是社会的一部分,社会是我们生活的舞台,我们是中国的一部分,中国是需要我们复兴的地方。"中国梦"是每一个中国人共同的梦想! 解决这个社会的问题,完善这个社会,推动这个社会的发展,这样,成功终将会不期而至。

　　马云从阿里巴巴 CEO 的位置上退了下来,这样一位电子商务巨人从人们的视线中渐渐隐藏了自己的身影。接下来将是我们的时代。三十年后,我们将迎来人生最辉煌的时期,三十年后的自己靠我们,三十年后的社会靠我们,三十年后的中国靠我们,三十年后的今天(世界),靠我们! 未来,就在现在的你我手中! (载《铜仁日报》20130417)

新学期新计划新努力

高二(17) 胡 娟

新的一年已经开始,新的学期也在期待中到来,我们已经进入了高二下学期。在这一阶段,要跨上高三那一阶段,在学习上便要跨上一个更高的台阶,为了顺利跨上这一台阶,制定一个属于自己的学习计划,使自己更有目标。

高尔基说:"不知明天该做什么的人是不幸的。"有的学生认为,学校有教育计划,老师有教学计划,跟着老师走,按照学校要求办就行了。何必自己再定计划,这种想法不对。学校和老师的计划是针对全体学生的,每个学生还应该按照老师要求针对自己的学习情况制定具体的个人学习计划,特别是必修课后的选修部分,更要有自己的计划。有些学生学习毫无计划,"脚踩西瓜皮,滑到哪里算到哪里",这是很不好的。为了学好自己的课程,我写了这份计划书:

1. 预习。在学每一科之前都进行预习,找出预习中自己不懂的和不会的并作标记。

2. 听课认真。上课时集中注意力,跟上老师的思路,特别是预习中作标记的地方,抓住老师讲课的重点。

3. 及时做作业。为了更加深入和了解刚学的知识点,需认真做作业,不会的就问老师或同学,前提是自己认真想过。

4. 复习。复习也是很重要的,常做笔记和整理自己的笔记,或是再翻一下知识点,要确定自己都学懂了。

5. 除了以上最基本的几点,我还规定了自己的作息时间:①周一到周六提前十分钟进教室并早读,星期天在 8:30 去教室学习。②每天晚自习下课后,自行在教室学到十点半至十一点。③每天中午和下午至少再多学半小时。

6. 高二下半学期是一个稳步发展期。有了高二上半学期的起飞和突破之后,要开始稳住脚跟了,这时要全面地、客观地看待自我和他人,毕竟"知己知彼,百战不殆"。这个时期最主要的目标是:稳定自我水平,基本确定自己在年级的学习地位。

7. 自我反省。每次考试下来,仔细查找自己未掌握的地方并加以学习,对比自己以前的和班级同学,如若上升了,继续鼓励自己,如若退后了,自我反省并给予自己惩罚并反思。

总结:这份计划书似乎有些泛泛而谈,但,在写这份计划书时我真的学到了许多,至少对自己的现状和自己以后的目标有了认识,既然写了这份计划书,我就要努力坚持。为了让自己的高二生活有一个完美的句号,为了让自己和家人有一个宽心的笑脸,我必须奋力前行。(载《铜仁日报》20140227)

大学的门,朝我开

——落后的我们如何成才

高二(24) 黎 坚

"大学时代本该是青春飞扬的,是可以自由畅想未来的,可是残酷现实告诉农村大学生,你们的未来不是无限可能的,未来有多远,取决于父辈的肩膀有多厚实。"这段话摘自《南风窗》上的一篇文章,这种如此"现实"的论点,暴露出当今社会一个大家无法逃避的问题:大学的门朝哪边开?

近年来,中国的贫富差距逐渐拉大,特别是城乡的差距,对于整个社会的不公平现状的影响格外突出。这带来一个严重的问题:教育资源的不合理分配。而其带来的直接效果,是城乡学生成才条件的差距。其影响,从高校的录取比例中可以窥见一斑:目前中国城乡大学生的比例分别为82.3%和17.7%,而在20世纪80年代,农村大学生的比例远远高于现在的数值。这是总体招生的情况,如果我们把目光投向中国的顶尖大学,会发现这一现象更为严重。以北大、清华为例,北大2013年招收的新生之中,来自农村的学生比例为14.2%,而清华的自主招生所录取的农村学生的比例甚至低于10%。看到这样的数据,我们似乎可以看到现实对于农村学生那深深的恶意。除此以外,大学录取中也存在着许多不规范的现象,特别是对于许多普通大学,"只要有钱,想上哪就上哪!"这样的不公平事件可能鲜为人知,但绝对不是少数现象。好像还真验证了那句话"未来有多远,取决于父辈的肩膀有多厚实"。

大学的门,还会向数量众多的普通农村学生开放么?会,当然会!

这个世界上不可能存在真正的完全公平,但我们可以通过适应这个社会,用自己的实力与有利者站到同一高度。即使数据和现实对于农村学生很不利,但我们要看到,纵然是这样的一个社会,从农村走出的建立丰功伟业的也大有人在。牛根生就是一个极佳的例子，出生于呼和浩特的他，在幼年时便因为家庭贫穷被父亲卖入养父母家中，在经过自己的不断努力之后，创建并带领蒙牛成为中国的乳制品业龙头老大，成就了其乳制品帝国。我们可以从这样的先辈的历程中看到希望，即使贫困，也能通过奋斗成才；即使落后，也能通过努力成功；即使面对这世间带给我们的种种不利，也能通过沉潜后飞跃取得属于我们的辉煌！而对于我们来说，成就人生的一个重要跳板就是——大学。

大学作为深造人的技能与心智的地方，可以让我们的整体素养得到一个质的飞跃，所以，敲开一所优秀大学的门，进入一个优秀的学习环境，结识一群优秀的同时代之人，至关重要。"没有高考，你拼得过富二代么？"白岩松的一席话，问到了学生的心脏之中。现在的学生大多对于高考有着各种各样的诟病，我们承认高考的确存在许许多多的问题，不过，在当今社会的条件下，没有任何一种方式能够高效地、平等地、真实地对学生进行选拔，高考是我们进入大学的主要方式，其重要性不言而喻。对于现在的学生，特别是来自农村的学生，唯有在高中阶段进行努力地学习，不断地提高自己的整体素质，才能够迈入自己理想的大学。

我们将用自己的实力和行动证明"后来居上"的道理，乘上大学的方舟，成为社会的中坚力量。大学的门朝哪开？大学的门，朝我开！（载《铜仁日报》20140807）

高三，我来了

高二（24）　黎　坚

高考对于一个学生的重要性早已不言而喻，而高三对于高考的重要性也是妇孺皆知的。我想，对于高三的学习，细化到科目的学习方法已不是问题，更重要的是一个良好的心态和宏观的方法。就此，我想到了以下几点：

对待竞争，更有效的是分享

竞争对手如此的多，实际上你需要不断超越的只有自己。交换概念的力量是非常强大的：你突然想到了一个很好的方法去记住某个复杂易错的概念，而同桌则归纳出了一个很好的方法解决一类题目。如果你俩能交流一下，就是瞬间解决多一倍的问题，高三时间如此紧，这样就好比有了集成了一个云服务器群,多快好省,还能培养感情,何乐而不为呢?

对待课本,更重要的是规律

高中所有科目都是由知识点构成的,包括语文英语。我觉得,备考高考,是不断归纳总结的过程,而不是单纯的接受信息。只有主动整合零碎的知识,才能稳定有效地输出。一开始就要对"知识"和"技巧"两者作分类、整合。要做有效的笔记。为了有效,可以灵活,最重要的是整合和分类。比如,导数题的解法,从一开始就做分类归纳的话,其实解题的套路完全可以总结出来。解几何题目的元素可以分,例如切点切线中点神马的,也可以一一对应,逐个击破(尝试过,效果不错,但是过程的确非常痛苦)。总之,每一个科目都有他的特点,摸清楚后就可以对知识点进行恰当的划分,再整合手中的资源,逐个击破。每一个步骤,都要有寻觅规律的精神,去审视自己的问题,去琢磨每一个难题。

完成试卷,更保险的是模板

模板是指做一套试卷的顺序、不同小题的时间。大致上我会为每一个科目的卷子安排做题顺序,算好每一大题的时间(实际上到目前为止并没有规划得十分精细),并尽量考虑到考试时会遇到的种种问题。这是因为面对大考难免紧张,虽然有的学生学校的月考不会紧张,但上了高考战场就难说了。所以,解决紧张心情的方法,还是 the more, the better!

对待励志,更实在的是实践

大概大家都会认同,高三最不缺的东西就是励志。请记住,升高肾上腺素含量不是目标,切实行动解决问题才是目标。是的,问题的本质就是这样的:如果没有切实的执行力联系"所想"与"所做",它们半毛钱关系没有。漫长而紧张的高三,任谁都难免会疲劳,会松懈。这时,作为中国高中代代相传的绝技之一,励志是很有效的。

但是,励志容易诱发一种我个人认为很不正常的备考心态:觉得「不可能」或者"不可以""失败","肯定"、"绝对"要成功。考试,本身是一个理性思维作主导的测试。抱着如此不理智的想法在重压之下备考、参考,失败是难免的(所以有压力是好的,但不要自施过多压力)。

对待分数,更励志的是平常心

分数总有高有低,看待分数,要看清分数背后的东西。分数高低,直接来自于答题者每一个答案的对错。而一个答案的对错,不仅与知识点的掌握,还与答题规范等等有关。因此这次你考差了,原因绝没有"我差"那么简单。差是差在知识点还是答题规范? 知识点是属于中枪型(不会的都恰好被考了)还是随机抽样型(说明了有很多是不懂的,得赶紧补)？考好了,是属于撞对,还是恰好考了会的知识点？根据经验,考好了的考试经常是知识点缺漏的掩藏。综上所述,看待每个分数,必须查找这个分数的深层原因。任何考试训练,都是为了让自己扎实起来。

除了更深层次地分析分数以外,我觉得,还有更重要的。心情被分数影响是难免的,不如说如果完全不受影响反而很奇怪,但是,在经受某一次分数影响之后迅速恢复平常心,往往比取得的分数更为重要。

对待高三,更必要的是锻炼

身体的健康对于高三生活的重要性不必多说,大家都是了解的。所以这个点就这样结束吧。

以上的这些,充其量只是一个行为的规划罢了。正如我在上面所提到的,比起想这想那,更实在一点的是付诸实践。那么,高三来了。

这条路,君需独行;这道坎,避无可避。所以,加油!（载《铜仁日报》20140831）

良师伴我一生

高三(24) 黎 坚

工人创造出实用的产品,农民创造出丰富的粮食,科技人员发明崭新的技术,而唯独教师是培育出精神高尚的人!"新竹高于旧竹枝,全凭老干为扶持",教师的人格魅力乃至一言一行、一举一动都会在学生的心灵深处留下难以磨灭的痕迹,没有好的教师就没有好的教育。

对学生的影响如此之大,乃至被称为"人类灵魂工程师"的一线教育工作者们,应具备怎样的品性,才能完成"开辟人类之未来"的艰巨任务呢？

"师者,传道、授业、解惑也"。在教师的三大任务中,"传道"摆在了首要位置。"学为人师,行为世范",教师在塑造学生人格、确立三观的过程中,有着举足轻重的作用。因此,真正的"师"要有理想信念,要心中有学生,要把自己的温暖和情感倾注到每一个学生身上,用欣赏增强学生的信心,用信任树立学生的自尊,让学生体验成长的乐趣,使学生享受成功的喜悦。"谆谆如父语,殷殷似友亲",这样的老师,学生怎会不爱呢？

　　"人非生而知之者,孰能不惑?"作为一名优秀教师,为学生"解惑"乃是最基本的任务。好的教师,应像强劲但又和煦的阵阵清风,时时刻刻为学子拨开眼前的迷雾,这就要求教育工作者有扎实的学识功底,过硬的教学能力,勤勉的教学态度,科学的教学方法,在传播知识的分分秒秒中,托起祖国全新的明天。

　　"春蚕到死丝方尽,蜡炬成灰泪始干",从古至今,敬业奉献深藏教师之身,时刻散发出耀眼的光芒。而归根到底这种高尚师德的来源,还是身为人师的"理想信念"。理想与信念之于"师",犹如水之于万物。拥有自己的"理想信念",教师才能拥有"严于治学,宽于为人"的品格;胸怀"甘于宁静,淡泊名利"的情操;才能不忘"勤于求索,乐于进取"的追求!

　　作为一名在校学生,我很庆幸,我们的身边就有着这样的良师。

　　"智慧的种子,需要阳光和雨露的滋润;梦想的彩虹,需要思想和智慧的启迪"。我身边的各位老师,便是"阳光"、"雨露",给予了我"智慧"和"思想"。语文教师将"传道"作为事业目标,时刻不忘引导学子践行"天下兴亡,匹夫有责""以天下为己任"的信条;数学教师落实"解惑",让学生在"无涯学海",自由遨游;外语教师不忘"全球视角",在竞争激烈的时代,为学生带来"国际视野";而政、史、地的良师们,将"敬业奉献"铭记于心,"喻理求真"的教育,实践于身,带给学生大脑的升华,铸就学生人格的伟大!

　　良师的课堂是生命与生命的对话,良师赋予生命是健康、是幸福、是温暖、是向上的力量。良师的教诲是人与人心灵上最微妙的接触,良师在人的心灵中播种爱心、播种善美、播种智慧、播种光明。良师是人类文明的薪火相传,连接着过去、现在和将来,良师是用文化的火种点亮心灵,点亮希望,点亮未来。

　　三尺讲台,三寸舌,三寸笔,三千桃李。

　　十年树林,十载风,十载雨,十年树人。

　　当国家进入崭新的竞争时代,当改革进入全面深化的阶段。中国的发展更需全国教师的力量。在"良师益友"的殷切教导下,肩负祖国未来的我们这一代有为青年,定能实现中华民族的伟大复兴,再次铸就华夏之精魂!(载《铜仁日报》20140914)

久等不至　不如上路

高三（24）　刘彦君

"恰若青石的街道向晚。跫音不响，三月的春帷不揭……"总有人在季节里等待。

等待，从来都是一种痴念，由希望而发，被时光见证，往往不舍得亲自结果。有人恰逢花开，告慰了灌溉的心血，像昏色里明亮起来的赵四小姐，终于成了学良太太；有人久等不至，化作一棵树，一块石，花落心也凋零，风过身也破碎。

我愿意等你，在杨柳依依的时候，在晨倚江楼的时候。我等你，给所有情感与难料的未知一个机会，给惊喜与奇迹的到来寻一条道路，给离别后挨过考验迎来圆满幸福种一春希望，轻轻拒绝将来悔憾的可能，抹去将来泪水的存在。

但我不能一直等你，等到雨雪霏霏的时候，等到斜晖白蘋的时候。时光是一江洪流，来势汹汹。我站在原地，它推我向后；它奔腾不止，我越来越远。一直，等到迷途；你回头，已无我的踪影；你不回头，抛弃我们的曾经。我总得跟着时光向前走。

那达达的马蹄呀，又带回一个过客；那季节的等待呀，变成了美丽的错误。失去自我，所以画地为牢。当尾生站在夜色的桥下任春洪把自己吞没的时候，当宝钏寒苦十八年认下归夫西凉公主妻的时候，我绝不再等你。

我总得出发。如果为了接近经典的风景慕名蜂拥堵塞了道路，不如像个孩子，另辟蹊径享受另一处别有洞天；如果迷失在平面弯曲的迷宫道路内，不如爬上高墙，一眼望尽秘密与终点；如果"不见去年人，泪湿春衫袖"，不如趁着同是"月上柳梢头"，去灯火处寻一寻已约黄昏的人；如果痴心相爱鲜得回应，不如放爱一条生路，相忘于江湖……等待畅通的大路，等待别人的救助，等待回忆的再现，等待心意的改变，等待——多少徒劳？时间抚不平，匆匆是看客，何时有结果？久等不至，不如上路。

我更愿意踏上行程去主动追寻，期待与你并肩同行的时候，装作不经意地轻轻问一句，原来你也在这儿？（载《铜仁日报》20150412）

致北京大学的一封信

高三(24)　刘彦君

亲爱的北大：

此刻，夜幕缀上月环星辰仿佛明朗，嗅觉变得香甜，很开心与你在有花开放的暖春初夜相识，很庆幸忙里偷闲停住了这段时光来回忆我的十七年人生。

家的起点

我出生在铜仁这个西南小城一个普通的工薪阶层家庭，也是一个温馨精致而令我自豪地家庭。

爸爸是典型的"家中大哥"，20世纪80年代通过读书离开耕地而闯出一片天的人，为家庭承担很多，为事业付出很多，为婚姻倾注很多，为孩子考虑很多。从有厚厚一本教学笔记的人民教师，到基层服务人民的干部，再到为民排忧解难的信访岗位，他站到了那个联系群众倾听民生疾苦的岗位上。记忆里小小的办公室，与爸爸并肩奋斗的年轻的叔叔，墙柜上挂满的看不懂的红头文件，常常下午一两点才能吃到的午饭，与来来去去不同的人们相同的希望的眼光、最终绽放的笑颜，都在光阴里随远。办公桌上的电脑多起来，年轻的面庞变换，丰富起来的经验，更加明晰的条款规则，是长大的我更能理解的国家民主政治的发展完善，以及铭刻在爸爸心中一份"百姓知音"的信念。

他是一个没有踏进过大学校园的大专生，却在平凡的地方坚守在平凡的岗位上，终于为社会做出了不平凡的贡献。他教给我一个人对待自己事业应有的态度，教给我责任与勇气，教给我理解和大爱，成为我最好的榜样。

妈妈则是典型的南方女子，性情淑婉，贤妻良母持家。为了尽力打点家中一切，让我得到更好的照顾，她甘愿放弃事业上的诸多机会，留在基层。她从不与人争执，说话含笑，会嘱咐我晴时预备一把雨伞，在炎炎夏日榨好满满一杯果汁带去和同学分享。她对人的宽容、尊重，她的细腻考虑从容处事，让我喜欢上一切细微温暖的事物，学会做一个温暖而有思想的人。

我感谢，感谢我成长于这么一个幸福圆满、民主自由的家庭，拥有了无限被爱与爱人的能力。

走过的路

小学最幸运的事是遇上一位知性的语文老师，深谙教育，可以说给予了我很好的启蒙，是我的文字导师。三年级起接触日记，到四年级，她便鼓励我们每日阅读兴趣读物并完成一篇读书笔记，坚持到小学毕业，我的记本累积起来有小书桌一般高，这也是我今后语文素养与灵感基础的源泉。受她鼓励，三年级的我第一次参加作文比赛并获得国家级三等奖，从此在文字的道路上长歌乐行。

初中进入了向往已久的二中，在浪漫的紫藤萝长廊下流连，与默契的师生一起奋斗。班主任是个热情开朗的年轻英语老师，我们是她带的第二届学生。为着同样的目标，建设同一个集体，我们相互学习，成为知音。三年中，我凭借小学六年的经验，继续胜任学习委员一职，实时掌握班级学习动态，组织特色学习小组，尝试班级自我管理自我教学，成为老师的得力助手，也锻炼了自己的组织能力领导能力。在阳光跳动的午后，在傍晚的微风中，常常有她和我的身影。一同改卷，一同分卷，一同交流，一同成长。同时，在她的支持下，我积极参加英语、数学等各类学科竞赛，收获斐然。

2012年秋天，我以优异的成绩考入铜仁一中，成为实验班一员。高二分科时顺从心意把握优势选择了文科，此后，更是深深体会到文科的价值绝不局限于其本身。在那背后，穿越历史长河的中华豪迈，锋准如剑的智慧思辨，包容并蓄的度量精神，正是深刻改造社会的强大力量。除此之外，文理其实是相通的，运用好理性的逻辑，能使文科更显魅力。

班上有很多并肩同行的优秀同学，其中担任学校熏风文学社社长的女孩与我心意相合要好十分。受她相邀，我协助策划多期社刊，发表文章数篇。而在铜仁日报上，也可看见我《有灵之光不可熄灭》《闻声》等作品。我参加第十九届中华圣陶杯中学生作文大赛，第九届全国中小学生创新作文大赛，均取得不错的名次。此外，在高一、高二的班级研究性学习活动中，我积极参与研究并承担撰写研究报告，在全校研究性学习成果汇报评比中获得一等奖。

放学后的我喜欢邀上朋友到后操场跑步，三圈，四圈，任风掀起头发露出光洁的额头，或把脸颊拍打得燥热，获取一种激扬而破之欲出的能量，令思想愈发清明。

学习之余，我也热爱社会实践。语曰："行之不已，乃成君子。"与老师同学登山，徒步5公里，参观各类文化馆纪念馆等，让眼睛旅行，心灵散步。

梦的曙光

"未名湖是个海洋,诗人都藏在水底,灵魂们都是一条鱼,也会从水面跃起。"

我多想成为一只鸟儿,飞去那个地方,摸一摸你的胸膛,感受你跳动的心脏。

从新文化运动中心、五四运动发源地,到今天傲然世界的燕园,北大,是一抹曙光,一个梦想。

我想,山区的孩子应该是萤火虫。追逐曙光,便愿意在夜色浮动的时候燃烧自己。

人生有无数可能,为接近更好的那一个,需要走得更远、站得更高。所以,我要抓住曙光,跨进新阶段的大门,用知识创造未来。

没有东部那么优渥的教育条件,没有十分的把握。也许我不是最优秀的,但我有炙热的心灵。九分愿望,一分希望,就是我尝试的理由。我愿意全力以赴。

我希望成为于深夜里绽放光亮的人,夜深了,晚安。

学生　刘彦君

2015. 春 . 深夜 . 于家中("我与名校"征文一等奖)

执手相看明天

高三(24)　谌　彤

亲爱的北大:

您好!

已经不记得第一次听说你时是否到了牙牙学语的年纪,从那以后一颗懵懂的小心脏里便装载着对北大这仿佛童话森林里的圣洁乐土的憧憬,带着对"最高学府"小心翼翼地神往,度过了 17 个春夏秋冬。如同被悉心呵护的幼芽般,心里对北大的渴望,在无数个磨穿铁砚的日日夜夜里,在十余载挑灯夜读的沉潜里,在千百个悲喜交织的片段里,生根发芽了。我不敢说它是否已经被我照料得枝繁叶茂,我只能这么说,无论前路有多少艰难险阻,无论跋山涉水有多不易,我唯愿朝向你,义无反顾地,狂奔而去。甚至有时有"虽不能至,然心向往之"，此时此刻，我终于得到了与你长谈的机会，万千思绪汹涌而来，想要对你一倾为快，可手下敲击着键盘的我，竟不知从何道来，该如何让你明白我呢？

"野草烧不尽，春风吹又生"是爸爸教我背的第一首古诗，草原那生生不息枯荣相争的生命力吸引着我，如同风驰的野马，奔向古代诗歌的滚滚长河中，虽似懂非懂，却也心醉不已。还未进入小学，便在爸爸的引导下，开始了一周背两首诗的习惯。从朗朗上口的《古艳歌》中的"茕茕白兔，东走西顾"到《诗经》里饱含岁月感慨的"知我者谓我心忧，不知我者谓我何求。"诗歌，成为我成长旅途中不可或缺的绚烂风景。

对泱泱古国的华夏历史，我更有着难以言说的兴趣。骨子里向来都缺乏安静的因素，幼时聒噪好动的我，竟然能被电视里的《百家讲坛》的历史故事吸引在电视机跟前，搬着小板凳，一语不发看着，那便是我鲜有安静与内敛的时刻了。书店里有关历史人物传记的书总是最能吸引我的眼球，我被只愿与高山流水对晤的子期与伯牙的知己深情所打动，又为那始皇帝的阿房宫里的一把熊熊烈火所叹息不已，为一心向往着香草美人"哀民生之多艰"却命运多舛的屈原扼腕，又为科举制的创始人隋文帝的高瞻远瞩所折服。然而历史对我的吸引，不仅仅在于此。

法国作家罗曼·罗兰在《母与子》一书中这般评价历史："历史是为活着的人们而写的。活着的人们搜了死者腰包之后，踏着死者尸体前进。"的确，无论时代前进的步伐多惊人，都是始终无法与历史道别的。历史像一个高傲又沧桑的老人，他带着数不尽的故事，他有一双锋利睿智的眸子，折射出社会百态来，告诫着我们，给予我们警醒。历史的魅力，令我倾慕不已。

再来侃侃除了历史之外别的兴趣吧。我喜欢弹琴，房间的钢琴数我最珍贵的家具，一曲圣桑的《天鹅》将我引到了学琴的路上，枯燥的练习并没有夺走我对悠悠琴声的敬意，弹琴时的我，像在脑子里为自己放映不同场景的电影，从冬日午后的咖啡店玻璃窗上的暖阳，到庭院内扎着小马尾无邪嬉戏的群童的大笑，再到高雅圣洁能抚平人内心褶皱的天鹅湖畔……虽然进入了紧迫的高三，也时常在偶得的空闲里端坐在琴凳上，弹一两首舒缓的曲子，仿佛是对忙碌而沉闷的高三生活的莫大慰藉。

把时光机拨回到六年前的夏天，小学毕业那年，由于爸爸工作需要前往北大学习，我便有幸，第一次，与你相见了。一个从小生活在南方的姑娘，自然不会被北方暑期的炎热所烦扰，那天初见你时，烈日当头烤灼着大地，背着行李的我，站在你大门前时，望着头顶上古色古香的"北京大学"四个字，心中的燥热一扫而光。既有皇家园林恢宏不凡的气度,又有江南水乡婀娜的秀色,是我初见你时的第一印象。住在北大的一周里,连呼吸都是欢欣的,虽然已是暑假,校园里仍然有着独有的生机,"爱国,进步,民主,科学"的传统,让我不由自主联想到了百年前众多如胡适、鲁迅般的进步先锋所兴起的新文化运动,民主自由的气息在这片北大土地上徜徉。你是有力的号召,你是前进的导航,你更是先进的铿锵有力的时代步伐。北大精神,便是我倾心于此的最强精神动力!

钱理群先生曾说过:"在充斥谎言的社会里,我们这群人反其道而行之,等等。我们按照我们的理想和价值观去行动、去思考。我们健康地、快乐地、有意义地活着。"我多么真切地想变成这样的北大人!为了追逐你,亲爱的北大!我将全力以赴,坚定地走在路上,与你,执手相看明天!

贵州省铜仁一中学生:谌彤

2015 年 3 月 28 日

("我与名校"征文一等奖)

瞧,我们这一族

高三(24) 李 婷

如果说两个是一伙,三个算是一群,那么我们这些就可以算是一族了。鄙人不才,为我们这一族取名为"嘻哈一族",自任族长。

"嘻哈一族"族谱

族名:嘻哈族

族长:李婷(You stop)

族员:喻言(玉锁)、曹新馨(星星,猩猩,一闪一闪亮晶晶)、柏青青(Miss柏)、梅冰冰(冰冰梅)……

族历史:约两年(当然,我们这一族会一直成长下去,成为我们每个人心中的不朽)

族曲:《飞得更高》

族规:开心过好每一天,认真做好每件事,真心对待每一人;把简单做好便是不简单,把平凡做好便是不平凡;高考加油,未来加油!

嘻哈事件簿之事件一

每天放学,我们都是几个一起,你牵着我,我挽着你,谈笑成一团。在其他地方还没什么,但在楼梯这一枢纽地段可就每每都要造成交通交通堵塞了。当然我们这些"罪魁祸首"是毫不知情的,后面的人虽然也没有抱怨出来,但在不小心瞥到那面露不满的"受害人"时,我们又相视一笑,吐了吐舌头,忙不好意思的让开道,待道路疏通后,又会默契的挽在一起,向回去的方向进军。

嘻哈事件簿之事件二

上英语课的时候,新学到一个很有趣的单词"whistle"(译吹口哨),因其发音与"猥琐"相似,全班都大笑不已。此后这个单词便在族内盛行,都用"吹口哨"代替"猥琐"。

一次去学术报告厅,问 Miss 柏"预言"的英语怎么拼读,果然她马上会错意:"喻言?有这一个单词?"又去问星星,谁知她的回答更逗,话音刚落,行不犹豫回:"whistle!"很显然,结局是我们三个被某人"狠狠地"修理了一顿。

嘻哈事件簿之事件三

下晚自习后和冰冰梅一起走。

"冰冰梅,要不要吃夜宵?"

"讨厌,又来诱惑我!我可是要减肥的,不吃!"信誓旦旦的声音。

"切,不吃饱哪来的力气减肥?吃饱了才有力气减肥!民以食为天,要善待自己的肚子!"买好宵夜后,正要走,某人:"婷,等等,我也要买……"

第二天。

"婷,我要买宵夜。你要不要吃?"

"哼,我是有气节的人,从来不吃宵夜,你自己买吧!""滚……"

买完后回到寝室,"冰冰梅,我决定了,我要和你分享宵夜!"

"……你的节操呢?"

"碎了……"

……

"时光容易把人抛,红了樱桃,绿了芭蕉。"嘻哈家族在一起的时光总是那般的快,在迎来又送走那"软衬三春草,柔铺一缕香"的春,那"满架蔷薇争艳芳,三伏亦感幽幽清凉"的夏,那"山明水净夜来霜,数树深红出浅黄"的秋,那"繁花落尽伊人清瘦,三九寒天可予我温柔"的冬,我们一起步入了高考冲刺阶段。

虽然高考后代表着离别,但不都说离别,是为了下一次更好的相遇吗?属于我们的事件簿陪伴着我们编织未来的希望,点燃成功的火种,燃烧澎湃的激情,记录着我们成长的一点一滴,嘻哈事件簿中的酸甜苦辣会一直继续,嘻哈家族会一直刻在心里。

走过了"昨夜西风凋碧树,独上高楼,望尽天涯路。"

看过了"衣带渐宽终不悔,为伊消得人憔悴。"

明天,嘻哈家族会一起迎来"蓦然回首,那人却在灯火阑珊处。"

加油,嘻哈家族!

遇 见

高三(24) 曹新馨

幸好遇见了这一个又一个的'你',才构成了我完整的生命! ——题记

过去,现在,未来。我遇见过什么? 我正遇见什么? 我将遇见什么? 每个人的心里都有不同的答案。沉思片刻,我便想起了你们,想起了与你们的相遇! 我想那些或心酸或美丽或期待的遇见就是我心底的答案!

过去的遇见

从我呱呱坠地的那天起就注定要与您相遇,也正是这场相遇才有了我最初的生命! 儿时的记忆早已模糊不清,所以我并不知道是什么时候第一次与您相遇,不知道是什么时候学会甜甜地叫您一声奶奶! 但我却清楚地记得您是这世上最疼我的人,没有之二! 从我记事起,您早已佝偻着腰,双手也不再有力。但这瘦弱的身躯却真真切切地陪伴了我十五个春秋,为我穿衣,做饭! 从我记事起,您的脸上早已爬满岁月的痕迹,告诉我您不再年轻。但这衰老的容颜却真真实实地成了我对美的定义,给我力量,温暖! 直到我长大有了自己的世界,我便开始对您大吼大叫。至今都记得我埋怨您时,您眼中闪动的泪花,虽没有落下,但我知道它滴进了您的心里! 我之所以对您那么放肆,是因为我知道您是最疼我的人,无论我怎样,您都不会离开! 直到那天您睡去任我怎么呼唤你,您都不愿睁开你的眼睛时,我才意识到您离开了我,我失去了您! 只记得我害怕得忘记了哭,只觉得我从内到外被抽空! 等我回过神时,您早已成了一具冰冷的躯壳,手不再有温度,脸不再有笑容! 奶奶,原谅我的无礼,原谅我在您生病时的漠不关心! 以前都是您哄我,都是您逗我开心! 现在就算您再也听不见,

我还是要告诉您"我多么庆幸从一出生就遇见了您,您是我过去最不舍的相遇"。

现在的遇见

我踏进校门时,我遇见了你!那个和我有着一样笑点,一样泪点的你!我最亲爱的大猫,正是与你的这场相遇才让我明白了知己的含义!我与你同桌,我们会为了老师的一个动作笑一整节课!我与你相交,我们会为了对方的开心而狂笑不停!我与你相扶,我们会为了对方的难过而紧紧相拥!遇见你,我有了垃圾桶!随时倾诉我的不满!遇见你,我有了大雨伞!随时躲避狂风暴雨!遇见你,我有了力量源!随时点燃心中热血!现在我同你做着一样的梦,虽分隔两地却依然彼此相信!当我被学习压得喘不过气时,我都会想起你,因为我答应过你我要同你一样优秀!当我被悲伤填满时,我会想起你,因为我明白你会给我最需的安慰!当我被荣誉包围时,我会想起你,因为我知道你会给我最真实的掌声!我想我不必用那些虚假的语言告诉你你对我的意义,我只说'与君同途'。是的,我陪着你!我不信承诺,只信时间!嘿,挚友!"现在与你的遇见是我最美丽的意外,最大的惊喜!"

未来的遇见

我虽不知何时才能与你相遇,但我时刻都在期待并为之努力!未来的自己,我要与你相遇!我挑灯夜读,只为充实自己以便未来的你能更有实力!我不畏困苦,只为磨炼自己以便未来的你能更勇敢!我跌倒再起,只为鼓励自己以便未来的你更有信心!未来的自己,你要相信现在的我会给你一场完美的相遇!现在的自己,你要更加努力,不负那场未来的相遇!可能你还会遇见让你头痛不已的人或事,但请你坚信这一切都是值得的!

遇见过去,现在,未来都是我这生最珍贵的相遇!为了不辜负这些相遇,我会好好活!这就是我的遇见,我的答案!

那,你的答案呢?(载《西部开发报》20150312)

古城嗅书香

——访贾平凹文学馆

高二(24) 李璐遥

此时,是临近盛午的时候,天气那么晴朗,阳光那么柔和。我们的心跳动着的,一种敬畏的心情。在中南门的古街上,脚尖触着石板路,两旁歪歪斜斜的木屋好像向我们诉说着光阴的故事。

"到了! 贾平凹文学馆。"有同学喊着,于是我们进入到这古香古色的院落里,穿过高高的大门,来到了展厅,映入眼帘的是一整面的书墙,这面墙摆放着的是贾平凹先生所出版的书。此刻,我只能仰望,那够不着的高度,那天边最亮最遥远最亮的一颗星辰,将在历史的长河下熠熠生辉。这并不是为了说明贾先生多么辉煌,创作了多么伟大的作品,而是因为他把对人生的热爱都融入纤细笔尖下划过的文字。因为他对生活的热爱,他对人民的热爱,他对这土地的热爱,文字被他赋予一种神奇的力量,如一条河流冥冥之中可以让十字架上的耶稣复活;让菩提树下的佛陀大彻大悟;让心中雪莲含着雪水开放。甚至这种力量告诉我自己,我就是那明灯,那荆棘丛生的命运上为我自己照亮的明灯! 是的,贾先生用朴实的文字充实了自己,而我们也应该拥有文字,书写我们的青春年华。

这儿还有这样一副对联"远想出宏域,高步超常伦",横批是"旦再!"是啊,旦再! 旦再! 太阳再次从东方升起,照亮我们青春的面庞,每天都是第一天,每一天都是值得我们去拼搏的。哪怕昨天我们经历的是灾难,哪怕前一秒我输掉了所有机会,哪怕有无数个哪怕,但是,我们只需一个但是,太阳依旧会照亮大地! 对于人生,我们还能创造无数种可能。

就如贾先生的《废都》出版时,有多少人批判他,不理解他。《废都》曾被禁,甚至不乏有人戏称贾平凹为"流泥作家",但他并没有被世俗眼光所溃击,而是在写作这条道路上走得更加坚定。在人生的洪流中撑篙而进,涟漪轻易,梦依然亮丽。"走进那深深的宫院,我虽已变成一个小小的人儿"但我心依旧,只要还有梦,就有希望。

而当今,为了考上好大学的多少青年学生。把梦装进了一条条物理公式,几何图形,硫酸铜的试剂,政治、历史、地理永远也做不完的练习中、试卷中。就连古人以之雅性的作文也成了一招一式的高考体,有几人还能在鸟语花香中写下心中最真挚的情感,品尝本民族的文字？在高考的漩涡中,我们已丢失了太多。但一切都还来得及,贾先生对青年呼吁"我们要写好自己民族的文字",这是他心中对我们恳切的期望,而我将坚定地选择,选择文字古老的诉说。因为在若干年后,我独倚栏杆,摩挲这冰冷而泛黄的稿纸,我会感受到那时温热的土地,那时年轻的心,而我的心也将在枯黄稿纸散发的墨香中永远还年轻！

正午的阳光斜斜地从屋檐洒下,这书香愈发浓烈,弥漫在我的家乡。在这个三江并流的山水灵城,我嗅着书香,让这书香洗去我疲惫的尘土;我嗅着书香,让这书香带着我飞向更高更远的天空！（载《铜仁日报》20131113）

同一片蓝天下

高二（24） 黄健铭

"唉,算了。我们还是离开吧。"充满沧桑和无奈的情绪从一间简陋的平房中传出。

随后,一道悲伤的背影破门而出,跑向那块依旧被阳光照耀的贫瘠的空地。"啊！……啊！……"惊天的咆哮似乎宣泄着他的悲伤与不甘。

他,通过自己的不懈努力和艰苦奋斗,换来今天的荣耀——老家近几年来唯一一个考上 XX 重点中学,并以全年级第二的名次升至高三。这份荣耀,却不是他能承受得起的。

他的家境贫寒,为了让他能够有一个好的学习环境,他的父母从小就带着他离开了贫困的老家 A 省 B 县,来到繁华、陌生的 S 省 W 市。尽管城里的生活费用要比在老家时多得多,但是,他的父母却靠着一股不寻常的勇气和毅力,撑起这个充满爱意的家。

今年,是他学习生涯中最重要的一年。因为,他将迎来莘莘学子又爱又恨的升学考试——高考。

高考前的复习总是枯燥又乏味的,老师的上课也没有了当初的激情,令人昏昏欲睡。而他,似乎永远不知疲倦,依旧夜以继日地奋斗着、努力着。其实,并不是他不知道累。只是,每当他对做作业感到厌烦时,他就会想起父亲那双布满老茧和伤痕的手;每当他在课堂上想打瞌睡时,他就会想起母亲那双充满血丝和黄斑的眼。

"同学们,明天我们将开始高考报名,报名的时间只有两天,逾期拒不再报。请同学们根据学校的通知,带上相关证件抓紧报名。""呵,终于来了!"随着戴着眼镜的班主任发布高考报名通知,在座的学生都暗自感叹,包括他。但是,他并没有像其他同学那样浮躁,只是默默地将通知记在自己的笔记本上。

第二天,他把从父亲那双经历沧桑的手中接过来的钱交给了老师,换来了一张白净的表格。之后,他便开始十分仔细的填着表格上的内容:"籍贯;A 省 B 县……"

"等等!"一个惊讶又急切的声音从他的耳际传来,"同学,你确定你没有填错么?"可他似乎什么也没有听到似的,依然平静而又仔细的填着表格。

"同学,你填错了!"声音的主人壮起胆子在他的肩膀上拍了一下,再次提醒他道。

"没有啊,我的籍贯是这里啊。"他一脸不解地看着好心提醒他的同学 Q。

"什么? 难道你不是本地人?"同学 Q 带着不敢相信的眼光再一次发出了疑问。

"是啊,我不是本地人,难道这个与报名有什么关系吗?"他更是不解地看着同学 Q,甚至想嘲笑 Q 同学少见多怪。

"啊? 你真的不是本地人! 难道你不知道'异地高考'吗? 我建议你去向老师询问一下。"同学 Q 诚恳的建议他。他看着 Q 同学严肃的神情,他的心喀噔地跳了一下。"异地高考? 老师在高二时好像讲过,但那时一心想着把成绩拉上来,就没有管太多。但是,现在……"

带着疑问,他走到了高考咨询台。"老师,您好! 我是高三的应届毕业生,我想问一下关于异地高考的事。"他礼貌又文雅地向老师询问。

"异地高考? 现在国家还没有出台相关政策,但是为了考试的公平,我省暂拒绝接受外省的考生参加高考……"

"轰……"他的脑海在"拒绝"的轰击下,瞬间崩溃;他有力的双腿似乎也撑不起他那摇摇欲坠的身体,他的双眼似乎只看到了一片漆黑。

"那我该怎么办? 我的父母又该怎么办?!"他突然一声大叫,惊动了身边的人。"孩子,你怎么了,你在叫什么啊?"一个熟悉而又充满担心的声音从旁边传来。他闻声望去,竟是母亲! 环视四周,竟是家里!

"是的,是和蔼的母亲,是温暖的家! 但是,我怎么会在家里呢?"他努力回忆着之前发生的事,"我去询问老师关于异地高考的事,怎么会在家里?等等,异地高考?异地高考!"。"你怎么突然在学校晕倒了呢?平时可从来没有这种情况的。"母亲轻轻地走近,满脸关切地询问着。

"我……我……我听说S省不允许外省学生参加高考。"他充满勇气弱弱地将那个"骇人"的消息告诉母亲,希望这个温暖的家能给他力量和支持,让他继续奋然前行。

"哦,这个消息我已经从学校知道了,不过不用担心,明天你父亲再去学校请求他们通融一下,毕竟你的成绩那样好,学校应该会答应的。实在不行的话,我们也可以再找你一位做高官的舅舅,他一定能帮我们。"母亲永远是儿女心门的钥匙,肚里的"蛔虫",更是能滋润人心灵的流水,使子女的生命之洲洒满阳光。母亲的一番话,顿时让他心中的巨石稳稳地落下,而没有再碰撞他已受伤的心。

随后,他们一家便开始忙了起来。他,继续努力辛苦的学习;母亲,去拜访能帮助他渡过难关的舅舅;父亲,来到校长办公室请校长帮忙。然而,频繁地拜访活动,使得他家的生活更加拮据。终于,有消息传来了。

是的,学校传来了消息:虽然你的成绩优秀,但是上级坚决反对特例的发生,请见谅。"用不着担心,舅舅一定会帮我解决的,因为他是妈妈的亲弟弟。"他没有被这个委婉的消息打败,而是将希望转移到了舅舅身上。

不久,舅舅也回信了:侄子,今年上级管得很严,坚决打击特殊化行为,我也无能为力了,不好意思。

看着舅舅的回信,苍白,渐渐地爬上他的脸庞;无力,缓缓地侵蚀他的身体;模糊,慢慢地吞没他的意识。他,倒下了。那个不惧困难和挑战的他,在这个噩耗的无情撞击下,似乎柔软无比地倒下了。可是,他又凭借着自己坚强的意念,站了起来。

"唉,算了。我们还是回去吧,回老家考去,那里的学校一定会同意的。"看着面色苍白的儿子,充满沧桑和无奈的情绪从父亲的口中飘飘而出。

"呜呜……"从来没有在父母面前掉过眼泪的他,伤心地流着眼泪,用力地拉开门,化作一道悲伤的背影破门而出,跑向那块依旧被阳光照耀的贫瘠的空地。

"啊!啊!",夕阳下的他无力地咆哮着,"为什么身处同一片蓝天下,却难以得到相同阳光的照耀?!为什么啊!啊!"(载《大学》2013 第 11 期)

打马而过的青春

高三(24)　刘雨晴

　　毕业已经一个多月了,我还是喜欢在自己的名字前加上高三(24)班的前缀,就像过去两年中每一次提笔写字那样。这是一份饱含了亲切与骄傲的归属感,二年的生活画面,每个人的笑脸,每一次骄傲的成绩,最后的辉煌,似乎全都藏在其中了。

　　高考成绩尘埃落定后,我听到的全是惊讶与赞叹的声音,囊括了全市文科前八名,全省文科前十名就有2人(第3和第7),全省文科前五十名有7人,语文平均分113.5分,全班59人中有40人上了600分全部上了一本,被北大录取了4人,人大录取了4人等,这是许多人难以想象的好成绩,可我并不意外。"要让优秀成为一种习惯",老师的警语还在耳畔。当班牌挂在门上,就已经注定了我们不一样。还记得两年之前,也是夏天,所有人排着长队,脸上挂着忐忑和期待,其中一多半都是陌生的面孔,从近六百文科生中筛出了59个金子般的我们,大家都在憧憬着新生活。

　　"阅读与写作,是摆脱奴役通往自由之路",我们大量阅读,海量写作,在《铜仁日报》以上的刊物发表了100多篇文章,参加各级各类竞赛,有近100人次获奖。尤其是践行"行万里路,读万卷书,听百家言",我们参观了贾平凹文学馆,拜游了周逸群纪念馆等,徒步行走到八公里外的铜仁八中。

　　对于行走,我们最初是拒绝的。学习忙碌而紧张,谁愿意花费一整个下午在路上?老师计划了再计划,号召了再号召,拖沓了几个月才终于成行。徒步,是为了求心,体会行走的力量。晚饭后已是夜色昏沉,许多人瘫软在八中的草坪上假寐,兴致高的小伙伴和班主任玩起了老鹰捉小鸡,班主任陈小明穿了一件粉红色的衬衫,体形圆润,黑暗里像个粉色的灯泡,拉在队伍最后总被甩出来,当老鹰时又往往来回奔跑,真的非常可爱。浮生偷得半日闲,欢声笑语都溢出了操场,总是板着面孔学习的我们,终于在同行的夜色里,交换了心声。

　　记得最紧张的会战开始的时候,几乎所有班级都挂上了横幅,各大名校的校徽贴满了教室的墙,"只要学不死,就往死里学","活着何须多睡,死后自会长眠"等等,无数的标语触目惊心,整个学校都被红色的标语压抑着。可我们班依然空空荡荡,班主任说我们不做标语党,语文老师说誓言无声无形,不争就是最大的争。是啊,我们没有豪言壮语,但每个人都有深藏心中的梦。七点开始的晚自习,大家却总是六点就到了教室学习,一直坐到晚十一点才离开;周日早上八点半上课,教室里也总是七点就有了学习的身影。优秀真的不是因为比常人聪明,而是因为努力。

三年匆匆而过,走过花季,走过雨季,最想感谢的人便是老师,每一位老师都为我们付出了太多。刁钻的历史问题让每一节历史课都变成辩论课,小小的张华英却要面临来自整个班的刁难。最为放松的是语文课,我们吐槽语文老师代泽斌的普通话,我们在语文课上唱歌,他往往放肆我们,跟着我们一起嬉闹,像家里的老人,眼神中带着宠溺,他的"少教多学"还真奏效,我们在高三语文考试次次拿第一。还有"国民男神"刘刚哥、"劳模"何天娥老师、随时都最为正经的满晓燕老师、随时随地都非常不正经又爱子如命的小明哥,我们成为你们的学生是一种荣耀,也很高兴能成为让你们骄傲的学生。最为遗憾的是曾教我们数学的李建伟老师在我们高考完没几天就因病逝世,我们从各地赶到他的葬礼上,他用细致和耐心教我们优秀,我们却缺席了他最难熬的时光。只愿天堂没有病痛,我们永远想他。

青春打马而过,我们最终成为一个优秀而独特的集体,我们没有纪念册,却一定会永远记得并肩战斗的彼此,记得老代的每一句名言。多少年以后,也许我们面容陌生,但听到"昨起来"时一定会会心一笑,这是我们身上属于 24 班永远的记号。百天前我们共同宣誓,如今眼前是各自新的征程,祝福我们所有人,愿我们都做庄敬自强之人。(该同学就读北京大学 2015 级国际关系学院)

姓　名	学　校	姓　名	学　校	姓　名	学　校
黎坚	北京大学	刘雨晴	北京大学	侯爱群	北京大学
田瑾婷	北京大学	杨琳锋	中国人民大学	尹蔚源	中国人民大学
曹新馨	中国人民大学	黄婷	中国人民大学	向明珠	厦门大学
王洪梅	北京师范大学	刘彦君	厦门大学	郭浪浪	武汉大学
杨玺可	中山大学	邓炜琳	中央财经大学	廖吉雅	武汉大学
唐塬钰	北京外国语大学	谌彤	中央财经大学	曹玉珠	中国政法大学
陈英杰	南开大学	杨通力	中南财经政法大学	黄丽环	东南大学
钟振涛	中国政法大学	郑明聪	四川大学	吴一瑕	西南政法大学
姚倩	北京语言大学	吴云佳	南京审计学院	柏青青	中央民族大学
杨瑶佳	中南大学	田瑞	中南大学	梅冰冰	南京审计学院
吴一	华东政法大学	李婷	西南大学	黄健铭	中南大学
肖波	华北电力大学	杨峥	北京理工大学	罗珺彦	南京审计学院
杨兰艳	中国海洋大学	洪阳	华北电力大学	田仁睿	中国海洋大学
孙建霞	西南大学	杨丹	西南交通大学	陆明婧	山东大学
符仙仙	陕西师范大学	李璐遥	南京审计学院	周庆	南京师范大学
唐华燕	南京师范大学	杨雪梨	西安外国语大学	喻言	海南大学
李明慧子	江南大学	姜明丽	南京师范大学	任欣雅	武汉理工大学
陈洪	陕西师范大学	田莎莎	安徽财经大学	朱玉芳	贵州大学
杨潇潇	南京林业大学	熊亚琴	延边大学	简爱春	湖北大学
陈桂红	贵州大学	王荷英	贵州财经大学	藤蔓	上海外国语大学